Radwanderführer Berlin und stadtnahes Umland

Die schönsten Radtouren

- Rundtouren
- Streckentouren

Kompass Radwanderführer

Radwanderführer Berlin und stadtnahes Umland

Abgeradelt und beschrieben von
Reinhard Kuntzke

Deutscher Wanderverlag
Dr. Mair & Schnabel & Co. · Stuttgart

wandern+
radwandern

Die große Wanderbuch-Reihe
für grenzenloses Wandern

Die Radwanderungen wurden sehr sorgfältig ausgewählt und beschrieben, eventuelle Schwierigkeiten werden im Text angegeben. Es können jedoch Änderungen an Wegen und Sperrungen vorgenommen werden, die nicht vorhersehbar waren. Bei der Fülle des bearbeiteten Materials sind daher vereinzelte Fehler und Unstimmigkeiten nicht immer vermeidbar. Eine rechtliche Gewähr für die Richtigkeit des Inhalts kann nicht übernommen werden. Bei den Zeitangaben handelt es sich um reine Fahrzeiten ohne Pausen und Besichtigungen. Für Verbesserungsvorschläge, Anregungen und Kritik sind wir dankbar.

Gesamte Kartographie:
Mairs Geographischer Verlag
Ausschnitte bearbeitet von
Ing.-Büro Adolf Benjes

Titel- und Übersichtskarte:
Ing.-Büro Adolf Benjes

Umschlagbild:
Brandenburger Tor
und Bild auf Seite 2:
Kurfürstendamm und Gedächtniskirche
(© Michael Biedowicz)

4. Auflage, 2003

ISBN 3-8134-0295-9

Gutenbergstraße 13, D-73760 Ostfildern (Kemnat)
E-mail: kompass@deutscher-wanderverlag.de
www.deutscher-wanderverlag.de

Satz: Fotosatz-Team GmbH, D-70771 Leinfelden-Echterdingen
Druck: Roth Offset, D-73277 Owen/Teck
Printed in Germany

Gedruckt auf 100 % chlorfrei gebleichtes Papier

Inhalt

Orts- und Sachverzeichnis

Mit Nummern-Angaben der betreffenden Touren:
schräggedruckte Zahlen weisen auf Kurzbeschreibungen im Text hin.

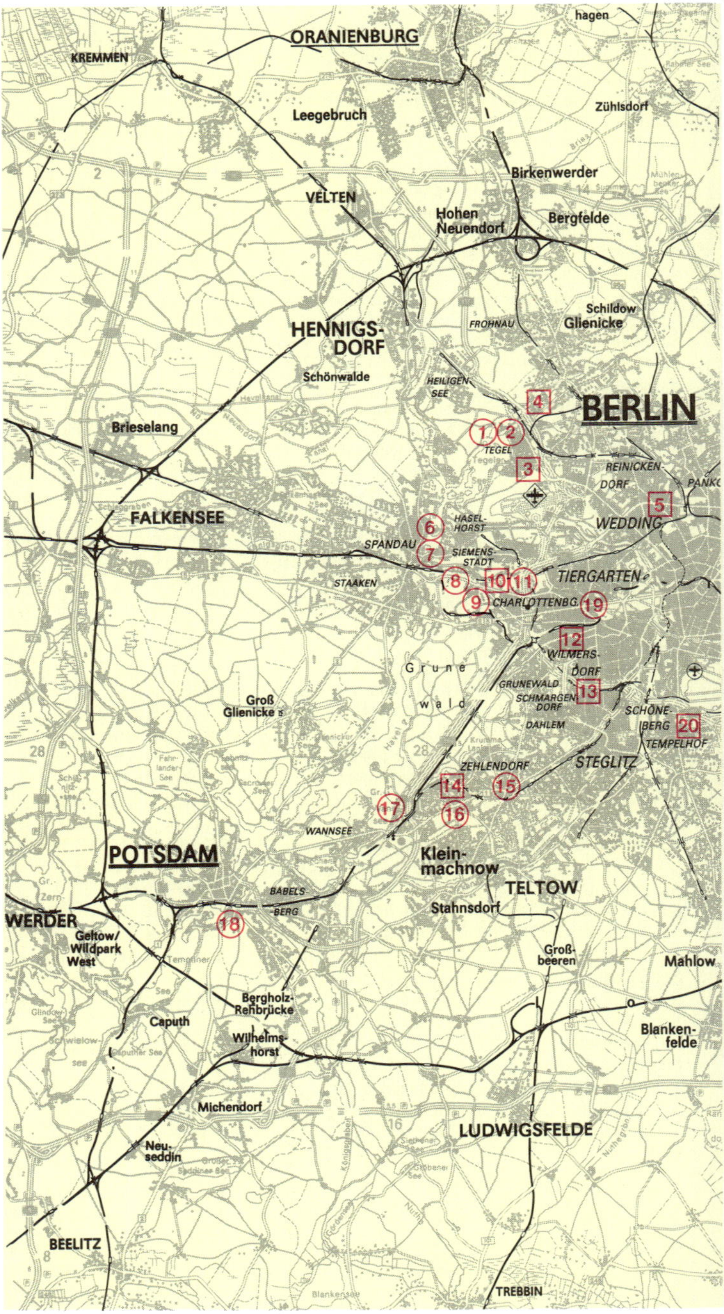
ORANIENBURG
KREMMEN
hagen
Leegebruch
Zühlsdorf
Birkenwerder
VELTEN
Hohen
Neuendorf
Bergfelde
FROHNAU
Schildow
Glienicke
HENNIGS-
DORF
Schönwalde
HEILIGEN-
SEE
BERLIN
Brieselang
TEGEL
REINICKEN-
DORF
PANKO
FALKENSEE
HASEL-
HORST
WEDDING
SPANDAU
SIEMENS-
STADT
TIERGARTEN
STAAKEN
CHARLOTTENBG.
WILMERS-
DORF
Grunewald
GRUNEWALD
SCHMARGEN-
DORF
DAHLEM
Groß
Glienicke
SCHÖNE-
BERG
TEMPELHOF
ZEHLENDORF
STEGLITZ
WANNSEE
POTSDAM
Klein-
machnow
TELTOW
BABELS-
BERG
Stahnsdorf
WERDER
Geltow/
Wildpark
West
Groß-
beeren
Mahlow
Bergholz-
Rehbrücke
Caputh
Blanken-
felde
Wilhelms-
horst
Michendorf
LUDWIGSFELDE
Neu-
seddin
BEELITZ
TREBBIN
1
2
3
4
5
6
7
8
9
10
11
12
13
14
15
16
17
18
19
20

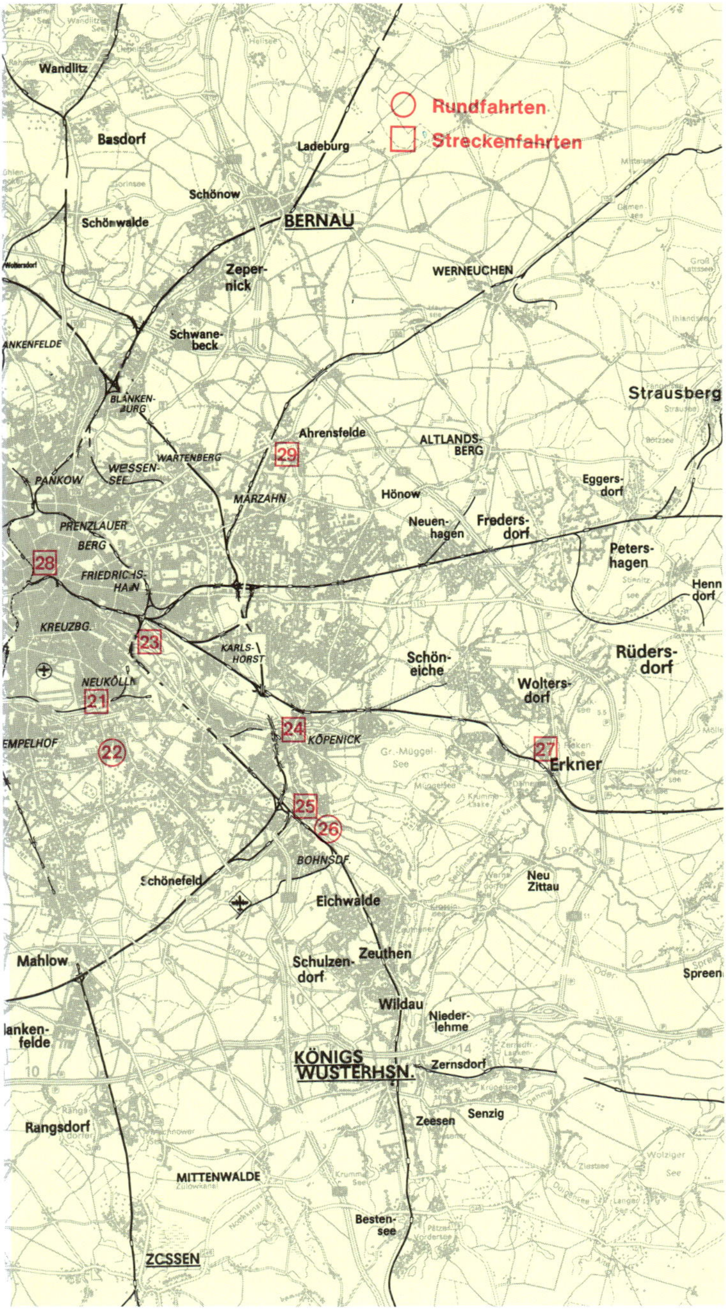
Rundfahrten
Streckenfahrten
Wandlitz
Basdorf
Ladeburg
Schönow
Schönwalde
BERNAU
Zepernick
WERNEUCHEN
Schwanebeck
BLANKENBURG
Strausberg
Ahrensfelde
ALTLANDSBERG
29
WARTENBERG
WEISSENSEE
PANKOW
MARZAHN
Hönow
Eggersdorf
PRENZLAUER BERG
Neuenhagen
Fredersdorf
28
FRIEDRICHSHAIN
Petershagen
KREUZBG.
23
KARLSHORST
Schöneiche
Rüdersdorf
NEUKÖLLN
Woltersdorf
21
24
KÖPENICK
27
Erkner
22
Gr. Müggelsee
25
26
BOHNSDF.
Neu Zittau
Schönefeld
Eichwalde
Mahlow
Zeuthen
Schulzendorf
Wildau
Niederlehme
KÖNIGS WUSTERHSN.
Zernsdorf
Zeesen
Senzig
Rangsdorf
MITTENWALDE
Bestensee
ZOSSEN

Einleitung

Über zwei Jahrzehnte ist es her, dass zum ersten Mal ein KOMPASS Radwanderführer über Berlin erschien. Aus politischen Gründen musste sich damals das Tourengebiet auf eine Halbstadt beschränken. Bis zur deutsch-deutschen Einigung war es für Westberlinerinnen und Westberliner nahezu unmöglich, den Ostteil der Stadt und die frühere DDR mit dem eigenen Fahrrad zu besuchen. Seit etlichen Jahren nun sind die Möglichkeiten, Berlin und seine Umgebung mit dem Rad zu erkunden, gleichsam unbegrenzt. Nur die eigene Lust und Kondition engen den Aktionsradius ein.

Der Radwanderführer Berlin und Umland stellt 29 Touren vor, die das gesamte Stadtgebiet und die stadtnahen Kreise bis zum Berliner Autobahnring abdecken. Dieses Angebot von Rund- und Streckentouren ist eine Mischung von kürzeren Fahrten, Halbtagesstrecken und ganztägigen Exkursionen, die zum Teil miteinander kombinierbar sind. Die Touren verlaufen zum überwiegenden Teil auf ruhigen, verkehrs- und gefahrenarmen Straßen und Wegen. Aufgrund der Verkehrsplanung in Berlin und im Umland, die immer noch den motorisierten Verkehr bevorzugt, ist es leider unumgänglich, dass Teilstrecken gefährliche Verkehrsknotenpunkte berühren.

Dieser Radführer wendet sich sowohl an Radlerinnen und Radler, die ihre nähere Nachbarschaft besser kennenlernen, als auch an diejenigen, die *Neuland* in der Umgebung der Hauptstadt entdecken wollen. Für entferntere Touren empfiehlt sich der *KOMPASS Radwanderführer »Mark Brandenburg«* (Deutscher Wanderverlag, Stuttgart).

Im Ostteil der Stadt und im Umland wird es in näherer Zukunft weiterhin zu Straßenbauarbeiten, Umbenennungen von Straßen und Plätzen und zu Umwidmungen von Gebäuden kommen. Autor und Verlag sind für diesbezügliche Hinweise dankbar.

Mein Dank gilt Christiane Hauch und Heinz Jobke, die mich mit Rat und Tat unterstützt haben.

Reinhard Kuntzke

Unterwegs

Verhalten im Verkehr: Das Radfahren in Berlin (und in anderen Großstädten) ist gefährlich. Jedes Jahr werden auf Berliner Straßen etwa 20 Radfahrerinnen und Radfahrer getötet und rund 2000 verletzt. Um das Risiko so gering wie möglich zu halten, ist es wichtig, folgende Punkte zu beherzigen:

- Jeder muss die Straßenverkehrsordnung und die Verkehrszeichen kennen und sich dementsprechend verhalten.
- Die Räder müssen verkehrssicher ausgerüstet sein. Hierzu gehören zwei voneinander unabhängige Bremsen, Scheinwerfer vorn sowie Rücklicht und Reflektor hinten, Speichen- und Pedalreflektoren, eine hell tönende Klingel und ausreichendes Reifenprofil von mindestens einem Millimeter.
- Stark befahrene Hauptstraßen ohne Radwege nach Möglichkeit meiden.
- Auch auf Radwegen erhöhte Vorsicht; besonders auf rechts abbiegende Fahrzeuge und an Bushaltestellen auf Fußgänger achten.
- Nicht die Vorfahrt erzwingen. Fahrräder haben keine Knautschzone.
- Beim Abbiegen deutliche Handzeichen geben.

Verkehrsmöglichkeiten: Alle Radwanderungen sind so angelegt, dass sie an U- oder S-Bahnhöfen beginnen und enden. Auch Stationen auf der Strecke werden erwähnt, sodass Touren auch verkürzt werden können. Sowohl in der U-Bahn als auch in der S-Bahn und in der Straßenbahn können die Räder ganztägig mitgenommen werden. Sie müssen an den Plätzen abgestellt werden, die mit einem Rad-Piktogramm gekennzeichnet sind. Auf der *BVG-Fähre* Wannsee – Kladow werden Fahrräder an allen Tagen und zu allen Zeiten mitgenommen, doch steht nur eine begrenzte Aufnahmekapazität für Räder zur Verfügung. Fahrscheine der BVG haben auf der Fähre Gültigkeit. Auch auf der *Autofähre* zwischen Spandau und Tegelort werden jederzeit Fahrräder transportiert. In Autobussen können keine Räder mitgenommen werden.

Die *Tourenlänge* der Rund- und Streckenradwanderungen wurde anhand von Karten und mittels eines »Fahrradcomputers« bestimmt. Geringfügige Abweichungen von der tatsächlichen Streckenlänge sind möglich.

Die angegebene *Fahrzeit* orientiert sich an durchschnittlichen Radlerinnen und Radlern und schließt Pausen und Besichtigungen *nicht* ein. Sportliche und geübte Fahrerinnen und Fahrer werden die angegebenen Zeiten leicht unterschreiten.

Unter dem Stichwort *Höhenunterschiede* sowie in den *Tourenbeschreibungen* werden alle relevanten Steigungs- und Gefällstrecken genannt. Mit allzu hohen Anforderungen muss allerdings nicht gerechnet werden, denn Berlin und sein Umland sind vergleichsweise flach.

Obwohl es zu jeder Tagesetappe eine genaue Kartenskizze gibt und die Tourenbeschreibungen sehr ausführlich sind, ist es sinnvoll, *Karten* mitzuführen, um Abstecher und Ausweichrouten planen zu können. Das entsprechende Kartenwerk wird bei jeder Tour genannt.

Dieser Radwanderführer kann und will keinen touristischen Reiseführer ersetzen. Der Punkt *Wissenswertes* erläutert in kurzer Form die an der Strecke liegenden Sehenswürdigkeiten.

Bei der *Routenführung* wurde großer Wert auf eine hohe Verkehrssicherheit gelegt. Zumeist folgt die Strecke kleinen, verkehrsarmen Nebenstraßen abseits des Autoverkehrs. Aber auch Abschnitte auf unbefestigten Forst-, Ufer- und Wirtschaftswegen kommen vor. Bei Tourenbeginn oder -ende konnten aber verkehrsreiche Straßen nicht vermieden werden.

Um keinen Konflikt mit Fußgängern zu provozieren, sollte es selbstverständlich sein, Rücksicht auf Spaziergänger als schwächste Spezies der Verkehrsteilnehmer zu üben. Dies gilt ganz besonders auf gekennzeichneten Wander- und Uferwegen bei starkem Ausflugsverkehr an Wochenenden.

Bei der *Wahl des Fahrrads* ist von Rennrädern mit schmalen Reifen abzuraten. Ein Mountain-Bike muß es auch nicht sein. Um den Rütteleien des Kopfsteinpflasters, den Tücken der Baumwurzeln und dem Einbrechen im tiefsandigen märkischen Boden zu trotzen, ist ein stabiles Tourenrad mit möglichst breiter Bereifung besonders geeignet. Eine Dreigangschaltung ist ausreichend, da sich die Höhenunterschiede in Grenzen halten.

1 U-Bahnhof Tegel – Tegeler Forst – Stolpe-Süd – Hennigsdorf – Nieder-Neuendorf – Bürgerablage – Tegelort – U-Bahnhof Tegel

Verkehrsmöglichkeiten U-Bahn bis/ab Tegel; unterwegs S-Bahnhof Henningsdorf.
Tourenlänge 26 Kilometer.
Fahrzeit $2^1/_2$ bis 3 Stunden.
Höhenunterschiede Kurze Steigungsstrecken mit sich anschließenden Gefällstrecken im Tegeler Forst.
Karten Falk-Stadtplan Berlin.
Anmerkung *Grenzweg:* Sowohl auf westlicher wie auch auf östlicher Seite der ehemaligen Grenze zwischen Berlin (West) und Berlin (Ost) beziehungsweise der DDR existieren asphaltierte Grenzwege, die vormals zu Patrouillenfahrten und zur Grenzsicherung dienten. Die Grenzbefestigungen sind heute bis auf wenige Reste verschwunden. Kurz nach der Maueröffnung nahmen Radfahrer von diesen Grenzwegen Besitz, denn die Pisten stellten ideale Radrouten ohne Kraftfahrzeugverkehr dar. Gegen den Protest der Anwohner und Radlerinitiativen wurde in der Zwischenzeit jedoch vielfach die Asphaltdecke der früheren Patrouillenwege entfernt, und manche dieser schönen Wege existieren leider überhaupt nicht mehr oder sind nur noch mühsam zu befahren.

Einige Touren dieses Radwanderführers verlaufen streckenweise auf den ehemaligen Grenzwegen. Infolge der immer noch ungeklärten Eigentumsverhältnisse und des noch nicht abgeschlossenen Wiederaufbaus von Straßen, anderen Verkehrswegen und Gebäuden im Bereich des früheren Grenzstreifens, muss bei der Routenführung dieser Touren unter Umständen mit Änderungen im Verlauf gerechnet werden. *Fähre:* Die Autofähre zwischen Hakenfelde und Tegelort verkehrt im ständigen Pendeldienst von 6 bis 20 Uhr (von November bis März bis 19 Uhr).
Wissenswertes *Tegel:* Der Ortsteil des Berliner Bezirkes Reinickendorf wurde 1322 zum erstenmal urkundlich erwähnt, die erste Besiedlung erfolgte jedoch schon zur Bronzezeit. Die alte Dorfaue ist noch heute im wesentlichen Abschnitt der Straße Alt-Tegel zu erkennen. Das Dorf ist auch in die Weltliteratur eingegangen, angeregt durch Spukgeschichten, die sich um den Ort ranken, dichtete Goethe, der 1778 Tegel besuchte, im ersten Teil des »Faust«: »... das Teufelspack, es fragt nach keiner Regel, wir sind so klug und dennoch spukt's in Tegel.« – *Tegeler Fließ:* Das windungsreiche Flüßchen erreicht nordöstlich von Lübars das Berliner Stadtgebiet und mündet an der Tegeler Hafenbrücke in den

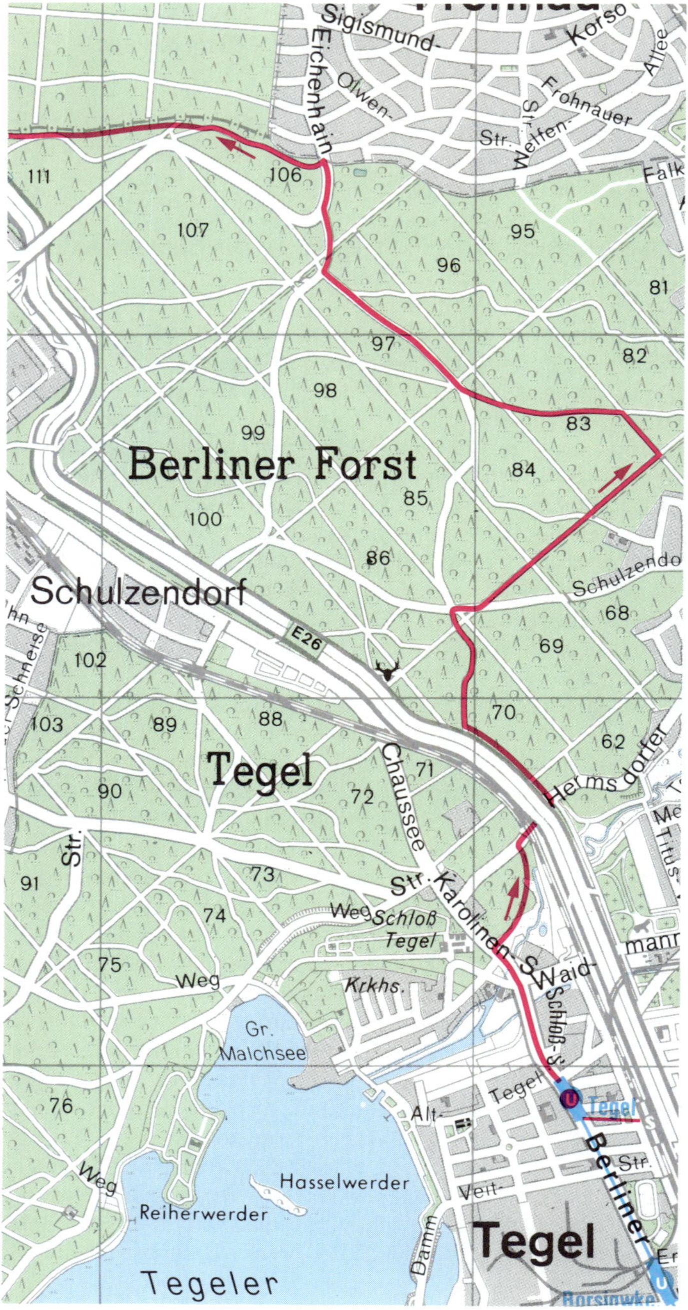
Berliner Forst
Tegel
Schulzendorf
Sigismund-
Korso
Allee
Frohnauer
Olwen-
Eichenhain
Str.
Welfen-
Falk
Schulzendo
Hermsdorfer
E26
Chaussee
Karolinen-
Str.
Weg
Schloß
Tegel
Krkhs.
Waid-
Schloß-
mann
Titus-
Gr.
Malchsee
Hasselwerder
Reiherwerder
Tegeler
Alt-
Tegel
Tegel
Berliner
Str.
Veit-
Damm
Tegel
Borsigwke
111
106
107
95
96
81
97
82
98
83
99
84
85
100
86
68
102
69
70
103
89
88
62
90
71
72
73
91
74
75
76

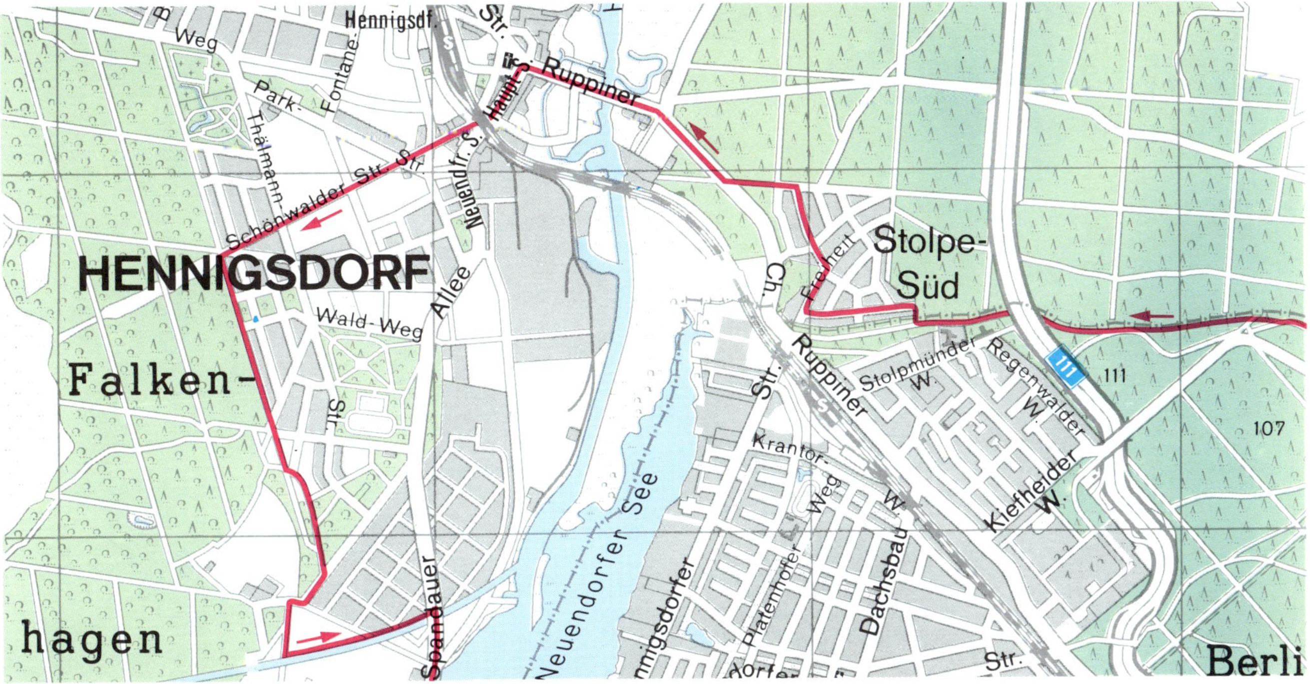

HENNIGSDORF
Falken-
hagen
Stolpe-
Süd
Berli
Hennigsdf.
Str.
Ruppiner
Haupt-
Weg
Park-
Fontane-
Thälmann-
Schönwalder Str.
Str.
Neuendfr. S.
Allee
Wald-Weg
Str.
Spandauer
Neuendorfer See
Ch.
Freiheit
Ruppiner
Str.
Stolpmünder W.
Regenwalder W.
Kiefheider W.
Krantor-
Weg
Dachsbau W.
Platenhofer
nnigsdorfer
Str.
111
107

Tegeler See. Das Fließtal mit seinen feuchten Wiesen ist Landschaftsschutzgebiet und zählt zu den reizvollsten Landschaften in Berlin. *Tegeler Forst:* Der etwa 2000 Hektar große Mischwald war früher ein beliebtes Jagdrevier der preußischen Kurfürsten; die höchste Erhebung des hügeligen Waldgebietes ist der Ehrenpfortenberg mit 69 Metern. – *Hennigsdorf:* Das frühere Fischerdorf (1375 erstmalig erwähnt) ist heute ein wichtiger Industriestandort (Elektro- und Stahlindustrie, Lokomotivbau). Infolge der »Abwicklung« nach der deutschen Vereinigung gingen zahlreiche Arbeitsplätze verloren. – *Oder-Havel-Kanal:* Seit dem Mittelalter wurde versucht, einen schiffbaren Weg zur Ostsee zu erschließen. Mit der Erfindung der Kammerschleuse im 16. Jahrhundert waren die technischen Voraussetzungen für diese Verbindung geschaffen. In nur 15 Jahren Bauzeit wurde der Finow-Kanal gegraben, der die Havel über die Oder mit der Ostsee verbindet. Unter Friedrich II. wurde der Kanal erweitert. Da die Leistungsgrenze der damals am meisten befahrenen Binnenwasserstraße Deutschlands um 1900 erreicht war, wurde für die Großschiff-Fahrt der Oder-Havel-Kanal in neuer gerader Streckenführung gebaut. – *Havelkanal:* Die Wasserstraße entstand aus politischen Gründen. Die frühere DDR-Regierung ließ den Kanal 1951/52 erbauen, um eine Wasserstraßenverbindung zwischen Elbe und Oder zu schaffen, die das Gebiet des ehemaligen Westberlins nicht berührte. – *Havel:* Der 337 Kilometer lange rechte Nebenfluss der Elbe kommt aus dem Dambecker See bei Neustrelitz und bildet zahlreiche Seen, die zu den beliebtesten Wassersportrevieren in Deutschland gehören. – *Spandauer Forst:* Der Mischwald ist 1454 Hektar groß und erstreckt sich von der Havel bis zur nördlichen und westlichen Berliner Stadtgrenze. Bis auf die Rehberge (39,5 m) ist der Forst nahezu eben. – *Spandau:* Siehe Tour 6. – *Tegelort:* Siehe Tour 2. – *Tegeler See:* Die große Ausbuchtung der Havel ist ein beliebtes Segelrevier und bedeutendes innerstädtisches Naherholungsgebiet mit vielen Badestellen. – *Scharfenberg:* Die gleichnamige »Schulfarm« auf der Insel wurde 1921 als Reformschule gegründet. Zugang für die Öffentlichkeit besteht nur zu besonderen Anlässen.

Tourenbeschreibung Wir verlassen den *U-Bahnhof Tegel* in Fahrtrichtung und nehmen den Ausgang mit dem Hinweisschild »Bus 133, 124 Alt-Heiligensee«. Oben angekommen, schieben wir die Räder auf die *Berliner Straße,* die sogleich in die *Karolinenstraße* übergeht, wenige Meter geradeaus. Dann steht uns der Radweg der *Karolinenstraße* zur Verfügung. Nachdem wir den Waidmannsluster Damm gekreuzt haben, überqueren wir wenig später das *Tegeler Fließ* und biegen kurz hinter dem Gewässer rechts in den *Radweg nach Hermsdorf* (gleichlautendes Schild) ein. Dieser Weg, der parallel zum »Wanderweg 2« und anfangs in Fließnähe verläuft, mündet in Sichtweite einer Autobahnbrücke in einen breiten Forstweg. Hier fahren wir nach halbrechts und unterqueren wenig später die Autobahn. Danach biegen wir links in den *Wanderweg 6* ein, dem wir eine Zeitlang durch den *Tegeler Forst* folgen werden. Bald schwenken wir mit unserem Weg nach halbrechts und entfernen uns vom Autobahndamm. Wir erreichen eine große Waldwegkreuzung (Wetterschutzhäuschen links) und fahren noch etwa 60 Meter geradeaus weiter. Am Polizeimelder biegen wir dann nach rechts ab und folgen jetzt dem mit einem *roten Eichhörnchen* markierten Weg. Nach 150 Metern lenken wir halblinks in den schmaleren Waldweg (Achtung! Am Abzweig keine Markierung). Jetzt immer geradeaus. Nach einem kurzen Anstieg mit darauffolgender steiler Abfahrt gelangen wir zu einem Parkplatz in Nähe der Försterei Tegel Nord (ein kurzer Abstecher nach rechts zu den Vogelvolieren lohnt sich).

Wir bleiben geradeaus und fahren zwischen zwei Wildgattern hindurch. Unser Weg ist mit einem *grünen Eichenblatt* gekennzeichnet (von der Markierung »rotes Eichenblatt mit Eichel«

Konradshöhe
Tegel
Tegeler
See
Scharfen-
Gr.
Malchsee
Hasselwerder
Reiherwerder
Gänsewerder
Lindwerder
Badestrand
Bade-
strand
Erlen-
grund
Fichte-
wiese
Lehmkuten-
bge.
Reiherberg
Konradshöher
Habicht-S.
Stößer-Str.
Str.
Friederike-
Jörs-
Str.
Aalemann-Ufer
Mühlen-
Freiherts
Weg
Schloß
Tegel
Krkhs.
Karolinen-S.
Waid-
Schloß-S.
Tegel
Alt-
Veit-
Damm
Borsig-
Berliner
Str.
Borsigwke.
Namslau-
Sterkrader
Neheimer
Str.
Krkhs.
Wasser-
werk
Kamener
Werdohl
Vollzu
Schwarzer
73
74
75
76
77
78
42
64
65
66
79
80
91
92
93
94
104
105
11
12
3
4

nicht verwirren lassen). Hinter den Gattern, am Jagenstein 83/82/67, fahren wir nach links *(grünes Eichenblatt).* Für etwa 50 Meter steigt der Weg an (schieben?), um die Höhe sofort wieder zu verlieren (Vorsicht bei der Abfahrt!). Am Ende der Gefällstrecke (rechts ein kleiner Rastplatz) schwenken wir nach links in den breiten Waldweg, der als *Wanderweg 4* ausgeschildert ist. Nach 750 Metern (an einem Wetterschutzpilz) fahren wir halbrechts in den *Wanderweg 1.* Dem *1-er Weg* folgen wir zu einem weiteren Schutzhäuschen (schräg gegenüber Schild »Waldsportpfad Tegelgrund«). Hier halbrechts. Rasch erreichen wir eine asphaltierte Straße (*Am Eichenhain,* kein Schild), auf der wir geradeaus weiterradeln.

Kurz vor der Frohnauer Bebauung biegen wir links in den geteerten ehemaligen *Grenzweg* der Westalliierten ein (als *Wanderweg 5* markiert) und radeln parallel zur Berliner Stadtgrenze durch den Forst. Nach 1,7 Kilometern auf dem autofreien Sträßchen überqueren wir die Autobahn Berlin-Hamburg. Weiter geradeaus. Vor den ersten Häusern von *Stolpe-Süd* (400 m weiter) wechseln wir auf dem Schotterweg nach rechts zum nahen ehemaligen *Grenzweg* der DDR-Truppen, in den wir links einbiegen. Sogleich geht der Weg in die Verbundsteinstraße *Kuckucksruf* über (vorerst kein Schild), auf der wir in die ruhige Siedlung *Stolpe-Süd* hineinfahren. Die Straße endet vor einer Freifläche. Hier lenken wir rechts in die Teerstraße *»Freiheit«.* 200 m weiter radeln wir nach links in die Verbundsteinstraße *(Eichhörnchenweg).* Am Ende der Siedlung lenken wir links in den Erdfahrweg, der uns zu einer kreuzenden verkehrsreichen Teerstraße bringt. Hier nach rechts (Radweg). An der folgenden Straßengabelung wenden wir uns halblinks in Richtung Hennigsdorf. Kurz darauf überqueren wir den *Oder-Havel-Kanal* und erreichen *Hennigsdorf* (Einkehrmöglichkeiten).

Vor der Kirche biegen wir links in die *Hauptstraße* ein (Vorsicht!). Unmittelbar hinter der Bahnbrücke lenken wir rechts in die *Bötzowstraße.* Mit der Straße sogleich nach links. Wir kreuzen die Rathausstraße und radeln geradeaus auf dem Weg unterhalb der Stromleitung weiter. Wenig später kreuzen wir die »Parkstraße« und fahren geradeaus auf der *Schönwalder Straße* weiter. Dieser Straße folgen wir durch ein Neubaugebiet, dann durch eine Einfamilienhaussiedlung. Nach 900 Metern biegen wir am Waldrand (hier ein Kinderspielplatz) links in den Erdfahrweg ein.

Unser etwas holpriger, aber passabel befahrbarer Weg verläuft zwischen dem Staatsforst Falkenhagen und den Rückfronten der Henningsdorfer Siedlungshäuser. Bei der Einmündung der Clara-Schabbel-Straße bleiben wir auf dem *Schwalbenweg* geradeaus.

Nun befinden sich auch bald rechts des Erdfahrweges Einfamilienhäuser.

In die kreuzende *Trappenallee* radeln wir nach rechts. An der Kreuzung fahren wir geradeaus auf dem Erdfahrweg *Am neuen Kanal* weiter und folgen der Fahrstraße an der nahen Gabelung nach halblinks. Rasch erreichen wir den *Havelkanal.*

In den Uferweg lenken wir nach links. Etwa 150 Meter vor der Brücke folgen wir dem Fahrweg nach links, um dann in das nahe Teersträßchen rechts einzubiegen. In die kreuzende Vorfahrtsstraße nach rechts (Radweg) und über den Havelkanal. Wenn wenig später rechts die Straße »Am Yachthafen« abzweigt, lenken wir halblinks zum kombinierten Rad- und Fußweg, der an der Havel entlangführt. Früher diente dieser Weg den DDR-Truppen zur Grenzsicherung. Rechts sehen wir bald die Kirche und die Häuser von *Nieder-Neuendorf* (Einkehrmöglichkeit). Später entfernt sich unser Weg etwas vom Fluss.

Nach 3,2 Kilometern auf dem *Grenzweg* hört der Teerbelag auf und wir fahren auf Betonplatten zur Kleingartenkolonie *Erlengrund,* die bereits zum Berliner Bezirk *Spandau* gehört. Auf dem nun schmaleren Weg bleiben wir in Wassernähe und erreichen die *Bürgerablage.*

Wir müssen vor dem Restaurant *Jagdhaus* eine kurze sandige Passage durchqueren. Wir finden aber rasch in etwa 50 Metern Entfernung zur Havel einen festgrundigen Fußweg, auf dem wir parallel zum Fluss weiterradeln (später mit dem Zeichen »blauer Balken« markiert). Direkt am Ufer fahren wir dann an einem Campingplatz entlang und entfernen uns etwas später von der Wasserlinie. In die breite Erfahrstraße biegen wir links ein.

Hinter der nahen Barriere wird der Weg wieder schmaler. An der Rückfront des Kraftwerks »Oberhavel« radeln wir am Fluß entlang und überqueren auf der Brücke den Teufelsseekanal. An der Havel weiter. Vor dem Kinderspielplatz halten wir uns halbrechts, um in die nahe Teerstraße links einzubiegen. Rasch sind wir an der Fähre (siehe Anmerkung).

In *Tegelort* am anderen Havelufer radeln wir auf der *Jörsstraße* geradeaus weiter. Am Ende der Straße rollen wir geradeaus in den *Tegeler Forst* hinein und folgen dem Verlauf des gut erkennbaren Waldweges. Nach 900 Metern erreichen wir das Ufer des *Tegeler Sees.* Hier lenken wir halblinks in die Betonplattenstraße (auf Karten *Schwarzer Weg*). Bald kommen wir an der Insel Scharfenberg und am *Freibad Tegeler See* vorbei. Hinter der Badeanstalt nehmen wir den Waldweg nach rechts und gelangen direkt zum Ufer. Hier nach links. Nach 900 Metern an der Wasserlinie kehren wir hinter dem Restaurant *Toulouse* nach links zu dem

Sträßchen (*Schwarzer Weg*) im Wald zurück, in das wir dann rechts einbiegen. Am Eingang des *Pavillon du Lac* (1,1 km weiter) bleiben wir geradeaus, um wenig später vor dem Restaurant *Waldhütte* rechts in den Radweg zu lenken. Wir rollen am *Großen Malchsee,* einer Ausbuchtung des *Tegeler Sees* entlang. Der Radweg endet an der *Gabrielenstraße,* in die wir links einbiegen. Nach 700 Metern lenken wir rechts in die Straße *An der Mühle.* In die *Karolinenstraße* biegen wir rechts ein (Radweg) und kehren zum *U-Bahnhof Tegel* zurück.

2 U-Bahnhof Tegel – Tegeler See – Konradshöhe – Heiligensee – Tegeler Forst – U-Bahnhof Tegel

Verkehrsmöglichkeiten U-Bahn bis/ab Tegel.
Tourenlänge 21 Kilometer.
Fahrzeit 2 Stunden.
Höhenunterschiede Unbedeutend.
Karten Falk-Stadtplan Berlin.
Wissenswertes *Tegeler See:* Siehe Tour 1. – *Tegelort und Konradshöhe:* Beide Reinickendorfer Ortsteile sind seit dem vergangenen Jahrhundert beliebte Berliner Ausflugsziele mit zahlreichen Gaststätten am Tegeler See und an der Havel. – *Heiligensee:* Das frühere Dorf ist eine der ältesten Siedlungen (1308 erstmalig erwähnt) im Berliner Raum; sehenswert ist der Dorfanger mit alter Dorfkirche (15./16. Jh.) und einigen schönen Bauernhäusern. Der gleichnamige See befindet sich zum größten Teil in Privatbesitz. Aufgrund der relativen Unberührtheit verfügt das Gewässer über eine gute Wasserqualität, einen breiten Schilfgürtel und zahlreiche Nistplätze seltener Vögel. Der Name wird auf eine bronzezeitliche Opferstätte zurückgeführt. – *Tegeler Forst:* Siehe Tour 1. – *Scharfenberg:* Siehe Tour 1. – *Havel:* Siehe Tour 1.

Tourenbeschreibung Wir verlassen den *U-Bahnhof Tegel* in Fahrtrichtung und wählen den Ausgang mit dem Hinweisschild »Bus 133, 124 Alt-Heiligensee«. Oben angekommen, schieben wir die Räder auf der *Berliner Straße,* die sogleich in die *Karolinenstraße* übergeht, wenige Meter geradeaus. Bald steht uns der Radweg der *Karolinenstraße* zur Verfügung, der uns rasch zum *Waidmannsluster Damm* bringt.

An dieser Kreuzung biegen wir in die Straße *An der Mühle* links ein. In die *Gabrielenstraße* geht es nochmals nach links. Nach 600 Metern lenken wir kurz hinter (!) der rechts abzweigenden Campestraße in den Radweg (fester Erdweg). Dieser Radweg führt in mehreren Kurven – vorbei am *Freizeitpark Tegel* (rechts des Weges) zum *Tegeler See* und mündet schließlich am Restaurant *Waldhütte* in eine asphaltierte Straße, den *Schwarzen Weg* (kein Schild). Hier nach links. An der Straßengabelung (300 m weiter) fahren wir in Richtung Restaurant Toulouse geradeaus weiter (der linke Weg führt zur *Deutschen Stiftung für internationale Entwicklung* in der *Villa Borsig,* deren schönes Gelände am See nicht öffentlich zugänglich ist).

Nach 1,1 Kilometern auf dem verkehrsarmen Sträßchen kommen wir an den Wildgattern der *Revierförsterei Tegeler See* vorbei (links am See das Restaurant *Toulouse*). Auf der nun für den Motorverkehr gesperrten Straße radeln wir geradeaus weiter. Nach einem Kilometer erreichen wir das *Freibad Tegeler See* (Restaurant) und bleiben auf dem Sträßchen geradeaus. Wenig später fahren wir an der Insel Scharfenberg vorbei.

Wenn das Teersträßchen nach 700 Metern (ab Freibad) vor einem einzeln stehenden Haus nach rechts führt, bleiben wir auf dem Uferweg geradeaus (auf Fußgänger Rücksicht nehmen!). Etwa 200 Meter später sollten wir absteigen und die Räder auf dem Fußweg, der an den Restaurants am See entlangführt, schieben. Wir sind nun in *Tegelort.* Hinter den Gaststätten schwenken

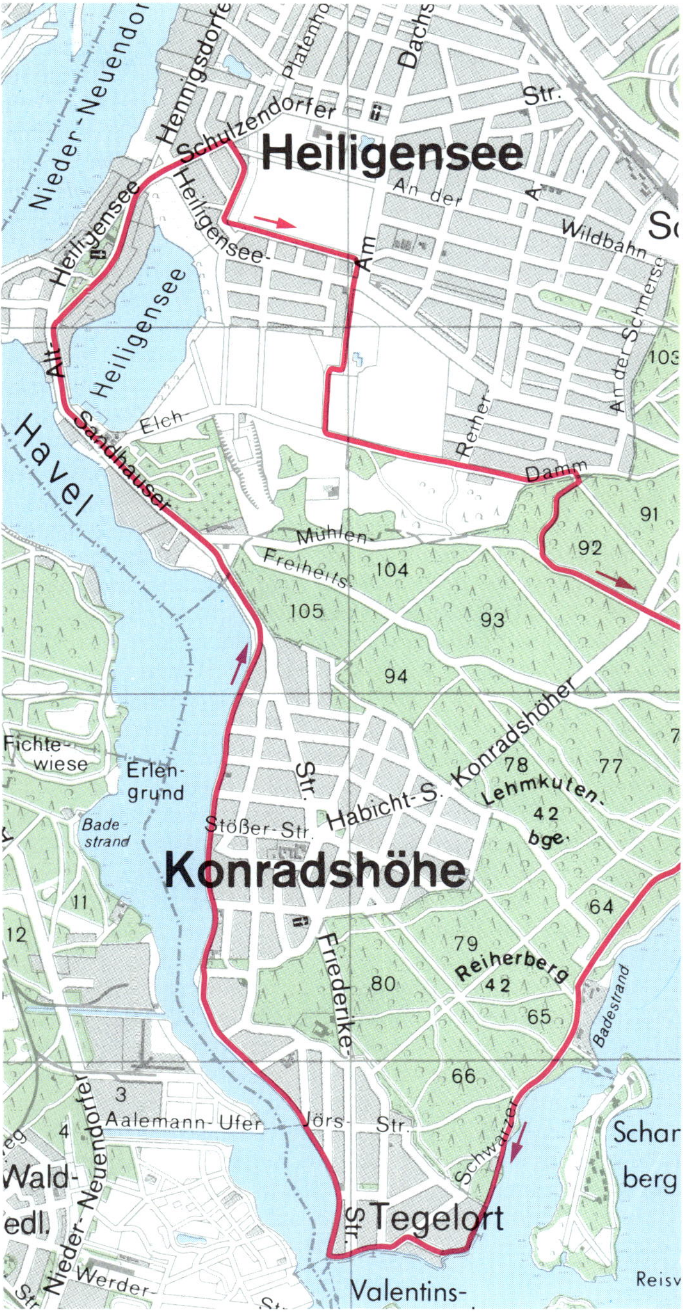

Heiligensee
Konradshöhe
Tegelort
Havel
Nieder-Neuendor
Hennigsdorfe
Schulzendorfer
Platenho
Dachs
Str.
An der
Wildbahn
An der Schnerse
Heiligensee-
Am
Alt-Heiligensee
Heiligensee
Elch-
Reiher
Damm
Sandhauser
Mühlen-
Freiherts-
Konradshöher
Habicht-S.
Lehmkuten-
bge.
Reiherberg
Stößer-Str.
Str.
Friederike-
Jörs-
Str.
Schwarzer
Str.
Fichte-
wiese
Erlen-
grund
Bade-
strand
Badestrand
Aalemann-Ufer
Nieder-Neuendorfer
Wald-
edl.
Werder-
Valentins-
Schar
berg
Reisv
91
92
93
94
104
105
103
78
77
42
64
79
80
42
65
66
11
12
3
4

wir mit dem Uferweg nach rechts. Kurz darauf fahren wir scharf rechts zur nahen Straße (der Weg geradeaus endet als Sackgasse). Auf dieser kopfsteingepflasterten Straße (*Tegelorter Ufer,* kein Schild) gelangen wir zur kreuzenden *Scharfenberger Straße,* in die wir links einbiegen (Kopfsteinpflaster). Am nahen *Barschelplatz* wechseln wir nach links auf den Uferweg. Dieser von Fußgängern stark frequentierte Weg (bitte Rücksicht nehmen!) wendet sich bald nach rechts, und wir radeln nun an der *Havel* nach Norden. Nach 900 Metern geht unser Weg in die öffentliche Straße *Bärbelweg* über, auf der wir weiter am Fluss entlangfahren. Anschließend radeln wir wieder auf einem autofreien Weg an der *Havel* geradeaus weiter. Wir sind jetzt in *Konradshöhe.*

Schließlich mündet der Uferweg in die *Sandhauser Straße,* in die wir links einbiegen. Nach 1,4 Kilometern überqueren wir die *Sandhauser Brücke* (schöner Blick nach rechts auf den Heiligensee). Kurz darauf sind wir im Dorf *Heiligensee.* Am Dorfanger gabelt sich die Straße *Alt-Heiligensee.* Wir wählen den Radweg zwischen beiden Straßen, der uns an der Dorfaue entlangführt.

An der Straßenkreuzung hinter dem Dorfkern radeln wir auf der *Schulzendorfer Straße* geradeaus weiter (Radweg). In die zweite Seitenstraße, den *Rundhofer Pfad,* biegen wir links ein und schwenken bald mit dem Sträßchen nach rechts. Wir radeln an Feldern und Wiesen entlang. Unser Weiterweg ist jetzt spärlich als *Wanderweg 5* markiert. Wenn der *Rundhofer Weg* grob gepflastert ist, wechseln wir nach links auf einen parallellaufenden Erdweg. Auf diesem Weg fahren wir bald nach links und überqueren eine kleine Brücke. Entlang an Feldern und einem Graben rollen wir auf dem *5er-Weg* zur Heiligenseestraße, die wir kreuzen und auf dem breiten Erdfahrweg geradeaus weiterfahren (links das eingezäunte Naturschutzgebiet Bumpfuhl). Nach knapp 400 Metern biegen wir rechts ab und fahren quer über den kleinen Parkplatz. Anschließend folgen wir der *5er*-Markierung geradeaus durch eine Kleingartenkolonie zur Straße *Elchdamm,* in die wir links einbiegen.

Auf der verkehrsarmen Straße fahren wir an einer Wald- und Dünenlandschaft entlang (rechts), die militärisches Sperrgebiet ist. Die Häuser links des *Elchdamms* gehören zu *Schulzendorf.* Nach gut einem Kilometer zweigt links der Schauflerpfad ab. An dieser Stelle biegen wir scharf (!) rechts in den Waldweg ein (nicht halbrechts der 5er-Markierung folgen!). Auf den nächsten 400 Metern halten wir uns im hügeligen Gelände geradeaus, bis wir auf einen ausgeprägten breiten Querweg stoßen, in den wir links einbiegen.

Unser festgrundiger Weg wird auf Karten als *Mühlenweg* bezeichnet und führt durch den *Tegeler Forst.* Nach 500 Metern kreuzen wir vorsichtig die verkehrsreiche Konradshöher Straße (kein Schild) und folgen anschließend dem breiten, autofreien Forstweg (als *Wanderweg 7* markiert) geradeaus. Nach einem Kilometer erreichen wir den *Schwarzen Weg* am *Tegeler See,* in den wir nach links lenken. Auf der vom Hinweg bekannten Route kehren wir zum *U-Bahnhof Tegel* zurück.

3 U-Bahnhof Tegel – Tegeler See – Saatwinkel – Hohenzollernkanal – Cité Joffre – Wedding

Verkehrsmöglichkeiten U-Bahn bis Tegel, U-Bahn ab Seestraße.
Tourenlänge 14,5 Kilometer. **Fahrzeit** $1^1/_2$ Stunden.
Höhenunterschiede Unbedeutend; lediglich Brückenauf- und -abfahrten.
Karten Falk-Stadtplan Berlin.
Wissenswertes *Tegel:* Siehe Tour 1. – *Tegeler See:* Siehe Tour 1. – *Jungfernheide:* Der Name des Waldstücks läßt sich auf die Nonnen (»Jungfern«) des Spandauer Benediktinerinnenklosters zurückführen, denen der Forst bis zur Reformation gehörte. Anschließend war der Wald Jagdgebiet der preußischen Kurfürsten und Könige. Ursprünglich war die Jungfernheide bei weitem größer; die jüngsten Abholzungen erfolgten mit der Erweiterung des Flughafens Tegel. – *Hohenzollernkanal:* Der 1859 erbaute Kanal, der die Havel mit der Spree verbindet, wird auch Berlin-Spandauer-Schiff-Fahrtskanal genannt. Wegen seines geraden Verlaufs wird die Wasserstraße als Ruderbootregattastrecke benutzt. – *Volkspark Rehberge:* Die Anlage entstand 1926–29 im Rahmen eines Notstandsprogramms gegen die Arbeitslosigkeit.

Tourenbeschreibung Wir verlassen den *U-Bahnhof Tegel* entgegengesetzt zur Fahrtrichtung (Schild »Grußdorfstraße«) und fahren auf der *Grußdorfstraße* zur *Buddestraße,* in die wir dann rechts einbiegen. In die *Veitstraße* lenken wir nochmals nach rechts. Diese relativ stark befahrene Straße geht in den *Borsigdamm* (Radweg) über. Auf der nahen *Borsigdammbrücke* überqueren wir eine Ausbuchung des *Tegeler Sees.* Am Ende der Brückenabfahrt erreichen wir die *Neheimer Straße,* in die wir nach rechts lenken. Wir überqueren kurz darauf eine weitere Brücke und biegen anschließend rechts in den breiten Erdfahrweg ein (Schild »Wanderweg 9«).

Dieser Weg führt uns direkt zum *Tegeler See,* an dessen Ufer wir nun auf dem schönen, aussichtsreichen Weg (später als *Wander-*

weg 1 markiert) für 2,8 Kilometer entlangradeln. Links neben uns befindet sich das Waldgebiet der *Jungfernheide.* Danach sind wir in *Saatwinkel.* An der Gaststätte *Seeblick* bleiben wir auf dem *1er-Weg* (nun breiter Erdfahrweg) geradeaus, bis er in die Straße *Im Saatwinkel* mündet. Auf dieser Teerstraße rollen wir zunächst weiter geradeaus und schwenken später mit der Straße nach halblinks (nicht rechts zum Restaurant Fährhaus). Etwa 200 Meter hinter der Kurve fahren wir halblinks in die kleine beschrankte Teerstraße, um 10 Meter später halbrechts in den Waldweg (ebenfalls Schranke) einzubiegen.

Durch den kleinen Hain gelangen wir zum *Hohenzollernkanal.* In den Uferweg biegen wir links ein. Nach 600 Metern überqueren wir an der *Tegeler Brücke* vorsichtig die verkehrsreiche Bernauer Straße. Jenseits der Straße wählen wir den Erdfahrweg (nicht das Teersträßchen!) mit dem Schild »Kleingartenkolonie Am Hohenzollernkanal«. Nun am Kanal entlang. Nach weiteren

1,4 Kilometern passieren wir die *Mäckeritzbrücke.* Unser Uferweg ist zunächst mit Verbundsteinen gepflastert, wird dann aber wieder zum Erdfahrweg. Eine dritte Brücke, die *General-Ganeval-Brücke* (1,6 km weiter), überqueren wir, um 400 Meter später unsere Räder an der *Hinckeldeybrücke* die steile Treppe hinaufzutragen.

Nach den Stufen fahren wir auf dem Radweg des *Kurt-Schumacher-Damm* nach links, wobei wir auf der linken Straßenseite bleiben. Nach 800 Metern überqueren wir an der Ampel nach rechts diese stark befahrene Durchgangsstraße und fahren geradeaus auf der *Allée Camille St. Saens* durch die *Cité Joffre* (ehemalige Wohnsiedlung der französischen Streitkräfte) fort. Hinter (!) der Linkskurve der Allée (1,2 km weiter) biegen wir rechts ab (am Abzweig zwei Straßenspiegel) und fahren über den kleinen Parkplatz der *Kleingartenkolonie Steinwinkel.* Nach wenigen Metern, noch vor dem Graben, lenken wir nach rechts. Am nahen Polizeimelder nehmen wir links den Radweg, der am *Volkspark Rehberge* entlangführt. Unser Weg wird bald zur öffentlichen Straße *Dohnagestell* (weiterhin Radweg). Auf der bevorrechtigten Straße geht es halbrechts weiter (*Dohnagestell*). Nach 500 Metern biegen wir links in die verkehrsreiche *Seestraße* ein (Radweg), auf der wir nach 1,3 Kilometern den *U-Bahnhof Seestraße* erreichen.

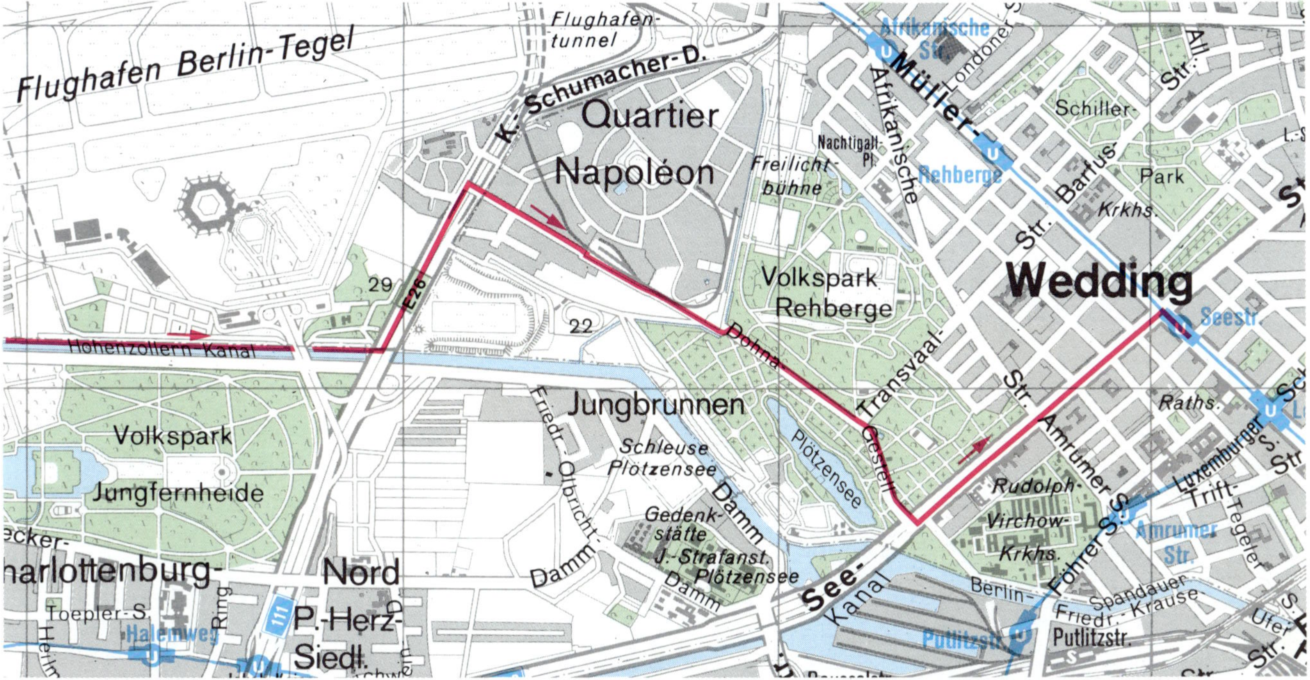
Flughafen Berlin-Tegel
Flughafen-
tunnel
K.-Schumacher-D.
Quartier
Napoléon
Afrikanische
Str.
Müller-
Londoner
Afrikanische
Nachtigall-
Pl.
Freilicht-
bühne
Rehberge
Schiller-
Park
Barfus-
Str.
Krkhs.
All.
Str.
Wedding
Seestr.
Volkspark
Rehberge
Dohna-
Transvaal-
Str.
Gestell
29
E26
22
Hohenzollern-Kanal
Jungbrunnen
Friedr.-Olbricht-
Damm
Schleuse
Plötzensee
Plötzensee
Damm
Gedenk-
stätte
J.-Strafanst.
Plötzensee
Damm
Raths.
Amrumer
Str.
Rudolph-
Virchow-
Krkhs.
Luxemburger
Str.
Trift-
Tegeler
Föhrer S.
Amrumer
Str.
See-
Kanal
Berlin-
Spandauer
Friedr.-Krause-
Ufer
Putlitzstr.
Putlitzstr.
Volkspark
Jungfernheide
Charlottenburg-
Nord
P.-Herz-
Siedl.
Ring
Toepler-S.
Halemweg
111

4 U-Bahnhof Tegel – Tegeler Fließ – Lübars – Schildow – Blankenfelde – Mönchmühle – Rosenthal – Märkisches Viertel – U-Bahnhof Kurt-Schumacher-Platz

Verkehrsmöglichkeiten U-Bahn bis Tegel, U-Bahn ab Kurt-Schumacher-Platz; unterwegs S-Bahnhof in Wilhelmsruh, U-Bahnhof Paracelsusbad.
Tourenlänge 28 Kilometer.
Fahrzeit 3 bis 3½ Stunden.
Höhenunterschiede Anstieg zu den Arkenbergen; ansonsten gering.
Karten Falk-Stadtplan Berlin.
Anmerkung *Grenzweg:* Siehe Tour 1.
Wissenswertes *Tegel, Tegeler Fließ:* Siehe Tour 1. – *Lübars:* Das alte Rundlingsdorf (1247 erstmalig urkundlich erwähnt), hat äußerlich seine Ursprünglichkeit bewahrt und gilt als Berliner »Vorzeigedorf«; sehenswert ist der alte Dorfkern mit der Kirche (1793) und einigen restaurierten Bauernhäusern. – *Blankenfelde:* Das 1375 erstmalig erwähnte Dorf ist ein Ortsteil des Berliner Bezirkes Pankow. Sehenswert sind das Herrenhaus des Gutshofs (Hauptstraße 28) und die Dorfkirche aus dem 14. Jahrhundert. Der dörfliche Charakter wird durch den Durchgangsverkehr beeinträchtigt. – *Rosenthal:* Der zu Pankow zählende Ortsteil besitzt eine Dorfkirche aus dem 13. Jahrhundert. Das Ortsbild ist bereits großstädtisch geprägt. – *Märkisches Viertel:* Zwischen 1963 und 1974 auf früherem Schrebergartengebiet errichtetes Hochhausviertel, das Wohnraum für 50000 Menschen bietet; wegen zahlreicher Fehlplanungen gelangte die Trabantenstadt zu einer traurigen Berühmtheit.

Tourenbeschreibung Wir verlassen den *U-Bahnhof* Tegel in Fahrtrichtung und wählen den Ausgang mit dem Hinweisschild »Bus 133, 124 Alt-Heiligensee«. Oben angekommen, schieben wir die Räder auf der *Berliner Straße,* die sogleich in die *Karolinenstraße* übergeht, wenige Meter geradeaus. Auf dem Radweg der *Karolinenstraße* fahren wir zum *Waidmannsluster Damm,* in den wir rechts einbiegen (Radweg). Direkt hinter der S-Bahn- und Autobahnbrücke überqueren wir die Straße (Ampel) und folgen auf der anderen Straßenseite dem *Waidmannsluster Damm* noch etwa 10 Meter geradeaus. Anschließend lenken wir nach links in den breiten Kopfsteinpflasterweg (Schild »Landschaftsschutzgebiet Tegeler Fließ« am Abzweig).

Unser Weg verläuft in einiger Distanz parallel zur Autobahn. Etwa 50 Meter vor (!) der Brücke über das Tegeler Fließ biegen wir rechts in den schmalen Erdweg ein (am Abzweig eine dreieckige Markierung mit dem Zeichen »1 IVV«). Wir radeln in der Folgezeit am Fließ entlang. An einer Holzbrücke (nicht hinüber!) stoßen wir auf den *Wanderweg 2,* auf dem es geradeaus weitergeht.

Nach einem Kilometer wenden wir uns an einer weiteren Holzbrücke nach rechts und gelangen rasch zum kleinen Platz am Ende der *Egidystraße* (auf der Platzmitte ein Gedenkstein für die Opfer der beiden Weltkriege). Wir steigen am Platz kurz ab und halten uns links. Hinter dem Haus mit der Nummer 64 führt uns ein Radweg wieder zurück zum *Tegeler Fließ.* Wir folgen weiterhin dem *Wanderweg* 2 und erreichen nach etwa 600 Metern den *Waidmannsluster Damm,* in den wir links einbiegen.

Nach wenigen Metern biegen wir halblinks in die *Dianastraße* ein und radeln durch ein ruhiges Wohngebiet. In die *Artemisstraße* lenken wir nach links. Hinter der nahen Fließbrücke fahren wir rechts in den Fußweg, der am Fließ entlangführt (als *Wanderweg 3* gekennzeichnet). Schon bald wechseln wir die Bachseite und unterqueren die hohe S-Bahnbrücke. In den kreuzenden, verkehrsreichen Straßenzug *Berliner Straße/Oraniendamm* fahren

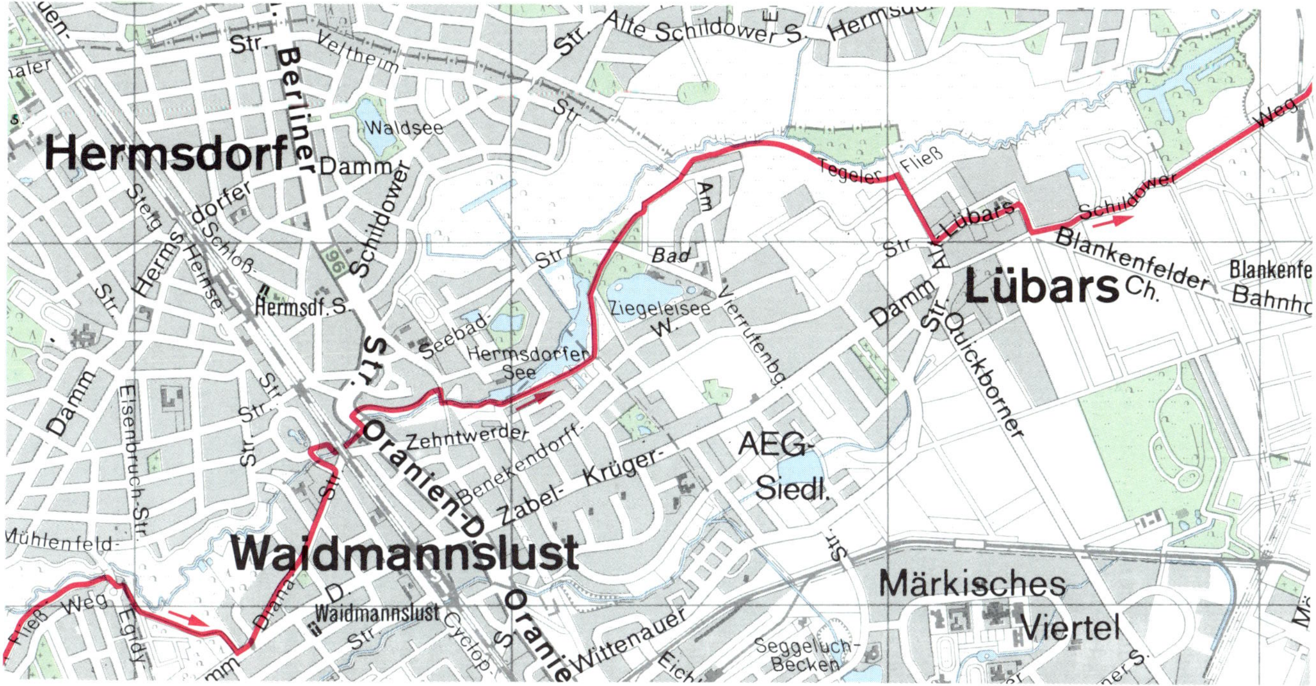
Hermsdorf
Lübars
Waidmannslust
Märkisches Viertel
AEG-Siedl.
Berliner Damm
Alte Schildower S.
Schildower
Veltheim-
Waldsee
Hermsdorfer Damm
Heinsestr.
Schloß-Str.
Hermsdf. S.
Seebad-
Hermsdorfer See
Ziegeleisee
Am Bad
Vierrutenbg.
Tegeler Fließ
Alt-Lübars
Schildower Weg
Blankenfelder Ch.
Quickborner Str.
Zehntwerder
Benekendorff-
Zabel-Krüger-Damm
Oranien-D.
Oranienburger Str.
Waidmannslust
Cyclop-
Wittenauer
Seggeluch-Becken
Eisenbruch-Str.
Mühlenfeld-
Egidy-
Fließ Weg
Diana-
Blankenfe
Bahnho
96

wir für wenige Meter nach links (Vorsicht!), um nach der Brücke rechts in den Fließ-*Wanderweg 3* einzubiegen.

Nach 700 Metern wechseln wir auf die andere Gewässerseite und folgen nun dem *Wanderweg 4*. Das *Tegeler Fließ* erweitert sich zum *Hermsdorfer See*, an dessen Rand wir entlangrollen. Wir kommen am *Freibad Lübars* vorbei (rechts der Route), kreuzen kurz darauf die öffentliche Straße *Am Freibad* (kein Straßenschild) und setzen unsere Fahrt geradeaus auf dem Fließweg fort. An der nahen Gabelung halten wir uns halblinks und radeln weiter an den Fließwiesen entlang. Rechts unseres Weges befinden sich Kleingärten. An der Wegekreuzung mit dem Unterstellhäuschen (400 m weiter) bleiben wir geradeaus und befahren nun einen Bohlenweg (Fußgängern den Vortritt lassen!). Bald öffnet sich die Landschaft, und wir radeln durch die Lübarser Wiesen. Nach rechts abzweigende Wege beachten wir vorerst nicht, sondern folgen weiter dem Fließ, dessen kleinen Nebenarm wir später auf einer kleinen Holzbrücke überqueren. An der nahen größeren Brücke biegen wir rechts ab und radeln auf dem teilweise sandigen, später gepflasterten Weg an Pferdekoppeln entlang zur öffentlichen Straße *Alt-Lübars*, in die wir links einbiegen.

Auf dieser kopfsteingepflasterten Straße durchfahren wir den hübschen Dorfkern von *Lübars* (Einkehrmöglichkeiten). Mit der Straße schwenken wir bald nach rechts. Wenig später fahren wir nach halblinks in den *Schildower Weg*, einer für den Kraftfahrzeugverkehr gesperrten Naturstraße, die zum größten Teil einen festen Randstreifen besitzt. Wir folgen nun diesem leicht gewundenen Weg, wobei wir zum Fließ führende Pfade nicht beachten. Wir müssen leicht bergauffahren. Kurz vor der Höhe halblinks auf dem Erdweg weiter. Wir durchqueren den ehemaligen »Todesstreifen« der früheren Grenze zur DDR, kreuzen den asphaltierten Grenzweg und bleiben auf dem Erdfahrweg geradeaus, der durch Wiesen und Obstgärten führt. An der Wegegabelung halten wir uns halblinks. Bald ist unser Weg grob gepflastert, und wir überqueren die stillgelegte S-Bahntrasse. Danach fahren wir halblinks in den geteerten *Lübarser Weg* und rollen durch eine Kleingartenkolonie, die zum Berliner Ortsteil *Blankenfelde* gehört.

Nach 500 Metern erreichen wir die verkehrsreiche *Schildower Straße*, in die wir vorsichtig links einbiegen (Radweg). Wenige Meter später zweigen wir rechts in den *Birnbaumring* ab. Auf dieser Ringstraße rollen wir durch die *Stadtrandsiedlung Blankenfelde*. Abzweigenden Straßen schenken wir keine Beachtung. Wir gelangen wieder zur *Schildower Straße*, in die wir nach rechts lenken (Radweg).

Wir sind nun außerhalb des Berliner Stadtgebiets, in *Schildow*. Wir kommen an der Dorfkirche und an der Dorfaue vorbei (Ein-

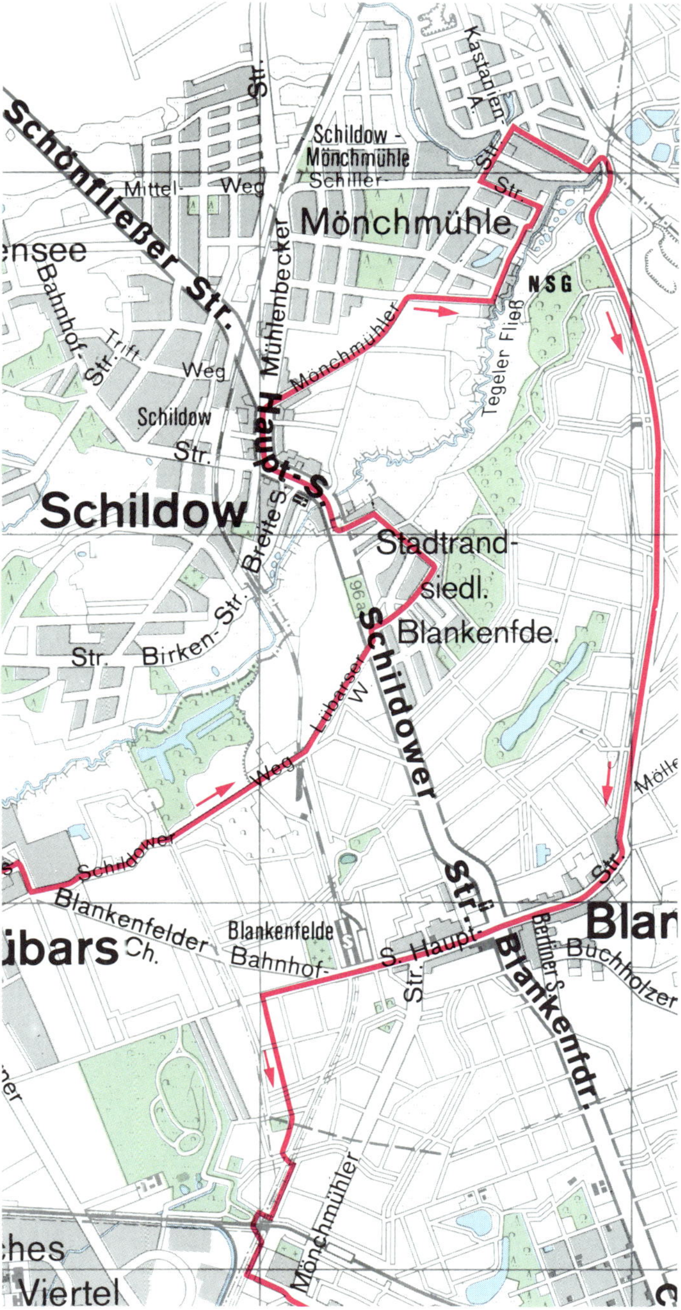

Schönfließer Str.
Str.
Schildow -
Mönchmühle
Schiller-
Str.
Kastanien-
A.
Str.
Mittel-
Weg
Mönchmühle
ensee
Bahnhof-
Str.
Trift
Weg
Mühlenbecker
Mönchmühler
NSG
Tegeler Fließ
Schildow
Str.
Haupt-S.
Schildow
Breite S.
Stadtrand-
siedl.
Blankenfde.
96a
Birken-Str.
Str.
Lübarser W
Schildower
Weg
Schildower
Str.
Mölle
Str.
Blan
Blankenfelder
Ch.
übars
Blankenfelde
Bahnhof-
S. Haupt-
Str.
Berliner S.
Buchholzer
Blankenfdr.
Mönchmühler
ches
Viertel

kehrmöglichkeiten) und folgen der abknickenden Vorfahrtsstraße (= *Hauptstraße*) und rechts (Richtung Oranienburg). Wenn nach 300 Metern die Bundesstraße nach halblinks führt, fahren wir halbrechts (!) in die *Mönchmühlenstraße.* Auf dieser Naturstraße mit geschottertem Radweg radeln wir durch Felder am Rand des Tegeler Fließ' entlang.

Nach 700 Metern erreichen wir die Siedlung *Mönchmühle.* Hier lenken wir rechts in die *Richard-Wagner-Straße.* Wenn der Betonplattenbelag der Straße aufhört, fahren wir auf der holprigen Erdfahrstraße geradeaus weiter (bald Schild *Kleiststraße*) und schwenken bald mit dem Fahrweg nach links. Vorsichtig rollen wir auf der ausgefahrenen Straße durch die Siedlung. Am Abzweig der Goethestraße geht es, leicht rechts versetzt, geradeaus weiter. In die nächste Straße, die *Schillerstraße*, biegen wir links ein. In die bevorrechtigte *Mönchmühlenstraße* (Kopfsteinpflaster) lenken wir nach rechts. Wenig später befindet sich rechts der Straße die stillgelegte *Mönchmühle* (im Jahr 1234 erstmalig erwähnt; vom Tegeler Fließ gespeist). Auf der *Mönchmühlenallee* geradeaus weiter. In die *Ahornallee* (stellenweise sandiger Erdfahrweg) biegen wir rechts ein, um in die gepflasterte *Eschenallee* nach links zu fahren. Etwa 100 Meter vor dem Bahndamm lenken wir nach rechts in den sandigen Fahrweg und machen kurz darauf den Rechtsschwenk der Straße mit.

Wir sind wieder in *Berlin.* Unser Fahrweg führt an Schrebergärten entlang und führt bald nach links. Wir müssen für eine kurze Strecke bergauffahren und die *Arkenberge* erklimmen. Bald erreichen wir eine Betonplattenstraße (= *Hauptstraße*), auf der wir

geradeaus durch die *Kolonie Arkenberge* radeln. Anschließend rollen wir auf der verkehrsarmen Teerstraße nach Süden. Bei den ersten Häusern von *Blankenfelde* folgen wir der nunmehr gepflasterten Straße nach rechts (Erdpfad rechts der Straße) und fahren auf der *Hauptstraße* durch das Dorf (Einkehrmöglichkeit). Wir kreuzen die verkehrsreiche Schildower Straße und bleiben auf der *Hauptstraße* geradeaus. Am Dorfrand geht es auf der *Bahnhofstraße* geradeaus weiter. Hinter dem Bahnübergang (der Bahnhof Blankenfelde ist geschlossen) wenden wir uns nach halblinks und fahren auf dem kombinierten Rad- und Fußweg weiter.

Links sehen wir in der Ferne den Fernsehturm im Berliner Zentrum und schräg links die Hochhäuser des Märkischen Viertels. In den kreuzenden geteerten Weg biegen wir links ein. Wir befinden uns auf dem früheren *Grenzweg.* Bald radeln wir an einem Gleis entlang, das wir wenig später nach links überqueren. In die *Straße 126* lenken wir nach links und rollen durch die Kleingartenkolonie. Auf der nahen gepflasterten *Hauptstraße* fahren wir zunächst geradeaus weiter, um dann auf dieser Vorfahrtsstraße nach rechts in das dörfliche Zentrum von *Rosenthal* zu radeln (Einkehrmöglichkeiten). Wer diesen Abstecher nach Rosenthal nicht mitmachen möchte, bleibt auf dem Grenzweg.

Hinter dem Rosenthaler Ortskern biegen wir rechts in den *Wilhelmsruher Damm* ein. An der nahen Gabelung radeln wir halblinks auf dem kopfsteingepflasterten *Wilhelmsruher Damm* weiter. Wir durchfahren den ehemaligen Grenzstreifen, überqueren ein Gleis und biegen anschließend links in den vormaligen *Grenzweg* der Westalliierten ein (Schild »Privatweg«). Wir sind wieder im Berliner Bezirk *Reinickendorf.*

Auf dem *Grenzweg* radeln wir am Rand des *Märkischen Viertels* entlang. Nach 700 Metern folgen wir dem Teersträßchen nach rechts und rollen nun längs des *Nordgrabens.* Vor dem S-Bahndamm (900 m weiter) schwenken wir nach links und überqueren das Gewässer. Nun am Bahndamm entlang. Nach weiteren 400 Metern unterqueren wir die S-Bahntrasse (zum nahen *S-Bahnhof Wilhelmsruh* geradeaus weiter) und fahren auf der kleinen Teerstraße ganz leicht links weiter (Markierung *Wanderweg 6*). Bald geht unsere geteerte Straße in einen Pflasterweg über, und wir radeln auf dem ausgewiesenen Radweg durch eine Grünanlage. Wenn der markierte »Wanderweg 6« nach rechts führt, bleiben wir geradeaus. Unser Weg mündet schließlich in die *Lengeder Straße* (kein Schild), in die wir rechts einbiegen.

In die kreuzende, verkehrsreiche *Roedernallee* lenken wir nach links (Radweg). Wir unterqueren die Bahnbrücke. Vor (!) dem Paracelsusbad biegen wir rechts in die Sackgasse ein, die auf Karten als *Veltener Straße* bezeichnet wird (zum nahen *U-Bahnhof Paracelsusbad* geradeaus). Am nahen Ende der Sackgasse bleiben wir auf dem Radweg geradeaus und rollen am *Kienhorstpark* entlang. Wenn wieder eine öffentliche Straße beginnt, fahren wir kurz nach links und folgen aber sogleich der ausgeschilderten *Radroute 4* nach rechts. Auf dem Parkweg erreichen wir die kreuzende *Ollenhauerstraße,* in die wir vorsichtig links einbiegen. Auf dem Radweg dieser verkehrsreichen Straße (später Busspur) erreichen wir den *U-Bahnhof Kurt-Schumacher-Platz.*

5 U-Bahnhof Osloer Straße – Wedding – Volkspark Jungfernheide – Siemensstadt – Haselhorst – Flughafen Tegel – Jungfernheide – U-Bahnhof Seidelstraße

Verkehrsmöglichkeiten U-Bahn bis Osloer Straße, U-Bahn ab Seidelstraße; unterwegs U-Bahnhof Seestraße.
Tourenlänge 25 Kilometer.
Fahrzeit $2^1/_2$ Stunden.
Höhenunterschiede Unbedeutend.
Karten Falk-Stadtplan Berlin.
Wissenswertes *Wedding:* Grabungsfunde im Bereich der Pankstraße belegen die Existenz einer Siedlung vor fast 2000 Jahren. Die erste urkundliche Erwähnung erfolgte 1251. Der Name des 1861 nach Berlin eingemeindeten Bezirkes geht auf den Begründer der Siedlung, Rudolf de Weddinge, zurück. – *Berlin-Spandauer-Schiff-Fahrtskanal* und *Hohenzollernkanal:* Siehe Tour 3. – *Gedenkstätte Plötzensee:* Gedächtnisstätte für die Widerstandskämpfer gegen den Nationalsozialismus, die hier auf dem Gelände der Jugendhaftanstalt hingerichtet wurden. – *Maria Regina Martyrum:* 1960–63 als Gedenkkirche »zu Ehren der Blutzeugen für Glaubens- und Gewissensfreiheit 1933–45« errichtet. – *Volkspark Jungfernheide:* In den 20er-Jahren als nahezu symmetrische Parkanlage nach Plänen von Erwin Barth geschaffen. – *Flughafen Tegel:* Auf dem früheren Schießplatzgelände fanden ab 1930 Raketenversuche statt; während der Berliner Blockade 1948/49 wurde das Gelände zum Flughafen ausgebaut; in der heutigen Form als Großflughafen besteht Tegel seit 1974. – *Jungfernheide:* Siehe Tour 3.

Tourenbeschreibung Wir verlassen den *U-Bahnhof Osloer Straße* in Richtung Residenzstraße/Tromsöer Straße. Auf der *Schwedenstraße* (Radweg), die nach wenigen Metern in die *Residenzstraße* übergeht, radeln wir geradeaus. Nach 400 Metern biegen wir links in die *Reginhardstraße* ein. 400 Meter später kreuzen wir die verkehrsreiche Marktstraße und fahren geradeaus auf dem Radweg der *Ungarnstraße* weiter. Wir kommen am schönen *Schillerpark* vorbei (rechts der Straße; Anfang des letzten Jahrhunderts auf dem Dünengelände der »Wurzelberge« angelegt). Die *Ungarnstraße* mündet in die stark befahrene *Müllerstraße,* die Haupteinkaufsstraße des *Wedding;* hier nach links.

An der nächsten Kreuzung, am *U-Bahnhof Seestraße,* biegen wir rechts in die *Seestraße* (Radweg) ein. Nach 1,6 Kilometern entlang dieser verkehrsreichen Straße überqueren wir den *Berlin-*

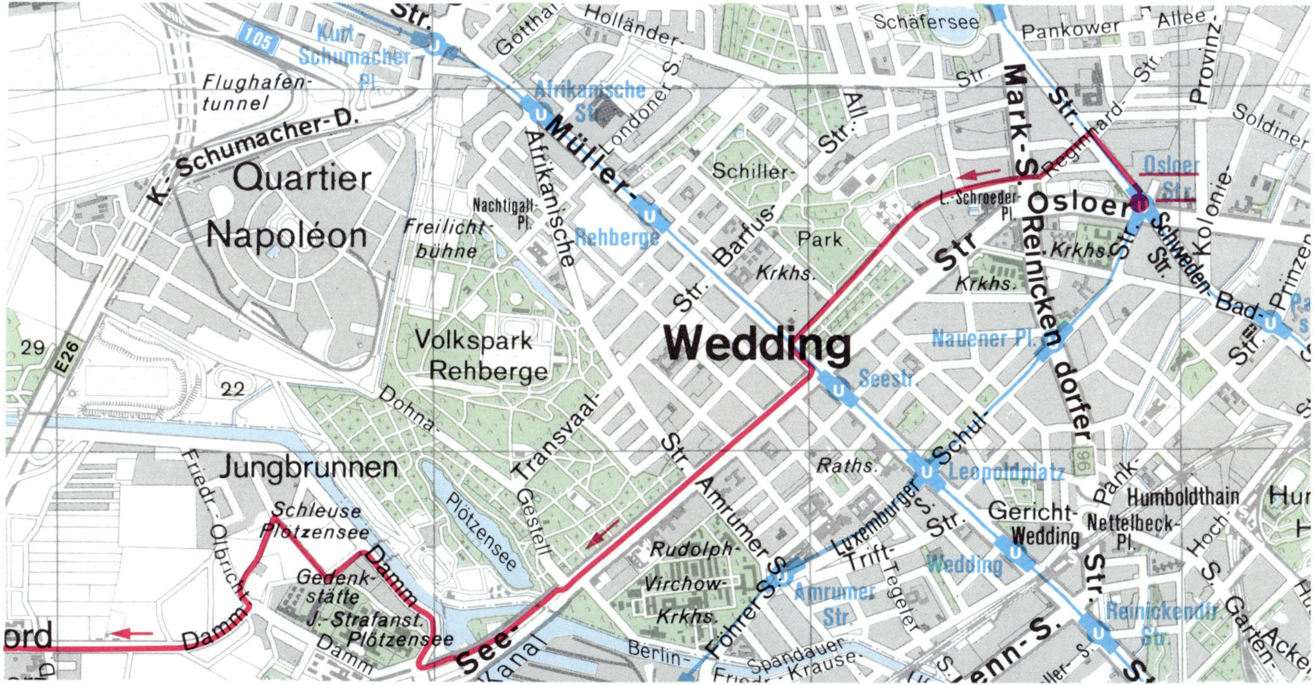

Wedding
Quartier Napoléon
Volkspark Rehberge
Jungbrunnen
Müller-Str.
Afrikanische Str.
Rehberge
Seestr.
Leopoldplatz
Nauener Pl.
Osloer Str.
Reinickendorfer Str.
Schiller-Park
Plötzensee
Gedenkstätte J.-Strafanst. Plötzensee
Schleuse Plötzensee
Rudolph-Virchow-Krkhs.
Amrumer Str.
Kurt-Schumacher-Pl.
Flughafentunnel
K.-Schumacher-D.
Freilichtbühne
Schäfersee
Humboldthain

Saatwinkel
heide
Flughafen Berlin-Tegel
Schwarzer
53
52
51
54
Bernauer
Garten-
feld
Alter Bln.-Spandauer
Gartenfelder S.
Schiffahrts-Kanal
Hohenzollern-Kanal
29
Saatwinkler
Haselh. D.
Gartenfeld
Rohr-
Jungfernheide-
Volkspark
Jungfernheide
Haselhorst
Gartenfelder Str.
Paulstern-S.
Schuckert-D.
W.
Hecker-
Charlottenburg-
Nord
Siemensstadt
Siemensstadt
Nonnendamm
Juliusturm
Haselhorst
Paulsternstr.
Siemensdamm
Toepler-S.
Ring
Halemweg
111
P.-Herz-
Allee
Weg

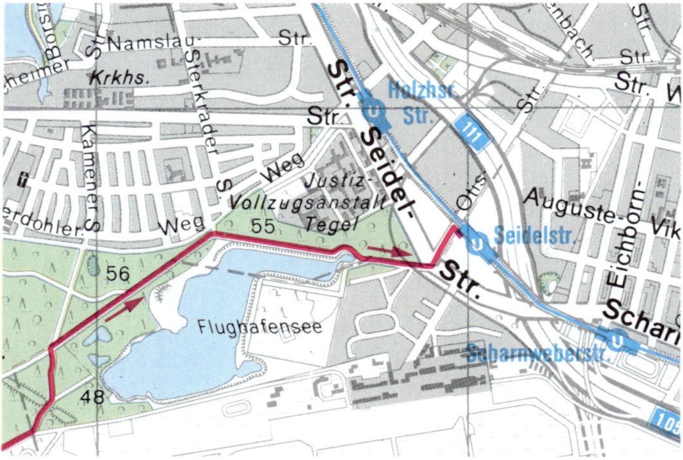

Spandauer Schiff-Fahrtskanal und kurz darauf einen weiteren Kanalarm (von den Brücken Blick nach links auf den Westhafen, der zu den größten europäischen Binnenhäfen zählt). An der folgenden Ampelkreuzung biegen wir rechts in den *Saatwinkler Damm* (Radweg) ein (rechts im kleinen Hafen Hausbootliegeplätze). Nach 600 Metern lenken wir vorsichtig links in den *Emmy-Zehden-Weg*. In den *Hüttigpfad* fahren wir nach rechts (zur *Gedenkstätte Plötzensee* vor der Gefängnismauer wenige Meter nach links).

Nach 300 Metern biegen wir halbrechts in die breite Einbahnstraße (Erdfahrweg) ein, die in die Kleingartenkolonie hineinführt (kleines Schild *7-Meter-Weg*). 400 Meter weiter stoßen wir auf eine öffentliche Straße. Hier lenken wir scharf links in den ungepflasterten *Riedemannweg*. Auf diesem breiten, holprigen Kolonieweg (die Kleingärten sollen einer Industrieansiedlung weichen) radeln wir zu einer öffentlichen Straße, in die wir kurz links einbiegen, um dann rechts in den *Heckerdamm* zu lenken. Links und rechts der Straße erstreckt sich ein ausgedehntes Schrebergartengelände, später sehen wir die Häuser der *Paul-Hertz-Siedlung* (1960–65 erbaut). Wir kommen an der Kirche *Maria Regina Martyrum* vorbei (rechts der Straße).

Wir kreuzen den stark befahrenen Kurt-Schumacher-Damm (Stadtautobahn) und radeln auf dem *Heckerdamm* (jetzt Radweg) weiter geradeaus. Auf Höhe des links abzweigenden Heilmannrings fahren wir rechts auf dem kombinierten Rad- und Fußweg in den *Volkspark Jungfernheide* hinein. Am nahen Unterstellpilz lenken wir schräg nach links und rollen auf breitem Parkweg an den Tiergehegen entlang. Auch hinter den Gattern bleiben wir geradeaus (Richtung Bauspielplatz). Vor dem Kassenhäuschen der Freilichtbühne fahren wir nach rechts, um am nahen *Jungfernheideteich* nach links zu lenken. Wir bleiben auf dem breiten Parkweg in Seenähe und machen später eine leichte Rechtskurve mit. Am Eingang des Freibades (Einkehrmöglichkeit) fahren wir nach links auf dem Verbundsteinweg zur nahen Straße (Jungfernheideweg, kein Schild).

Wir überqueren die Straße und rollen geradeaus auf dem breiten Weg durch den *Werner-von-Siemens-Park.* Nach 700 Metern, hinter der Auslauffläche der Rodelbahn, lenken wir am Siemens-Denkmal nach halblinks und erreichen rasch den *Rohrdamm,* in den wir für wenige Meter links einbiegen. In die grob gepflasterte *Bingelstraße* biegen wir rechts ein. Wir unterqueren die S-Bahn (stillgelegt) und fahren in das ausgedehnte Kleingartengelände hinein. Kurz nach dem Eingang und hinter dem Tanzplatz biegen wir rechts in den breiten *Tulpenweg* (Bildsymbol) ein. Vor dem Bahndamm schwenken wir mit dem Kolonieweg nach links. Anschließend bleiben wir geradeaus bis kurz vor einem Industriebau, der sich hinter den Kleingärten befindet. Hier biegen wir in den Querweg rechts ein. Am *Roseneck* (Bildsymbol) wenden wir uns nach links und radeln weiter durch das Koloniegelände, das wir an einer öffentlichen Straße verlassen.

Wir überqueren an der Ampel die Straße und radeln geradeaus (!) auf der *Gartenfelder Straße* (Radweg) weiter (nicht nach rechts, ebenfalls Gartenfelder Straße). In die verkehrsarme *Küsterstraße* biegen wir rechts ein, um wenig später links in die *Kanalstraße* zu lenken. Wir fahren jetzt durch die ehemalige »Reichsforschungssiedlung Haselhorst« (nach Plänen von Walter Gropius 1931–34 erbaut). Der Weiterweg führt, etwas rechts versetzt, geradeaus durch den *Burscheider Weg* zur *Daumstraße,* in die wir rechts einbiegen. Nachdem wir den *Grützmachergraben* überquert haben, lenken wir halbrechts in die *Adickesstraße,* die in eine Reihenhaussiedlung hineinführt. Am Haus Nummer 40 fahren wir links in einen anfangs gepflasterten Privatweg, der nach 200 Metern in die *Rhenaniastraße* mündet.

Leicht links versetzt, radeln wir geradeaus auf dem geteerten *Wiesenweg* weiter. Wir sind wieder in einem Kleingartengelände (rechts der *Rohrbruchteich*). Wir folgen dem Sträßchen (abzweigende Wege nicht beachten) und richten uns später nach den Hinweisen zur Kolonie »Haveleck«. Nach 700 Metern erreichen wir in der Nähe eines Tanklagers die Parkplätze der *Kolonien Salzhof* und *Haveleck.* Am Parkplatz entlang. Anschließend fahren wir geradeaus durch die Kleingartenkolonie. Wir stoßen erneut auf den Zaun des Tanklagers und folgen hier dem breiten Weg nach rechts. Wenig später sind wir am Ufer des *Hohenzollernkanals* (schöner Blick auf den Tegeler See).

Dem schmalen Uferweg folgen wir nach rechts. Auf der Fußgängerbrücke *Saatwinkler Steg* überqueren wir den Kanal und biegen am anderen Ufer links in den breiten Uferweg ein. Am Kanubootshaus folgen wir der Fahrstraße leicht nach links (nicht den Abzweig kurz vorher nehmen!), um wenig später nochmals links in die Straße *Im Saatwinkel* einzubiegen. Nach 50 Metern lenken wir an der Barriere scharf nach rechts in das Teersträßchen. Nach weiteren 10 Metern biegen wir rechts in den Waldweg, der uns rasch zum *Hohenzollernkanal* zurückbringt.

Am Kanal nach links. Nach 600 Metern überqueren wir an der *Tegeler Brücke* vorsichtig die verkehrsreiche Bernauer Straße. Jenseits der Straße wählen wir den Erdfahrweg (nicht das Teersträßchen!) mit dem Schild »Kleingartenkolonie Am Hohenzollernkanal«. Weiter am Kanal entlang. Nach weiteren 1,4 Kilometern erreichen wir eine zweite Brücke, die *Mäckeritzbrücke.* Hier biegen wir in die Straße *An der Mäckeritzbrücke* links ein. Die Straße endet vor dem *Flughafen Tegel.*

Am Zaun des Flughafens fahren wir nach links in den breiten Waldweg, der am Rand der *Jungfernheide* um den westlichen Teil des Landeplatzes herumführt (bald gute Ausblicke auf den Flugbetrieb). Nach 2,7 Kilometern, wir sind jetzt auf der Nordseite des Flughafens, folgen wir unserem breiten Weg nach links vom Hauptzaun und Flugplatz fort und fahren an einem Vogelschutzgebiet entlang. An der Wegegabelung kurz hinter dem Übersichtsplan halten wir uns leicht links. Auf diesem kurvigen, gleichmäßig breiten Weg stoßen wir nach 300 Metern auf einen breiten Querweg (auf Karten als *Schwarzer Weg* bezeichnet), in den wir rechts einbiegen. Nach 800 Metern gerader Fahrt durch die *Jungfernheide* erreichen wir den Flachbau am *Flughafensee* (Bademöglichkeit).

Wir bleiben geradeaus (ganz leicht rechts) und fahren auf dem breiten (!) Weg am See entlang. 400 Meter weiter lenken wir nach rechts und überqueren die rechtwinklige Brücke am Staubecken. Anschließend radeln wir auf der gepflasterten Straße geradeaus weiter (nicht rechts in das Teersträßchen!), die bald in die *Allée St. Exupéry* übergeht. Wir kreuzen vorsichtig die Seidelstraße und fahren auf der *Otisstraße* zum nahen *U-Bahnhof Seidelstraße.*

6 U-Bahnhof Rathaus Spandau – Spandauer Forst – Nieder-Neuendorf – Siedlung Schönwalde – U-Bahnhof Rathaus Spandau

Verkehrsmöglichkeiten U-Bahn bis/ab Rathaus Spandau und S-Bahn bis/ab Spandau.
Tourenlänge 27 Kilometer.
Fahrzeit 3 bis $3^1/_2$ Stunden.
Höhenunterschiede Unbedeutend.
Karten Falk-Stadtplan Berlin.
Anmerkung *Grenzweg:* Siehe Tour 1.
Wissenswertes *Spandau:* Dem heutigen Berliner Bezirk wurden 1232 von den Askaniern die Stadtrechte verliehen. Verkehrsgünstig am Zusammenfluss von Spree und Havel gelegen, stand Spandau lange Zeit in Konkurrenz zu Berlin und hat sich bis zur Gegenwart eine gewisse Eigenständigkeit bewahrt. Im 16. Jahrhundert wurde der Ort als Festungs- und Garnisonsstadt ausgebaut (Zitadelle, zahlreiche Kasernen). Seit 1920 gehört Spandau zu Berlin. – *Spandauer Forst:* Siehe Tour 1. – *Evangelisches Johannesstift:* 1858 von Johann Hinrich Wichern gegründet. Das Stift, das eine der größten karitativen Einrichtungen Berlins ist, beherbergt eine Stadt im Kleinen. Die Hauptaufgabe liegt in der Ausbildung und Betreuung behinderter Menschen.

Tourenbeschreibung Wir verlassen den *U-Bahnhof Rathaus Spandau* in Richtung Carl-Schurz-Straße. Das Rathaus im Rücken fahren wir nach rechts in den *Altstädter Ring* (Radweg). Schon bald entfernt sich unser Radweg etwas von dieser verkehrsreichen Straße. In die *Moritzstraße* biegen wir links ein. Auf der Straße *Flakenschanze* geht es geradeaus weiter. Wenn diese Straße eine Rechtskurve macht, halten wir uns links und fahren in den *Askanierring* (Radweg).

Nach 200 Metern lenken wir nochmals links und fahren durch den *Borchertweg* zum nahen *Hohenzollernring,* in den wir nach rechts lenken (Radweg). Auf der rechten Seite begleiten uns Grünanlagen (der »Wall«, eine ehemalige Befestigungsanlage), linker Hand befinden sich Wohnhäuser, später das Gelände der Polizeischule. Nach 1,3 Kilometern auf dieser relativ verkehrsarmen Straße biegen wir nach links in den kombinierten Rad- und Fußweg der *Schönwalder Allee.*

Nach 800 Metern gerader Fahrt erreichen wir den *Spandauer Forst.* Auf der *Schönwalder Allee* bleiben wir weiter geradeaus. Wir überqueren die Gleise der »Osthavelländischen Eisenbahn«

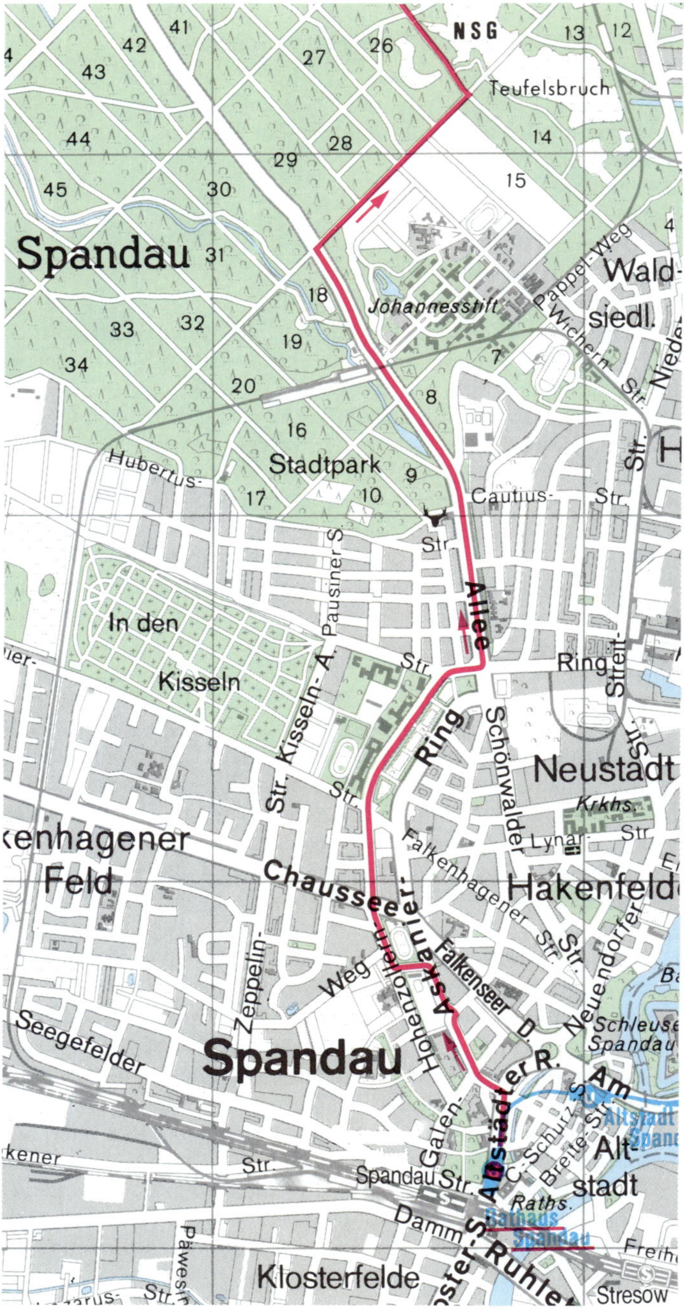
NSG
Teufelsbruch
Spandau
Johannesstift
Pappel-Weg
Wald-siedl.
Wichern-Str.
Stadtpark
Hubertus-
Cautius-Str.
Allee
In den Kisseln
Pausiner S.
Kisseln-A.
Str.
Ring
Neustadt
Krkhs.
Schönwalder Str.
Lynar-Str.
Falkenhagener Str.
Hakenfeld
Chausseeer-
Askanier-
Falkenseer D.
Neuendorfer Str.
Zeppelin-
Weg
Hohenzollern-
Seegefelder
Spandau
Altstädter R.
Am
Schleuse Spandau
Altstadt Spandau
Alt-stadt
Galen-
C.-Schurz-S.
Breite-Str.
Spandau Str.
Raths.
Rathaus Spandau
Damm
Kloster-S.
Ruhleben
Klosterfelde
Päwesin
Stresow
Freiheit

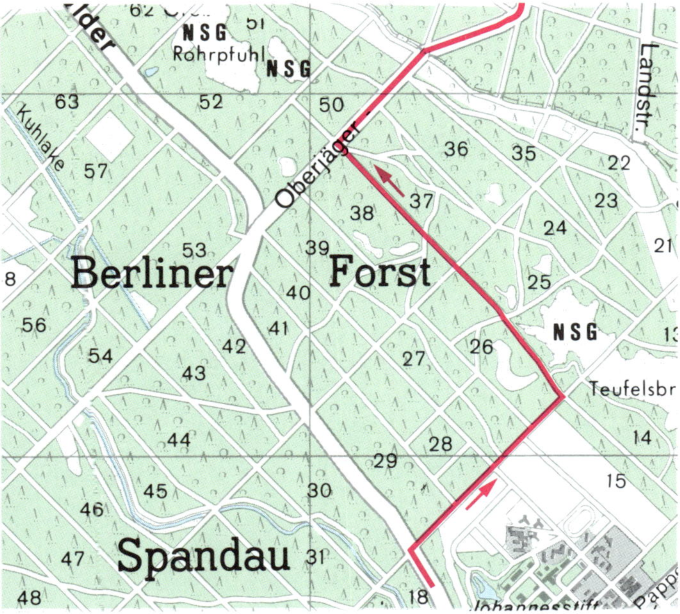

(heute Industriebahn; von Zeit zu Zeit Museumseisenbahnverkehr) und radeln anschließend am eingezäunten Gelände des *Evangelischen Johannesstifts* entlang. Hinter einem Parkplatz auf der rechten (!) Straßenseite (nach 600 m) lenken wir rechts in einen breiten Forstweg (Schild »Restaurant Jagdhaus«). Wir radeln weiter am Zaun des *Johannesstifts* entlang. Nach 800 Metern gerader Strecke biegen wir an der Waldwegekreuzung hinter dem Stiftsgelände (hier Polizeimelder und Unterstellpilz) links in den Waldweg ein. Im leichten Auf und Ab rollen wir gerade durch den *Spandauer Forst* (rechts des Weges das Naturschutzgebiet »Teufelsbruch«), bis wir nach 1,4 Kilometern eine kreuzende Kleinpflasterstraße (*Oberjägerweg,* kein Schild) erreichen. Nach rechts. Auf der autofreien Straße gelangen wir nach 500 Metern zur Berliner Stadtgrenze.

Wir kreuzen den geteerten Grenzweg, durchfahren den ehemaligen »Todesstreifen« und setzen unsere Fahrt geradeaus auf dem geteerten *Oberjägerweg* fort. Nach 1,5 Kilometern auf der Teerstraße biegen wir in die abknickende Vorfahrtsstraße (= *Waldmeisterstraße*) rechts ein. In die nahe folgende bevorrechtigte Straße dann nach links (Radweg – später Schild *Dorfstraße*). Wir sind in *Nieder-Neuendorf* (Einkehrmöglichkeit). Auf Höhe

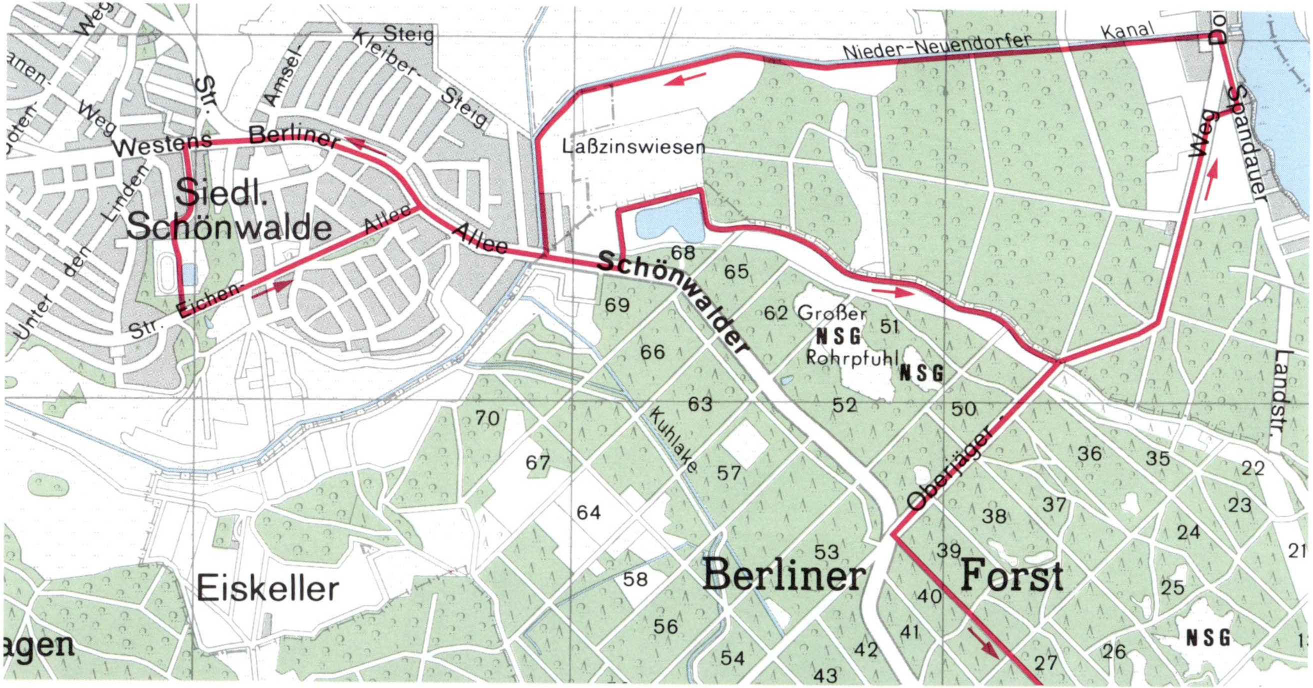
Siedl. Schönwalde
Berliner Forst
Eiskeller
Laßzinswiesen
Schönwalder Allee
Nieder-Neuendorfer Kanal
Spandauer Weg
Landstr.
Berliner Str.
Westens
Eichen Str.
Allee
Amsel-
Kleiber-Steig
Steig
Unter den Linden
Weg
Großer Rohrpfuhl
NSG
Kuhlake
Oberjäger

des früheren Grenz-Wachturms, der rechts der Straße steht, fahren wir links in den Erdfahrweg (Schild »Restaurant Blockhaus«) und verlassen den Ort.

Anfangs ist unser Fahrweg etwas sandig, aber die Qualität bessert sich bald. Wir radeln parallel zum schmalen *Nieder-Neuendorfer Kanal,* der einst zur Trockenlegung der feuchten Wiesen gebaut wurde. Nach gut zwei Kilometern erreichen wir Strommasten und bleiben hier am kleinen Kanal geradeaus. Der nächste Streckenabschnitt ist etwas abenteuerlich, denn unser Weg ist stellenweise fast zugewachsen. Wir machen später den Linksbogen des Weges mit und sehen nun am anderen Ufer bereits die Häuser der Siedlung Schönwalde. Unser Weg durch die Botanik endet an einem weiteren Strommast, an dem wir rechts in den kreuzenden Erdfahrweg einbiegen. In die nahe kreuzende Teerstraße nochmals rechts. Auf dieser *Berliner Allee* (erst später Schild) radeln wir durch die idyllische *Siedlung Schönwalde.*

Nach 1,1 Kilometern kommen wir am Fachwerkhaus des historischen *Schwanenkruges* vorbei, einer typischen alten havelländischen Pferdeausspannstation (heute Gaststätte). Wir fahren geradeaus weiter und erreichen rasch das eher unscheinbare Zentrum der Siedlung. Hier zweigt rechts die Fehrbelliner Straße ab, wir bleiben jedoch noch ein Stück geradeaus (Radweg). In die *Sebastian-Bach-Straße* biegen wir links ein. Wir folgen dieser holprigen Erdfahrstraße bald nach rechts und biegen am Grundstück Nr. 32 links in den für Motorfahrzeuge gesperrten Weg ein. Schnell sind wir an einem kleinen Badesee, an dessen rechten Ufer wir entlangradeln. An der Gaststätte am See bleiben wir zunächst noch geradeaus, folgen aber bald der Erdfahrstraße halblinks zur nahen Teerstraße, in die wir links einbiegen. Es ist die *Kurmärkische Straße,* die später in die *Eichenallee* übergeht. In die vom Hinweg bekannte bevorrechtigte *Berliner Allee* biegen wir rechts ein. Nach 500 Metern erreichen wir die Berliner Stadtgrenze.

Wir bleiben geradeaus und radeln nun auf der *Schönwalder Allee* (kein Schild) weiter. Nach 300 Metern biegen wir links in den ehemaligen *Grenzweg* der Westalliierten ein (Schranke, Schild »Gesperrt für alle Fahrzeuge, Rad frei«). Auf dem Teersträßchen umfahren wir den eingezäunten *Laßzinssee* (Vogelschutzgebiet; das Betreten ist verboten; Beobachtungstürme). Anschließend rollen wir auf dem *Grenzweg* parallel zur Stadtgrenze. Nach 2,3 Kilometern auf dem *Grenzweg* biegen wir rechts in den vom Hinweg bekannten *Oberjägerweg* (kein Schild) ein.

Wenn die Kleinpflasterstraße in die Schönwalder Allee mündet (1 km später), fahren wir scharf links in den Forstweg. Nun radeln wir für 1,4 Kilometer geradeaus durch den *Spandauer Forst* – meh-

NSG
13
41
42
54
43
27
26
Teufelsbruch
44
28
14
29
15
45
30
46
Spandau
31
47
18
Johannesstift
Pappel-W
Wichern
33
32
19
34
7
20
8
16
Hubertus-
Stadtpark
9
17
10
Cautius-
Str.
Allee
Pausiner S.
In den
Kisseln
Pionier-
Str.
Ring
Wasserw. S.
Kisseln-A.
Ring
Schönwalder
Neus
Str.
Str.
Krk
Falkenhagener
Lynar-
Feld
Falkenhagener
Haker
Chaussee
Askanier-
Str.
Str.
Zeppelin-
Weg
Falkenseer
Hohenzollern-
Neuen
Weg
Seegefelder
D.
Spandau
Altstädter R.
Galen-
C. Schulz
Breite
Staakener
Str.
Spandau
Str.
Raths.
Damm
Rathaus
Spandau
Päwesi
Klosterfelde
Ruhle
Str.

rere Waldwege kreuzend – bis zum *Johannesstift.* Vor dem Zaun lenken wir nach rechts und rollen zur Schönwalder Allee, die wir kreuzen. Geradeaus weiter. Nach 200 Metern überqueren wir auf dem Forstweg die *Kuhlake,* einen Entwässerungsgraben, und fahren weiter geradeaus. 900 Meter später stoßen wir auf Bahngleise (»Osthavelländische Eisenbahn«). Wir queren sie jedoch nicht, sondern radeln parallel rechts der Bahn auf dem Waldweg zum *Niederheideweg,* in den wir kurz rechts lenken. Nach wenigen Metern biegen wir links in den Weg ein, der durch eine Kleingartenkolonie führt und an der *Radelandstraße* endet. Wir fahren nach links, um aber noch vor dem Bahnübergang nach rechts in den Fuß- und Radweg zu lenken. Parallel zu den Gleisen erreichen wir eine kreuzende Straße (*Pionierstraße,* vorerst kein Schild), in die wir links einbiegen (linksseitiger Radweg). Nach 1,6 Kilometern biegen wir in den *Hohenzollernring* rechts ein. Auf der vom Hinweg bekannten Route radeln wir zurück zum *U-Bahnhof Rathaus Spandau.*

7 Rathaus Spandau – Falkenhöhe – Spandauer Forst – Eiskeller – Kuhlake – Rathaus Spandau

Verkehrsmöglichkeiten U-Bahn bis/ab Rathaus Spandau oder S-Bahn bis/ab Spandau.
Tourenlänge 19 Kilometer. **Fahrzeit** 2 Stunden.
Höhenunterschiede Leichte Steigungen auf dem Grenzweg im Spandauer Forst; ansonsten unbedeutend.
Karten Falk-Stadtplan Berlin.
Anmerkung *Grenzweg:* Siehe Tour 1.
Wissenswertes *Spandau:* Siehe Tour 6. – *Eiskeller:* Der Landschaftszipfel im Berliner Nordwesten war nach dem Mauerbau bis zu den Berlin-Verträgen eine Westberliner Exklave, die bis auf schmalen Zugang vollständig von der DDR umgeben war. Etwa 25 Menschen wohnen in der abgelegenen Wiesen- und Ackerlandschaft.

Kuhlake/Kreuzgraben: Die schmalen Gräben wurden ehemals als Entwässerungssystem angelegt. Heute wird Havelwasser zum Versickern gebracht, um den Grundwasserspiegel zu erhöhen. – *Evangelisches Johannesstift:* Siehe Tour 6.

Tourenbeschreibung Vom *U-Bahnhof Rathaus Spandau* fahren wir rechts in die *Seegefelder Straße* (Radweg). Hinter den Grünanlagen biegen wir rechts in die *Galenstraße* (Radweg) ein, um wenig später links in den *Kemmanweg* zu lenken, der durch die ruhige *Georg-Ramin-Siedlung* führt. Nach 400 Metern radeln wir kurz rechts in die *Borkzeile,* fahren aber sogleich nach links in die Straße *An der Kappe.* Bald wird die Bebauung lockerer (Kleingärten, Einfamilienhäuser). Nach einem Kilometer auf dieser Straße biegen wir an der links abzweigenden Viersener Straße rechts in den kombinierten Rad- und Fußweg des *Schwalbenweges* ein. In den nahen *Spekteweg* geht es nach links.

Am Abzweig der Unnaer Straße bleiben wir zunächst noch geradeaus und lenken hinter (!) dem nahen Gleis links in den Feldweg, der rechts parallel des Gleises verläuft. Nach knapp 200 Metern lenken wir rechts in den *Reckeweg* und rollen nun durch eine ruhige Einfamilienhaussiedlung. In das Sträßchen *Wolfshorst* fahren wir nach rechts und schwenken mit dieser Straße sogleich nach links. Wenn links die »Straße 393« abzweigt, fahren wir rechts auf dem Erdfahrweg in die nahe Grünanlage. Wenig später biegen wir links in den asphaltierten Radweg ein.

Der schöne Weg führt uns durch den langgestreckten Grünzug der *Spektewiesen.* In den kreuzenden – teilweise gepflasterten – Weg lenken wir nach rechts. An der nahen Straße *An der Felgenlake* (kein Schild) finden wir die Fortsetzung des Radweges. Hier nach links. Wir radeln weiter durch die *Spektewiesen.* Links sehen wir den See »Spektelake«. Am Gewässerende bleiben wir geradeaus auf dem Radweg, der nunmehr aus Verbundsteinen besteht.

Wir erreichen eine kreuzende Vorfahrtsstraße (*Falkenseer Chaussee,* kein Schild), in die wir ganz kurz rechts einbiegen. Nach 20 Metern queren wir vorsichtig die verkehrsreiche Straße nach links und fahren auf dem breiten Verbundsteinweg weiter, der links der Hochhäuser verläuft. Am Bus-Wendekreis bleiben wir geradeaus und radeln auf dem asphaltierten Radweg wieder durch die *Spektewiesen.* Vor dem Zaun (dahinter befindet sich eine Nervenklinik) lenken wir nach links in den kreuzenden Teerweg. Wir radeln am Waldrand entlang und schwenken später mit dem asphaltierten Weg nach rechts. Wir sind jetzt auf dem ehemaligen *Grenzweg* der Westalliierten, der entlang der Berliner Stadtgrenze durch den *Spandauer Forst* führt. Ein paar leichte kurze Steigungen müssen wir nun bewältigen.

Nach 2,7 Kilometern erreichen wir die ersten Häuser von *Eiskeller.* In die öffentliche Straße davor biegen wir rechts ein und radeln durch die Felder. 200 Meter weiter folgen wir an der Einmündung vor dem schmalen *Nieder-Neuendorfer Kanal* dem Teersträßchen nach halbrechts. Nach 500 Metern fahren wir an der Mündung der *Kuhlake* noch vor (!) dem Graben rechts in den Erdweg. Auf dem festgrundigen Weg (später *rot/blaue Punkt-Markierung*) radeln wir an der *Kuhlake* entlang. Nach 1,4 Kilometern

Albrechts-
hof
Falkenseer
Falkenhagener
Feld
Kisseln
Neustadt
Hakenfelde
Spandau
Gartenstadt
Staaken
Eigenheim-
siedl.
L.-Schröder-
Siedl.
Staaken
Klosterfelde
Alt-
stadt
Chaussee
Askanier
Ring
Seegefelder
Weg
Spekte-
Staakener
Str.
Spandauer
Damm
Brunsbütteler
Zeestower W.
Finkenkruger
Betmaten W.
Markauer Weg
Isenburger
Beerwinkel
Zeppelin-
Hohenzollern-
Schönwalder
Falkenhagener
Neuendorfer
Schleuse
Spandau
Am
Altstädter R.
C.-Schurz-Str.
Breite Str.
Rathaus
Spandau
Altstadt
Spandau
Stresow
Päwesine
Lazarus-
Magistrats-
Galen-
Stadtrand-
Wasserw.-S.
Pionier-
Kisseln- A.
Lynar
Krkhs.
Staaken
Bahn
Ruhleb

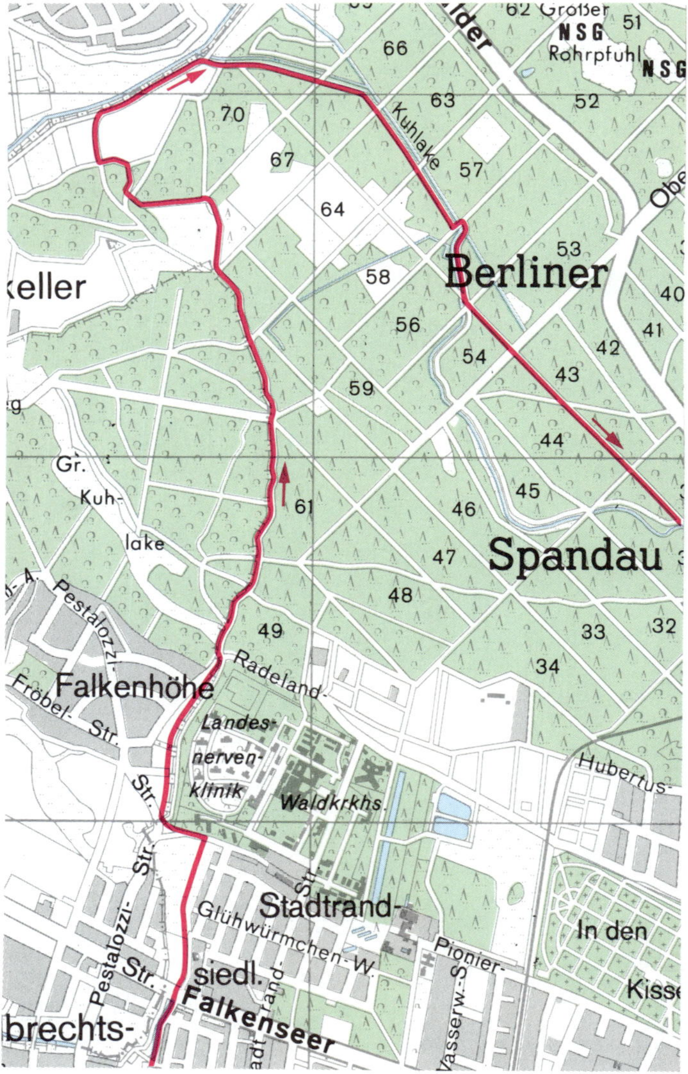

wechseln wir an der kreisrunden Erweiterung des Grabens (hier Unterstellmöglichkeit und der Abzweig des Kreuzgrabens) auf die linke Seite der *Kuhlake* (Markierung *roter* und *gelber Punkt*). 300 Meter weiter verlassen wir den markierten Weg am Graben: Vor dem Wetterschutzpilz, der hinter Bäumen etwas versteckt liegt, fahren wir halblinks in den Waldweg. Nach etwa 1,3 Kilo-

NSG
Teufelsbruch
Spandau
Johannesstift
Pappel-Weg
Wald-siedl.
Wichern-Str.
Hubertus-
Stadtpark
Cautius-Str.
Str.
Allee
Pausiner S.
In den Kisseln
Kisseln-A.
Str.
Ring
Ring
Streit-Str.
Schönwalder
Neustadt
Krkhs.
Lynar-Str.
Falkenhagener Str.
Hakenfelde
Falkenhagener Feld
Chaussee
Askanier-
Hohenzollern-
Falkenseer D.
Neuendorfer Str.
Zeppelin-
Weg
Seegefelder
Spandau
Schleuse Spandau
Altstädter R.
Am
C.-Schurz-S.
Breite-Str.
Altstadt Spandau
Alt-stadt
Galen-
Spandau Str.
Raths.
Rathaus Spandau
Damm
Klosterfelde
Ruhl
Freihe

metern gerader Fahrt auf dem leicht holprigen Weg stoßen wir erneut auf die *Kuhlake,* überqueren sie und folgen dem Weg rechts des Grabens. Wir gelangen zu einem Wildgatter und radeln zwischen Zaun und Graben zu einer Holzbrücke, die wir nach links überqueren. Anschließend rollen wir geradeaus zur kreuzenden Straße (*Schönwalder Allee,* vorerst kein Schild), in die wir rechts einbiegen (linksseitiger Radweg).

Wir kommen am Gelände des *Evangelischen Johannesstifts* vorbei (links der Straße). Auf der *Schönwalder Allee* geht es zum *Klinkeplatz.* Über den Schleichweg (ausführliche Beschreibung: Siehe Hinweg der Tour 6) *Hohenzollernring, Borchertweg, Askanierring, Flankenschanze, Moritzstraße* und *Altstädter Ring* gelangen wir zum *U-Bahnhof Rathaus Spandau.*

8 U-Bahnhof Ruhleben – Staaken – Albrechtshof – Falkenhagen – Schönwalde – Nieder-Neuendorf – Bürgerablage – Spandauer Forst – Spandau – Ruhleben

Verkehrsmöglichkeiten U-Bahn bis/ab Ruhleben; unterwegs Regionalbahnhof Albrechtshof, U-Bahnhof Rathaus Spandau und S-Bahnhof Spandau.
Tourenlänge 36 Kilometer.
Fahrzeit 4 bis $4^1/_2$ Stunden.
Höhenunterschiede Unbedeutend.
Karten Falk-Stadtplan Berlin.
Anmerkung *Grenzweg:* Siehe Tour 1.
Wissenswertes *Havel:* Siehe Tour 1. – *Staaken:* Das erstmalig 1273 erwähnte Angerdorf war seit 1292 im Besitz der Stadt Spandau. Infolge eines Gebietstausches gehörte der westliche Teil des Dorfes nach dem 2. Weltkrieg zur DDR. – *Falkensee:* Aus den Dörfern Falkenhagen und Seegefeld wurde 1923 der Ort Falkensee gebildet, der seit 1961 die Stadtrechte besitzt. Sehenswert sind die beiden Dorfkirchen und das Heimatmuseum. Gaststätten und Bademöglichkeiten am Falkenhagener See. – *Havelkanal:* Siehe Tour 1. – *Evangelisches Johannesstift, Spandau:* Siehe Tour 6.

Tourenbeschreibung Vom *U-Bahnhof Ruhleben* folgen wir der *Charlottenburger Chaussee* (Radweg) nach links. Sie geht in die *Ruhlebener Straße* über. Nach knapp zwei Kilometern biegen wir links in die relativ stark befahrene *Schulenburgstraße* ein. Nach Überquerung der *Havel* lenken wir links in die anfangs kopfsteingepflasterte *Götelstraße.* Nach 500 Metern biegen wir rechts in die ruhige *Weverstraße* ein, die in ihrem Schlussteil den *Südpark* begrenzt. In die *Melanchthonstraße* geht es nach rechts, und am *Melanchthonplatz* fahren wir nach links.

Wir kreuzen die Wilhelmstraße (unweit dieser Kreuzung befand sich das ehemalige Kriegsverbrechergefängnis der Alliierten) und radeln auf der *Schmidt-Knobelsdorf-Straße* geradeaus weiter. Auch auf der *Lutoner Straße* (Radweg) geht es geradeaus weiter. Nach 1,7 Kilometern (ab Wilhelmstraße) biegen wir rechts in den verkehrsarmen *Baluschekweg* ein. Rechts sehen wir Kleingärten und links eine Einfamilienhaussiedlung, die wir auf der *Springerzeile* durchfahren. Am Ende dieser Straße radeln wir rechts in den *Spieroweg*. Wenig später überqueren wir den *Bullengraben* und biegen links in den Uferweg ein, der etwas erhöht rechts dem Graben folgt. Schon bald verbreitert sich das Fließ zu einem Becken, an dessen linkem Ufer wir weiterradeln. Anschließend bleiben wir auf dem asphaltierten Weg geradeaus und erreichen den *Brunsbütteler Damm*. Hier lenken wir links (!) in den verkehrsreichen *Nennhauser Damm* (kein Schild). Wir biegen hinter der Staakener Dorfkirche rechts in die *Hauptstraße* ein. In die *Staakener Feldstraße* geht es nach rechts. Nach 400 Metern folgen wir der Vorfahrtsstraße nach links. In die Straße *Am Industriegelände* fahren wir nach links und in die nächste Seitenstraße *Am alten Gaswerk* nach rechts. Wir unterqueren am *Bahnhof Staaken* (Regionalbahnstrecke) die Bahngleise und biegen dann in die Erdfahrstraße *Eichholzbahn* (kein Schild) links ein.

Für 300 Meter bleiben wir parallel zu den Bahnanlagen. Rechts von uns befinden sich Kleingärten. In den Erdfahrweg *Neunkircher Steig* lenken wir nach rechts. Nach 600 Metern radeln wir kurz links in den *Ferbitzer Weg*. Vor der Wiese schwenken wir mit dem Erdfahrweg nach rechts (Schild *Straße 339*). Auf der im Schlussteil geteerten Straße unterqueren wir die nächste Bahnstrecke und biegen am *Regionalbahnhof Albrechtshof* rechts in den verkehrsreichen *Seegefelder Weg* ein (linksseitiger Radweg). Wir machen die S-Kurve der Straße mit und lenken anschließend links in die *Hamburger Straße*.

Nach 500 Metern verlassen wir das Berliner Stadtgebiet und biegen unmittelbar hinter dem Ortsschild von *Falkensee* links in den schmalen Pfad ein, der von einem Zaun begleitet wird. Wir folgen dem holprigen Weg, uns leicht rechts haltend, durch die Feuchtwiesen der *Großen Lake*. Wir kommen an zwei kleinen Seen vorbei, die etwas versteckt links von uns liegen. Nach dem zweiten Gewässer lenken wir rechts in den kreuzenden Fußweg (am Abzweig zwei Sitzbänke). Nach 150 Metern mündet der Weg hinter einer Erdbarriere in eine breite Betonplattenstraße, geradeaus weiterradeln. Rasch erreichen wir die stark befahrene *Span-*

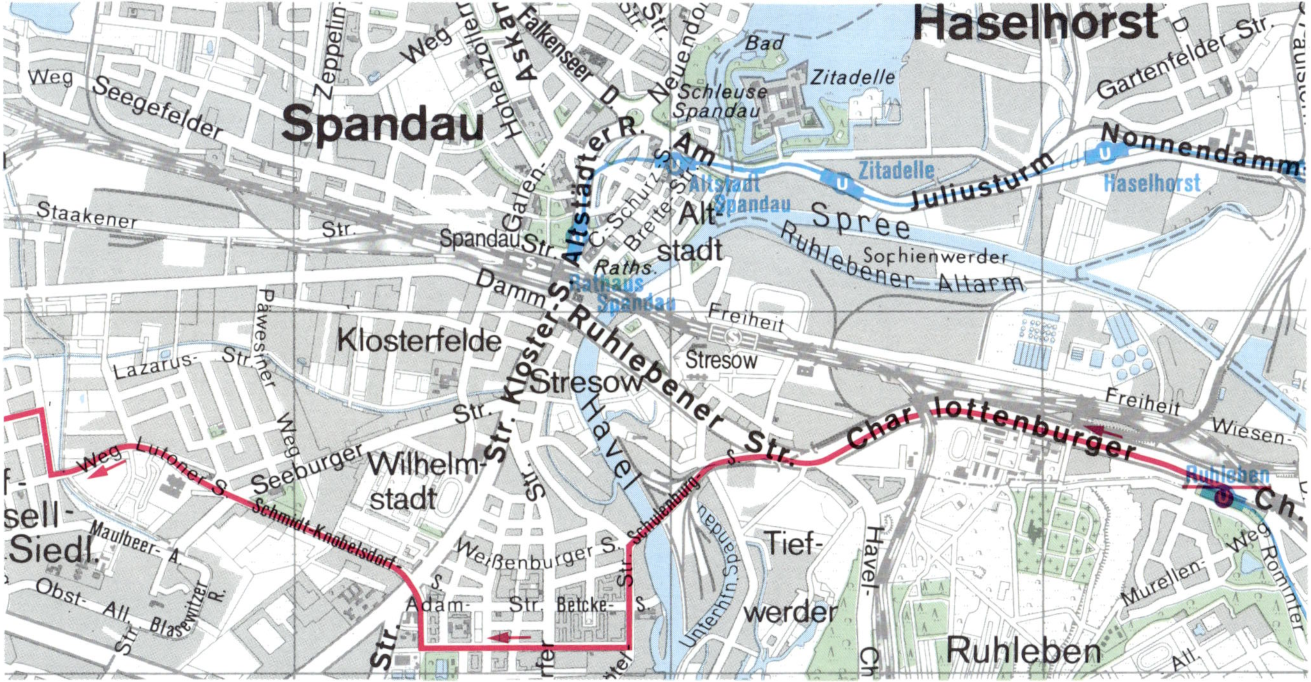
Haselhorst
Gartenfelder Str.
Nonnendamm
Haselhorst
Juliusturm
Zitadelle
Zitadelle
Bad
Schleuse Spandau
Spree
Sophienwerder
Ruhlebener Altarm
Freiheit
Freiheit
Wiesen-
Charlottenburger Str.
Ruhleben
Rominter Weg
Murellen-
Ruhleben
Havel-
Tief-
werder
Unterhfn. Spandau
Stresow
Stresow
Havel
Ruhlebener
Altstadt Spandau
Alt-
stadt
Rathaus Spandau
Raths.
Am
Altstädter R.
Breite Str.
C.-Schurz-S.
Falkenseer D.
Askan
Hohenzollern
Neuendo
Galen-
Spandau
Spandau Str.
Damm
Kloster-S.
Klosterfelde
Wilhelm-
stadt
Weißenburger S.
Schulenburg
Betcke-
Adam-
Seeburger
Schmidt-Knobelsdorf
Päwesiner Weg
Lazarus-
Str.
Staakener
Seegefelder
Weg
Zeppelin-
Weg
Lutoner S.
Maulbeer-A.
Obst-
All.
Blasewitzer R.
Siedl.

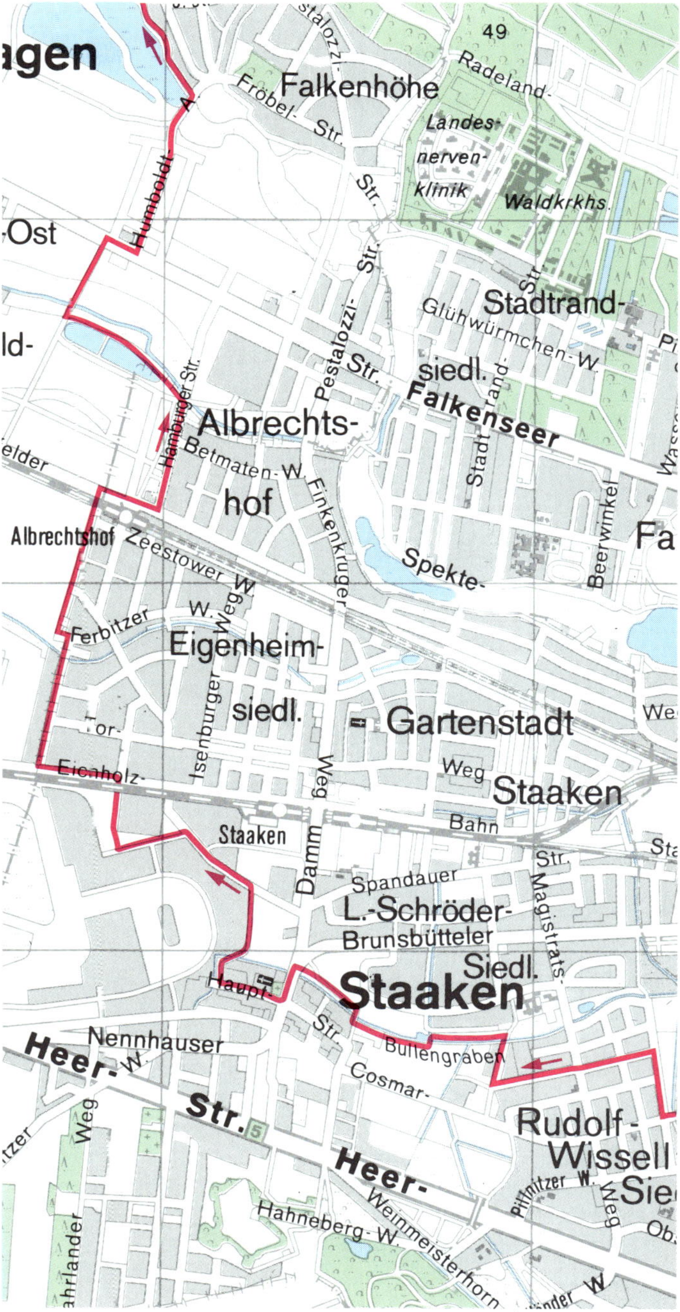

49
Falkenhöhe
Fröbel-
Str.
Radeland-
Landes-
nerven-
klinik
Waldkrkhs.
Humboldt-
A.
Ost
Stadtrand-
Glühwürmchen-W.
siedl.
Pestalozzi-
Str.
Falkenseer
Stadtrand-
Hamburger Str.
Albrechts-
hof
Betmaten-W.
Finkenkruger
Albrechtshof
Zeestower W.
Spekte-
Beerwinkel
Ferbitzer
W.
Weg
Eigenheim-
siedl.
Isenburger
Gartenstadt
Staaken
Weg
Eichholz-
Tor-
Bahn
Staaken
Damm
Spandauer
Str.
Magistrats-
L.-Schröder-
Brunsbütteler
Siedl.
Staaken
Haupt-
Str.
Bullengraben
Cosmar-
Nennhauser
W.
Heer-
Str.
Weg
Heer-
Rudolf-
Wissell
Hahneberg-W.
Weinmeisterhorn
Pillnitzer W.
Weg

dauer Straße, in die wir rechts einbiegen (Radweg). Vor der nahen Bushaltestelle lenken wir vorsichtig links in die *Humboldtallee.*

Nach 600 Metern haben wir den *Falkenhagener See* erreicht. Zunächst bleiben wir noch geradeaus. Kurz bevor die Vorfahrtsstraße nach links führt, fahren wir links in den schmalen Weg (am Anfang eine Baumstamm-Barriere), der am rechten östlichen Seeufer verläuft. Der Weg, der bald an Hausgrundstücken entlangführt, ist holprig, stellenweise sandig, aber passabel zu befahren. Nach 1,8 Kilometern mündet der Uferweg in eine öffentliche Straße. Wir bleiben geradeaus, kreuzen die Haydnstraße und fahren auf der *Schubertallee* geradeaus weiter.

Schönwalde
Teufelsbruch-
hagen
Wiesen
Havel-Kanal
Spandauer
Nieder-
Neuendorf
Bahnhf.-S.
Str.
Spandauer
Trift
Weg
Dorf-
Laßzinswiesen
Kanal
Nieder-Neuendorfer
Steig
Kleiber-
Steig
Amsel-
Str.
Weg
Weg
Westens
Berliner
Siedl.
Schönwalde
Linden
den
Allee
Allee
Laßzinswiesen
Weg
Spandauer
Schönwalder
68
65
69
62 Großer
51
NSG
66
Eichen-
Str.

NSG
50
Oberjäger-
36
35
22
Landstr.
Fichte-
wiese
Erlen-
grund
Bade-
strand
Stöß
38
37
23
24
Allee
21
39
Forst
Kon
40
25
11
41
NSG
13
12
26
27
Teufelsbruch
14
28
29
15
30
3
Aalemann-Ufe
4
31
Pappel-Weg
Wald-
siedl.
18
Johannesstift
Wichern-
Nieder-Neuendorfer
32
19
7
Str.
Werder-
Str.
20
8
16
Hakenfelde
Str.
Stadtpark
9
17
10
Cautius-
Str.
Goltz-
Str.
Pausiner S.
Allee
Str.
Ring
Streit-
Krkhs.
sseln
Kisseln-A.
Ring
Schönwalder
Str.
Str.
Neustadt
Str.
Krkhs.
Eiswerder
Falkenhagen
Lynar-
Str.
Chaussee
Eiswerder-S.
Hakenfelde

Am Ende der Bebauung (hier der kreuzende Nieder-Neuendorfer Weg) radeln wir auf schmalerem Weg in den *Staatsforst Falkenhagen* hinein. An der nahen Gabelung (100 m weiter) halten wir uns halblinks. Wir folgen dem gut erkennbaren Weg in einer sanften S-Kurve. Vor den *Hitzebergen* biegen wir nach der Schranke in den breiten Forstweg rechts ein. Rasch erreichen wir ein großes Feld (auf Karten *Große Teufelsbruchwiese*), das wir geradeaus auf dem holprigen Wirtschaftsweg durchqueren. Kurz vor dem anderen Ende folgen wir dem Fahrweg kurz nach links, um dann nach rechts auf der Brücke den kleinen *Nieder-Neuendorfer Kanal* zu überqueren. Anschließend fahren wir auf dem Fahrweg geradeaus in die nahe *Siedlung Schönwalde.*

Am Siedlungsanfang biegen wir in den kreuzenden Erdfahrweg (kein Schild) links ein und radeln am südlichen Ortsrand entlang. Nach 300 Metern biegen wir rechts in den Fahrweg *Unter den Linden* ein. 700 Meter weiter lenken wir links in die *Kurt-Tucholsky-Straße.* Wir kreuzen die nahe Vorfahrtsstraße und radeln geradeaus auf dem Erdfahrweg weiter (*Burgunderweg*). Wir überqueren eine weitere, diesmal schmalere Teerstraße. Auf dem Erdfahrweg weiter geradeaus. Nach 500 Metern biegen wir kurz links in die bevorrechtigte Kleinpflasterstraße (*Fehrbelliner Straße*) ein. Hinter dem Friedhof lenken wir rechts in den Waldweg und folgen diesem Weg zum *Havelkanal.*

Am Kanal fahren wir nach rechts. Der landschaftlich schöne Uferweg ist streckenweise sandig und holprig. Nach vier Kilometern Fahrt erreichen wir die ersten Häuser von *Nieder-Neuendorf* und folgen dem Fahrweg leicht nach rechts vom Kanal fort. In den Querweg lenken wir nach rechts. In die zweite Seitenstraße (= *Zur Baumschule*) biegen wir links ein. Wenn die »Hainbuchenstraße« nach halblinks führt, fahren wir nach halbrechts. In die kreuzende Vorfahrtsstraße fahren wir nach rechts und radeln durch das Zentrum von *Nieder-Neuendorf* (Einkehrmöglichkeit). Kurz vor dem Dorfende wenden wir uns nach links, halten auf den ehemaligen Wachturm zu und gelangen zur Havel. Am Ufer biegen wir in den *Grenzweg* rechts ein.

Nach gut zwei Kilometern auf dem *Grenzweg* hört der Teerbelag auf, und wir fahren auf Betonplatten zur Kleingartenkolonie *Erlengrund,* die bereits zum Berliner Bezirk *Spandau* gehört. Auf dem nun schmaleren Weg bleiben wir in Wassernähe und erreichen die *Bürgerablage.* Vor dem Restaurant *Jagdhaus* lenken wir rechts in das Teersträßchen und rollen an der Rückfront des Gebäudes entlang. Hinter dem Parkplatz fahren wir nach rechts in die öffentliche kleine Teerstraße. Wenig später schwenken wir mit dem Sträßchen nach links. Wir kreuzen bald eine Teerstraße

Neustadt
feld
Falkenhagener Feld
Chaussee
Hakenfelde
Haselhorst
Eiswerder
Eiswerder-S.
Saatwinkle
Krkhs.
Lynar- Str.
Falkenhagener Str.
Askanier-
Hohenzollern-
Falkenseer D.
Neuendorfer Str.
Bad
Zitadelle
Schleuse Spandau
Gartenfelder Str.
Haselh. D.
Spandau
Zeppelin-
Weg
Seegefelder
Altstädter R.
Am
Nonnendamm
Juliusturm
Zitadelle
Haselhorst
Altstadt Spandau
Spree
Alt-stadt
Ruhlebener Altarm
Sophienwerder
Staakener Str.
Spandau Str.
Galen-
C.-Schurz-S.
Breite Str.
Raths.
Rathaus Spandau
Damm
Freiheit
Stresow
Klosterfelde
Lazarus- Str.
Päwesiner Weg
Kloster Str.
Ruhlebener Str.
Havel
Charlottenburger
Wiesen-
Ruhleben
Lutoner S.
Seeburger
Wilhelm-stadt

(Niederneuendorfer Allee, kein Schild) und fahren geradeaus auf dem Waldweg weiter. Nach knapp zwei Kilometern biegen wir in die kreuzende Kleinpflasterstraße (Schönwalder Allee, kein Schild) links ein (linksseitiger Radweg).

Wir kommen am Gelände des *Evangelischen Johannesstifts* vorbei (links der Straße). Auf der *Schönwalder Allee* radeln wir zum *Klinkeplatz*. Über den »Schleichweg« (ausführliche Beschreibung: Siehe Hinweg der Tour 6) *Hohenzollernring, Borchertweg, Askanierring, Flankenschanze, Moritzstraße* und *Altstädter Ring* gelangen wir zum *U-Bahnhof Rathaus Spandau*.

Wir bleiben noch geradeaus und biegen hinter der Bahnbrücke links in die *Ruhlebener Straße* (Radweg) ein. Diese Straße geht später in die *Charlottenburger Straße* (weiterhin Radweg) über, auf der wir den *U-Bahnhof Ruhleben* erreichen.

9 U-Bahnhof Neu-Westend – Pichelsdorf – Gatow – Groß-Glienicke – Weinmeisterhöhe – Neu-Westend

Verkehrsmöglichkeiten U-Bahn bis/ab Neu-Westend.
Tourenlänge 30 Kilometer.
Fahrzeit 3 Stunden.
Höhenunterschiede 400 Meter lange Gefäll- bzw. Steigungsstrecke (Rückweg) auf der Glockenturmstraße;
300 Meter lange Steigungsstrecke in der Gatower Heide; ansonsten unbedeutend.
Karten Falk-Stadtplan Berlin.
Wissenswertes *Olympiastadion:* Nach Plänen des Architekten Werner March für die Sommerspiele 1936 errichteter Monumentalbau, der nationalsozialistische Stilelemente aufweist; außer bei Sportveranstaltungen kann die Anlage von 8 Uhr bis zur Dunkelheit besichtigt werden. Der 78 Meter hohe *Glockenturm* wurde nach Kriegsende gesprengt und 1962 wieder aufgebaut. Besichtigung täglich von 10–17.30 Uhr.

Die *Waldbühne* wurde als kultische und nationalsozialistische Feierstätte konzipiert; sie kann nur bei Veranstaltungen besucht werden. – *Havel:* Siehe Tour 1. – *Pichelsdorf:* Das ehemalige Fischerdorf wurde 1375 erstmalig urkundlich erwähnt; vom Dorfcharakter ist wenig erhalten geblieben, das Bild beherrschen Wohnhochhäuser. – *Gatow:* Das Dorf, das bereits in der Bronzezeit besiedelt war, wird 1272 urkundlich belegt und hat bis heute den ländlichen Charakter bewahrt. Sehenswert sind die Dorfkirche, Reste der alten Gutsanlage und einige Bauernhäuser. – *Flug-*

hafen Gatow: Der Flughafen, der 1935 erbaut wurde, spielte als dritter Landeplatz während der Berliner Blockade eine wichtige Rolle für die Versorgung der Stadt. Auf dem Gelände befindet sich das *Luftwaffen-Museum* (Öffnungszeiten: täglich außer montags von 9 bis 17 Uhr). – *Groß-Glienicke:* Siehe Tour 17. – *Rieselfelder:* Ende des 19. Jahrhunderts wurde das Wasserreinigungssystem angelegt. Abwässer werden über ein Grabensystem auf Feldstücke geleitet und versickern dort. So werden sie biologisch gereinigt und gelangen in das Grundwasser beziehungsweise in öffentliche Gewässer. Heute sind die Gatower Rieselfelder zum überwiegenden Teil nicht mehr in Funktion.

Tourenbeschreibung Wir verlassen den *U-Bahnhof Neu-Westend* in Fahrtrichtung Ruhleben (Hinweisschild »Olympische Straße, Oldenburgallee«). Auf der *Olympischen Straße* (Radweg) fahren wir geradeaus und überqueren auf der *Olympischen Brücke* U- und S-Bahn. An der rechten Seite des *Olympischen Platzes* radeln wir zum Eingang des *Olympiastadions.*

Hier fahren wir nach links auf dem breiten *Gutmuthsweg* zur *Trakehner Allee,* in die wir rechts einbiegen. Am *Coubertinplatz* radeln wir geradeaus auf der *Jesse-Owens-Allee* weiter. Wir kommen an den Reitsportanlagen vorbei (rechts der Straße) und lenken in die nächste Seitenstraße nach rechts (*Passenheimer Straße,* kein Schild). Wenig später sind wir am *Glockenturm.* Am Platz fahren wir nach links in die bald leicht bergabführende *Glockenturmstraße.*

Nach gut einem Kilometer biegen wir rechts in die verkehrsreiche *Heerstraße* ein (parallellaufende Anliegerstraße bzw. Radweg). Auf der *Stößenseebrücke* überqueren wir in großer Höhe den gleichnamigen See, der eine Ausbuchtung der Havel ist, und wenig später auf der *Freybrücke* die eigentliche *Havel.* In die nächste Seitenstraße, *Alt-Pichelsdorf,* lenken wir nach links (Fußgängerampel). Die Straße schwenkt wenige Meter später am kleinen dreieckigen Platz nach rechts (Achtung! Nicht durch die Einbahnstraße zurück zur Heerstraße!) und führt dann durch den alten Kern von *Pichelsdorf.* Auf der *Bocksfeldstraße* radeln wir geradeaus weiter. Die Straße wird durch eine schmale Grünanlage unterbrochen. Anschließend fahren wir auf der *Bocksfeldstraße* weiter.

In die *Jaczostraße* lenken wir nach links, um nach 200 Metern nochmals links in die Straße *Scharfe Lanke* einzubiegen. Wir rollen an der Havelbucht *Scharfe Lanke* entlang, doch ist der Blick auf das Wasser meist durch Villen und Bootshäuser verdeckt. Nach 1,2 Kilometern ist das Ende der Straße erreicht, und wir radeln geradeaus in das Waldgebiet hinein. An der nahen Wegegabelung

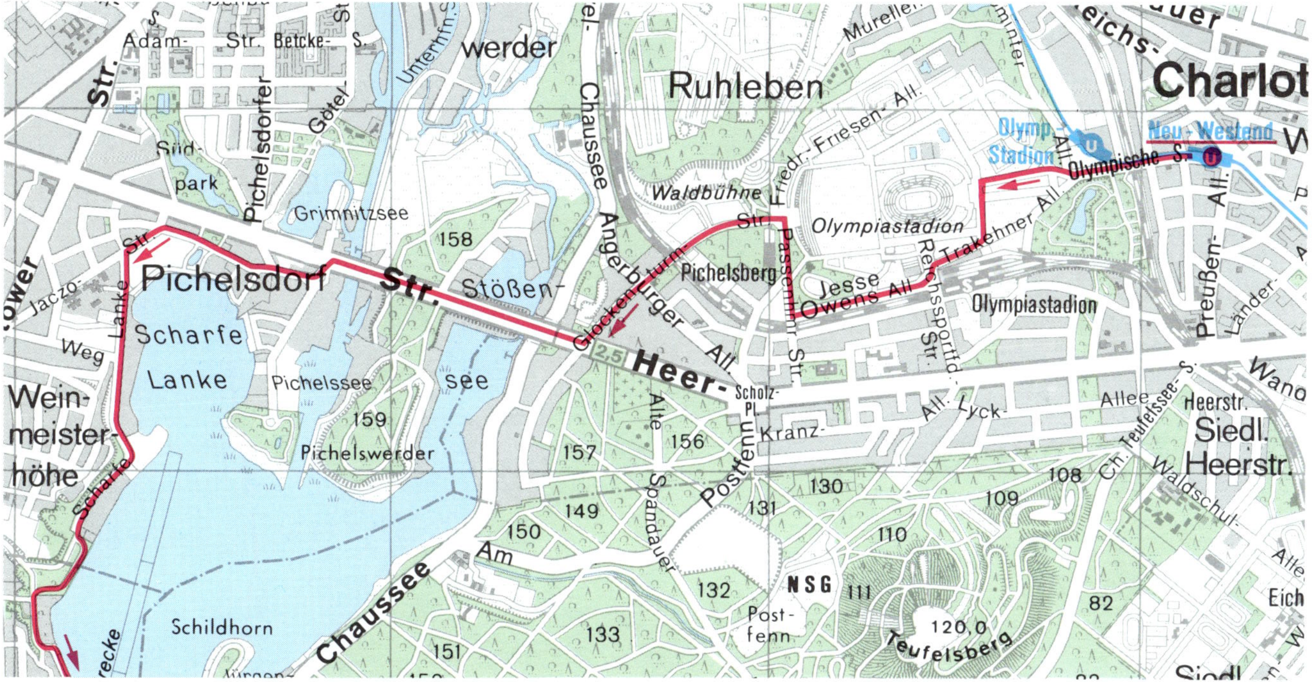
Charlot
Ruhleben
werder
Pichelsdorf
Heer-
Str.
Chaussee
Olymp.-Stadion
Neu-Westend
Olympische S.
Olympiastadion
Waldbühne
Pichelsberg
Jesse Owens All
Trakehner All
Reichssportfd.-Str.
Passenhmr Str.
Glockenturm-Str.
Angerburger All.
Fredr.-Friesen-All.
Scholz-Pl.
Kranz-
Lyck-All.
Allee
Heerstr.
Siedl.
Heerstr.
Waldschul-
Ch. Teufelssee-
Preußen-All.
Länder-
Stößen-see
Grimnitzsee
Süd-park
Pichelsdorfer
Götel
Adam-
Str.
Betcke-
Scharfe Lanke
Pichelssee
Pichelswerder
Wein-meister-höhe
Weg
Lanke
Jaczo-
Scharfe
Schildhorn
Am
Spandauer
Postfenn
Alte
Post-fenn
NSG
Teufelsberg
120,0
Eich
Murellen
Unterhfn.
2,5
158
159
157
156
149
150
151
133
132
131
130
110
111
109
108
82

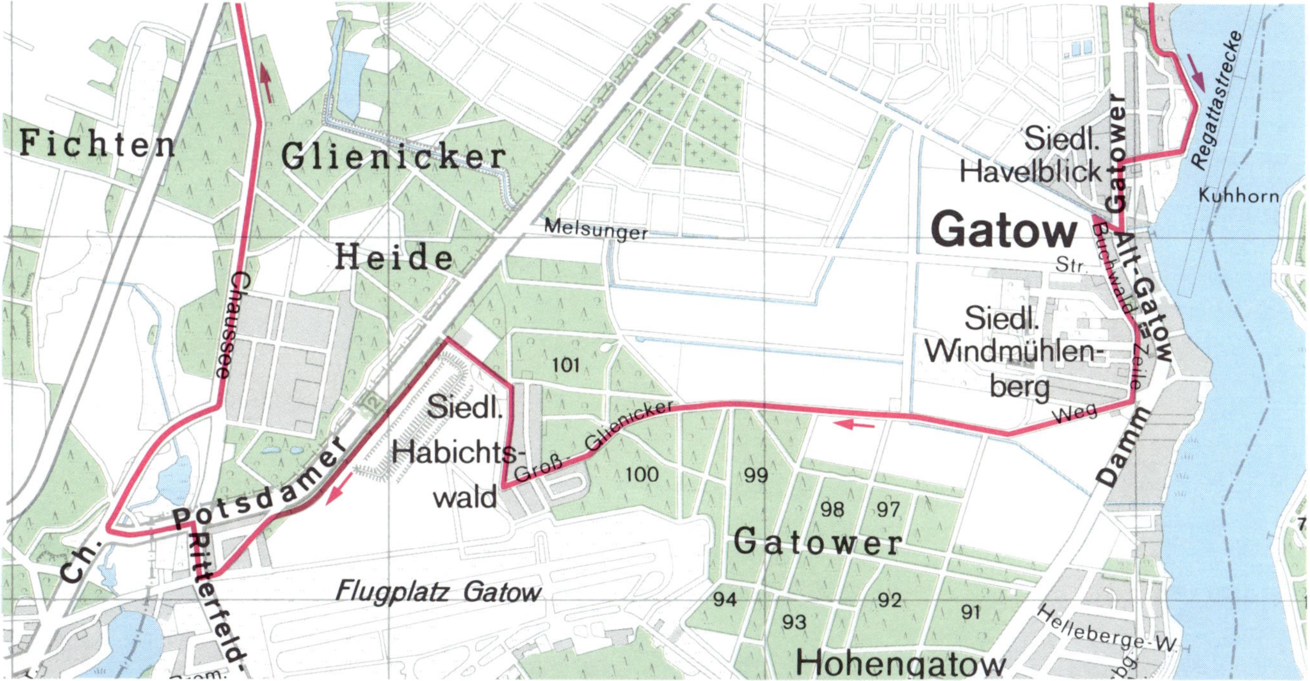
Fichten
Glienicker
Heide
Chaussee
Melsunger
Siedl. Havelblick
Gatower
Gatow
Regattastrecke
Kuhhorn
Alt-Gatow
Buchwald-
Str.
Zeile
Siedl. Windmühlen-berg
Weg
Damm
101
Siedl. Habichts-wald
Groß-Glienicker
100
99
98
97
Gatower
Potsdamer
Ch.
Ritterfeld-
Flugplatz Gatow
94
93
92
91
Helleberge-W.
Hohengatow

fahren wir nach links zur *Havel.* Am Ufer nach rechts. 200 Meter weiter folgen wir dem Weg nach rechts landeinwärts. An der nahen Gabelung biegen wir halblinks in den breiten Weg ein, der durch eine Kleingartenkolonie führt. Nach weiteren 300 Metern kehren wir nach links zur Wasserlinie zurück. Leider ist der Uferweg nach 500 Metern vor dem Grundstück des früheren britischen Stadtkommandanten wieder zu Ende. Wir fahren nach rechts und erreichen rasch einen Erdfahrweg (*Am Ortsrand*), auf dem wir leicht bergauf zur kreuzenden *Gatower Straße* fahren.

In diese stark befahrene Straße biegen wir vorsichtig links ein (nicht ausgeschilderter Radweg auf der rechten Straßenseite). Nach 300 Metern fahren wir dann rechts in die *Straße 265* (Erdfahrstraße). 50 Meter weiter vor dem Feld biegen wir links in die *Buchwaldzeile.* Auf dieser Straße radeln wir durch das alte Zentrum von *Gatow.*

In den geteerten *Groß-Glienicker Weg* biegen wir rechts ein und rollen auf der ruhigen Straße zunächst durch die Gatower Felder, später durch das Waldgebiet der *Gatower Heide.* Im Wald geht es für etwa 300 Meter leicht bergauf. Kurz hinter dem Ende der Steigung erreichen wir die *Fliegerhorstsiedlung* und die *Siedlung Habichtswald.* Wir bleiben geradeaus. Vor dem *Flughafen Gatow* (zum Luftwaffen-Museum geradeaus) biegen wir rechts in den *Außenweg* ein. Am Siedlungsende fahren wir halblinks in die Schotterstraße. Nach 400 Metern lenken wir nach links in die verkehrsreiche *Potsdamer Chaussee* (kein Schild; linksseitiger Radweg). Nach 900 Metern geht der Radweg in die *Privatstraße* über (erst später Schild), auf der wir durch eine kleine Siedlung, die zu *Groß-Glienicke* gehört, radeln. An der Ampel biegen wir rechts in den verkehrsreichen *Ritterfelddamm* ein (linksseitiger Radweg). An der nächsten Ampelanlage lenken wir dann links in Richtung »Potsdam«. Kurz hinter der Berliner Stadtgrenze geht es rechts auf der *Seeburger Chaussee* weiter.

Wir folgen der relativ wenig befahrenen Landstraße durch Felder und kommen an einem ehemaligen Kasernengelände vorbei, auf dem sich heute die Waldsiedlung Groß-Glienicke befindet. Auf der Landstraße weiter (nun Kleinpflaster). In die bevorrechtigte Bundesstraße biegen wir halbrechts ein (Radweg).

An Feldern entlang erreichen wir das Dorf *Seeburg,* in dem man gut frische landwirtschaftliche Produkte kaufen kann. An der Ampel biegen wir rechts in die *Dorfstraße* ein und folgen dieser kleinen Vorfahrtsstraße am »Dorfkrug« vorbei ortsauswärts. Nach 1,3 Kilometern durchfahren wir den kleinen Weiler *Engelsfelde.* Geradeaus weiter durch die Felder. Nach weiteren 1,2 Kilometern sind wir wieder in *Berlin.*

Seeburg
Dorf-
Str.
Staakener
Weg
Spandauer
Gatower
Weg
Chaussee
Wilhelm-
Str.
270
Gatower
Jaczo-
Weg
Wein-
meister-
höhe
Str.
Sand
Weg
Fichten
Glienicker
Siedl.
Havelblick
Gatower
Regattastrecke
Kuhl

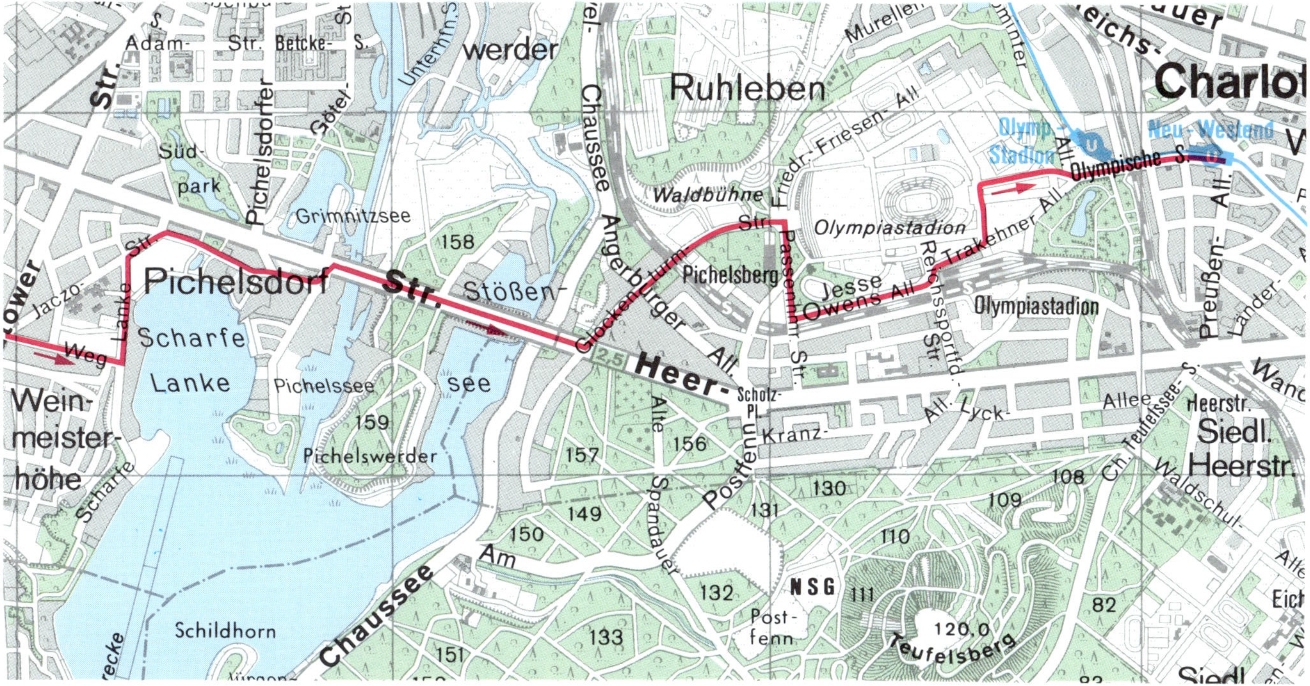
Ruhleben
Charlot
werder
Adam- Str.
Betcke- S.
Str.
Süd-park
Pichelsdorfer
Göte-
Unterhfn. S.
Grimnitzsee
158
Pichelsdorf
Str.
Stößen-
see
Jaczo-
Lanke
Str.
Weg
Scharfe Lanke
Pichelssee
159
Pichelswerder
Wein-meister-höhe
Scharfe
Schildhorn
Chaussee
Am
Chaussee
Angerburger All.
Glockenturm-
Pichelsberg
Waldbühne
Str.
Friedr.-Friesen-All.
Olympiastadion
Passenhmr. Str.
Jesse Owens All.
Reichssportfd.-Str.
Trakehner All.
Olympiastadion
Olymp.-Stadion
Neu-Westend
Olympische S.
All.
Preußen-All.
Länder-
Murellen-
Heer-
2,5
Scholz-Pl.
Alte Spandauer
Postfenn
Kranz-
All. Lyck-
Allee
Ch. Teufelssee-
Heerstr.
Siedl. Heerstr.
Waldschul-
157
156
149
150
151
133
132
131
130
NSG
Post-fenn
111
110
109
108
82
120,0
Teufelsberg
Eich

Wir kreuzen vorsichtig die B 2 (= Potsdamer Chaussee) und radeln halblinks in die *Straße 270* (Schild »Landschaftsschutzgebiet«). Wir folgen diesem Erdfahrweg geradeaus durch die Rieselfelder und biegen nach 900 Metern vorsichtig links in die *Gatower Straße* ein (Radweg). In den *Weinmeisterhornweg* fahren wir nach rechts, um nach 500 Metern in die Straße *Scharfe Lanke* nach links zu lenken. Auf der vom Hinweg bekannten Strecke kehren wir zum *U-Bahnhof Neu Westend* zurück.

10 U-Bahnhof Ruhleben – Murellental – Havel – Grunewald – Grunewaldsee – Dahlem-Dorf

Verkehrsmöglichkeiten U-Bahn bis Ruhleben und U-Bahn ab Dahlem-Dorf.
Tourenlänge 17 Kilometer.
Fahrzeit 2 Stunden.
Höhenunterschiede 100 Meter lange Steigungsstrecke vom Murellental hinauf zum Murellenberg; Treppe vom Murellenberg zurück ins Murellental; 300 Meter lange Steigungsstrecke auf der Havelchaussee hinter Schildhorn; 150 Meter lange Steigungsstrecke hinter der Saubucht.
Karten Falk-Stadtplan Berlin.
Wissenswertes *Waldbühne:* Siehe Tour 9.
Grunewald: Das über 3000 Hektar große Waldgebiet, die frühere Teltowsche Heide, war ursprünglich ein Eichen- und Kiefernforst, der als kurfürstliches, später königliches Jagdgebiet in einen Wald mit nahezu ausschließlichem Kiefernbestand umgewandelt wurde. Der Forst war früher weitaus größer und erstreckte sich auch im Bereich der heutigen Villenkolonien Grunewald und Dahlem.
Grunewaldseen: Siehe Tour 12. – *Havel:* Siehe Tour 1.
Schildhorn: Der Wendenkönig Jaczo rettete sich nach der Niederlage gegen Albrecht den Bären auf diese bewaldete Landzunge. Ein 1845 errichtetes Denkmal erinnert an diese Legende.

Jagdschloss Grunewald: Nach der Grundsteinlegung 1542 erfolgten zahlreiche An- und Umbauten. Heute sind im Schloss, einziges Bauwerk der Renaissance in Berlin, eine Gemäldesammlung, historische Waffen und Jagdgeräte sowie ein Waldmuseum untergebracht. Öffnungszeiten: ganzjährig von 10 Uhr bis zur Dunkelheit, montags geschlossen. – *Dahlem:* Das Dorf ist vermutlich eine Gründung der Askanier (13. Jh.). Seit 1920 ist Dahlem Ortsteil des Berliner Bezirkes Zehlendorf und wurde Standort der Freien Universität Berlin, die nach dem Zweiten Weltkrieg

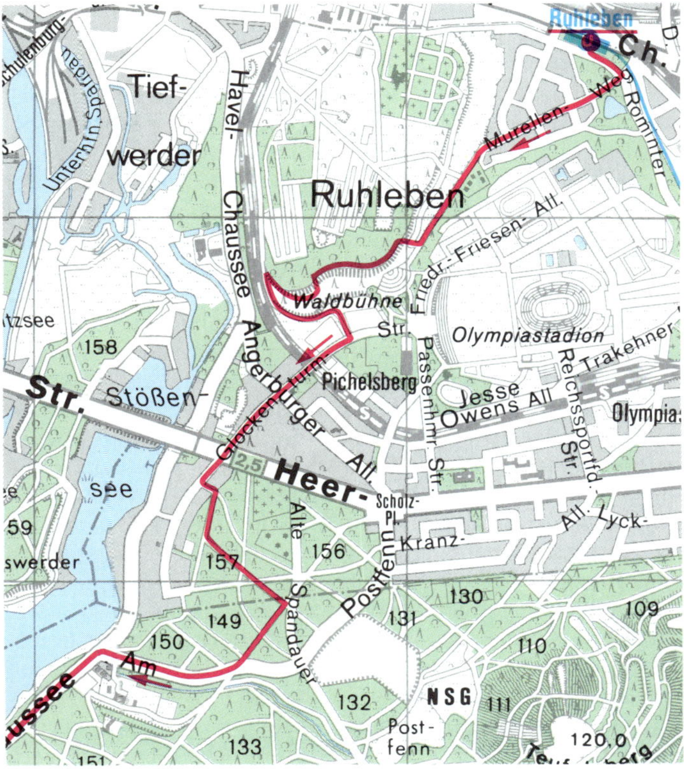

als Gegenpol zur Ostberliner Humboldt-Universität gegründet wurde; die FU war Ausgangspunkt und Schauplatz der »Studentenbewegung« von 1968.

Tourenbeschreibung Wir verlassen den *U-Bahnhof Ruhleben* nach Süden und fahren auf der am Bahnhof entlangführenden Straße (*Hempelsteig*) nach links am Park entlang. In den *Murellenweg* biegen wir rechts ein. Am Ende dieser Sackgasse radeln wir auf dem festen Erdfahrweg leicht bergab in das *Murellental* hinunter. Etwa 20 Meter vor (!) dem eingezäunten Gelände mit Tor lenken wir kurz nach rechts, wenden uns sogleich nach halblinks und schieben die Räder auf dem sehr steilen Weg schräg den Berghang hinauf.

Unser Weiterweg oben auf dem *Murellenberg* führt durch eine Passage zwischen zwei Zäunen (rechts ein militärisches Sperrgebiet, links bald das Gelände der Waldbühne). Bald schwenkt der

Weg leicht nach rechts. Kurz darauf nehmen wir die zweite (!) Treppe, die nach links in das *Murellental* hinunterführt.

Unten angelangt, biegen wir in den Querweg rechts ein. Unser Weg beschreibt im Tal einen weiten Rechtsbogen. Wenn nach 400 Metern rechts wieder ein Maschendrahtzaun zu sehen ist, schieben wir 10 Meter später die Räder links den Hang hinauf. Nach jedoch nur kurzer Anstrengung ist ein Querweg erreicht, der unterhalb des Bahndamms verläuft. Hier nach links. Im weiteren Verlauf verlassen wir den Damm (leicht links) und radeln oberhalb des Tales nach Osten. Wenn links eine Treppe hinabführt, folgen wir dem Weg nach rechts und erreichen rasch eine öffentliche Straße (*Glockenturmstraße*), in die wir rechts einbiegen.

Der bald leicht bergabführenden *Glockenturmstraße* folgen wir bis zur Heerstraße, die wir überqueren (Ampel). Auf der Straße *Am Rupenhorn* fahren wir geradeaus sanft bergauf. Vor dem Haus mit der Nummer 21 biegen wir nach links ab und fahren zwischen zwei Hausgrundstücken auf den Wald zu. Am Ende der Grundstücke lenken wir nach halbrechts und fahren in den *Grunewald* hinein. Wir bleiben zunächst – ein Stück weit entfernt – parallel zu den Rückfronten der Häuser, um nach 200 Metern bei der ersten Möglichkeit nach links zu lenken. Wenig später befindet sich links unseres Waldweges ein eingezäuntes Gelände mit einem Fernsehturm. Wir bleiben geradeaus (auch breitere Querwege beachten wir nicht), bis wir vor einem kreuzenden Reitweg auf den mit *blauen Punkten* markierten Weg stoßen. In diesen leicht zu übersehenden Forstweg biegen wir rechts ein.

In die nahe öffentliche Straße *Am Postfenn* fahren wir nach rechts (Radweg). Wir radeln sanft bergab und erreichen an der *Havelchaussee* die *Havel* (Einkehrmöglichkeit auf einem Restaurationsschiff). In die Chaussee fahren wir nach links (Radweg mit Gegenverkehr). In der Linkskurve der Straße radeln wir an der Bushaltestelle *Schildhorn* (nicht vorher!) auf der kopfsteingepflasterten *Straße am Schildhorn* zur sagenumwobenen Halbinsel *Schildhorn* hinunter. Am Parkplatz (rechts das Wirtshaus *Schildhorn*) halten uns halblinks und fahren kurz darauf am Restaurant *Bergklause* geradeaus in den Forstweg. Vor dem großen Unterstellpilz lenken wir nach rechts in den mit einem *schwarzen Dreieck* markierten Weg, der die gesamte Halbinsel umrundet (von der Nordspitze schöner Blick über die Havel).

Auf der vom Hinweg bekannten Route kehren wir zur *Havelchaussee* zurück. In die Chaussee biegen wir rechts ein und müssen nun für 300 Meter bergaufradeln. Wir kommen an der Bushaltestelle *Schildhornweg* vorbei. 200 Meter weiter lenken wir halblinks in den Waldweg (Hinweisstein »Saubucht, Hüttenweg, Avus«), der

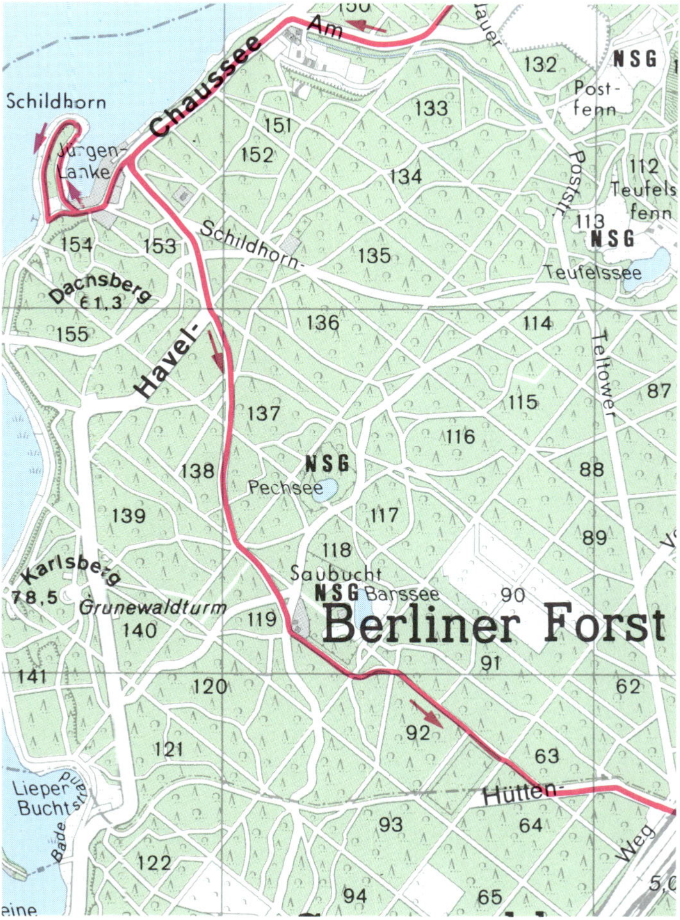

auf Karten als *Saubuchtweg* bezeichnet wird. Dem mit einem *schwarzen Dreieck* markierten, breiten Forstweg folgen wir und erreichen nach 1,5 Kilometern das Naturschutzgebiet *Saubucht.*

An der Waldwegekreuzung – vor uns sehen wir schon das Haus der ehemaligen Försterei Saubucht – halten wir uns weiter geradeaus. Kurz hinter dem Eingang des Hauses geht es nach links. Unser Weiterweg ist mit einem *schwarzen Balken* markiert und führt zunächst leicht bergab (links das umzäunte Naturschutzgebiet mit dem fast ausgetrockneten *Barssee*). Wenn der Zaun nach links abknickt, halten wir uns geradeaus und fahren auf dem breiten Forstweg bergauf. Bald beschreibt unser Weg eine Linkskurve.

Dahlem
Grunewald-
see
NSG
Jagdschl.
Grunewald
Langes
Luch
Hütten-
Weg
Koenigs-
Königs-
Südkehre
Pückler-
Goldfink-Weg
Clay-
Allee
Königin-Luise-
Pacelli-
Podbielski-
Lentze-
Krkhs.
Riemeister-
Fenn
Onkel-Tom-
Krumme
Lanke
U.S.
Hauptquart.
Saargem. S.
Gary-
Str.
Onkel Toms Hütte
Oskar-Helene-Heim
Thielpl.
Dahlem-Dorf
Podbielskiallee
Mus.
FU
TU

Am Ende der Steigung sind wir an einem Polizeimelder und einem Schutzhäuschen.

Wir radeln auf dem breiten Waldweg weiter geradeaus (bald ohne Markierung), bis wir eine kreuzende Betonplattenstraße, den *Hüttenweg,* erreichen. Hier nach links. Wir unterqueren Avus und Bahn und folgen weiter dem nun verkehrsreichen *Hüttenweg* (Radweg). Nach 1,1 Kilometern fahren wir halblinks in Richtung Forsthaus Paulsborn in ein Teersträßchen. Wir kommen bald an diesem Restaurant vorbei, und unsere Straße wird zu einem breiten Erdweg. Rasch erreichen wir den *Grunewaldsee* und das *Jagdschloss Grunewald.*

Wir rollen am Schloß vorbei. Gleich hinter dem Gebäude lenken wir scharf nach rechts (Hinweisstein »Dahlem«). An der nahen Gabelung wählen wir den sehr breiten linken Weg. Nun radeln wir geradeaus auf dem bald asphaltierten Forstweg. Am Restaurant beginnt eine öffentliche Straße. Weiter geradeaus. Wir verlassen den Wald, kreuzen die Clayallee und rollen auf der *Königin-Luise-Straße* (Radweg) zum *U-Bahnhof Dahlem-Dorf.*

11 U-Bahnhof Ernst-Reuter-Platz – Schloss Charlottenburg – Spree – U-Bahnhof Ruhleben – Tiefwerder – Havel – Theodor-Heuss-Platz – Lietzensee – U-Bahnhof Ernst-Reuter-Platz

Verkehrsmöglichkeiten U-Bahn bis/ab Ernst-Reuter-Platz; unterwegs U-Bahnhöfe Richard-Wagner-Platz, Ruhleben, Theodor-Heuss-Platz und Kaiserdamm sowie S-Bahnhof Westend.
Tourenlänge 25 Kilometer.
Fahrzeit 2½ bis 3 Stunden.
Höhenunterschiede Kurze Steigung im Naturschutzgebiet »Fließwiese Ruhleben«; Treppe hinab ins Murellental; kurze Steigung vor der Heerstraße.
Karten Falk-Stadtplan Berlin.
Wissenswertes *Schloss Charlottenburg:* In mehreren Bauabschnitten (1696–1790) wurde der großzügige Bau nach Plänen verschiedener Baumeister im Versailler Stil errichtet; es enthält zahlreiche Ausstellungen, z.B. das Museum für Vor- und Frühgeschichte, das Kunstgewerbemuseum und ein Porzellankabinett; sehenswert ist auch der großzügige Schlosspark, in dem allerdings Radfahrverbot besteht. – *Spree:* Der 398 Kilometer lange Fluss entspringt im Lausitzer Bergland und mündet in Spandau in die Havel.

Tiefwerder: Der heutige Spandauer Ortsteil war ursprünglich eine Fischersiedlung auf einer ehemaligen Insel; auch heute noch zergliedern zahlreiche Wasserarme das Gebiet mit Wochenend- und Bootshäusern. – *Havel:* Siehe Tour 1. – *Grunewald:* Siehe Tour 10.

Tourenbeschreibung Auf dem *U-Bahnhof Ernst-Reuter-Platz* wählen wir den Ausgang »Straße des 17. Juni«. Wir umrunden den *Ernst-Reuter-Platz* (Radweg), bis rechts die *Otto-Suhr-Allee* abzweigt (Radweg). Am *U-Bahnhof Richard-Wagner-Platz* (kurz davor befindet sich auf der rechten Seite das *Rathaus Charlottenburg*) überqueren wir die *Otto-Suhr-Allee* und schieben die Räder wenige Meter nach rechts zur *Schustehrusstraße* (Sackgasse). Auf dieser Straße gelangen wir zum *Gierkeplatz* mit der *Luisenkirche* (klassizistischer Bau, 1712; Umbauten durch Schinkel).

Hinter dem Platz geht es auf der *Schustehrusstraße* weiter. In die *Schloss-Straße* lenken wir dann nach rechts (es lohnt auch ein Abstecher geradeaus auf der Neuen Christstraße in den vorbildlich sanierten Kiez südlich des Klausener Platzes). Wir kommen anschließend am *Bröhan-Museum* (Jugendstil- und Art-Deco-Ausstellung) und am *Antikenmuseum* vorbei (beide Museen befinden sich auf der linken Straßenseite kurz vor der Einmündung der Schloss-Straße in den Spandauer Damm).

Vor dem *Schloss Charlottenburg* biegen wir links in den *Spandauer Damm* ein (Radweg). Wir radeln an den Schlossanlagen entlang. 200 Meter nach Überquerung der Stadtautobahn fahren wir rechts in den *Fürstenbrunner Weg* (nach der einzigen Berliner

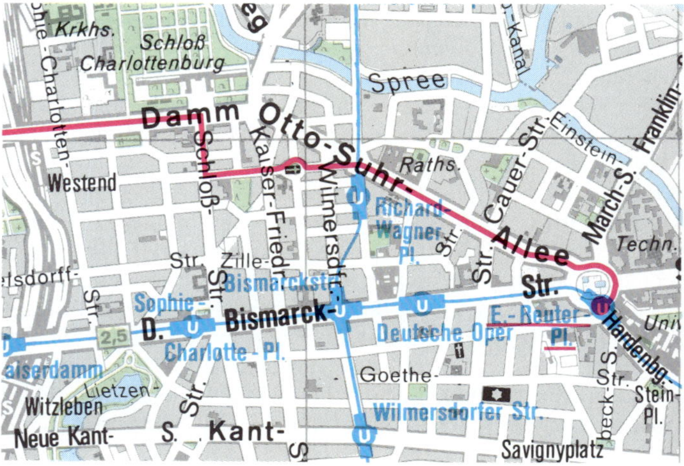

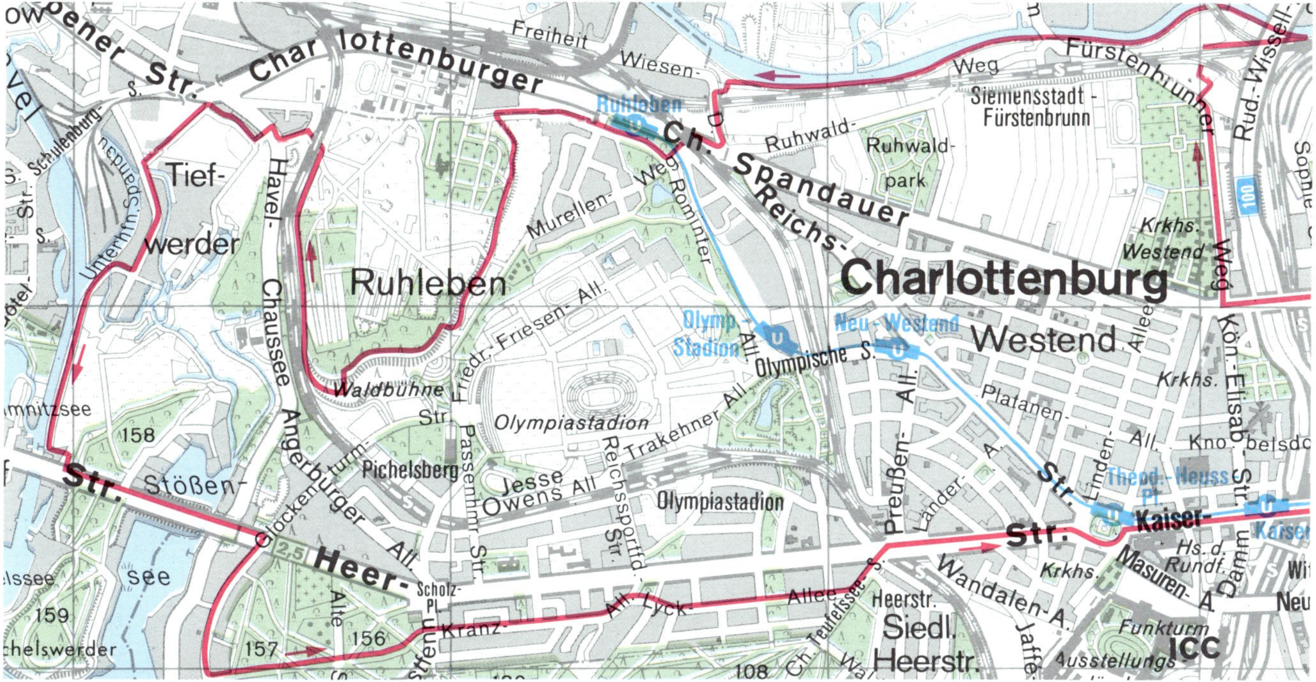

Charlottenburg
Westend
Ruhleben
Tief-
werder
Charlottenburger Str.
Spandauer Ch.
Reichs-
Siemensstadt -
Fürstenbrunn
Fürstenbrunner Weg
Ruhwald-
park
Krkhs.
Westend
Olympiastadion
Olymp.-
Stadion
Neu-Westend
Ruhleben
Waldbühne
Pichelsberg
Havel-
Chaussee
Heerstr.
Siedl.
Heerstr.
Kaiser-
Theod.-Heuss
Pl.
Funkturm
ICC
Masuren-
Wandalen-A.
Stößen-
see
158
156
157
159

Mineralquelle benannt; Radweg). Rechts sehen wir bald Kleingärten, links Friedhöfe. Etwa 50 Meter nach einer Linkskurve der Straße wählen wir ein Teersträßchen, das rechts in die *Kleingartenkolonie Tiefergrund I* hineinführt. Nach einer kurzen Gefällstrecke bleiben wir auf dem zunächst breiten Kolonieweg *Im Honiggrund* geradeaus. Der Weg wird schmaler und wendet sich bald nach links (für 200 m Radfahrverbot). Am Kolonietanzplatz *Auf der Tenne* fahren wir nach rechts und unterqueren die Eisenbahnbrücke. Nach der Unterführung lenken wir nochmals rechts in die kleine Fahrstraße, die parallel zum Bahndamm verläuft. Wir kommen zur Gaststätte *Tunnel-Eck,* bleiben geradeaus und fahren durch den schmalen, niedrigen Tunnel (schieben?), der die stillgelegte S-Bahnstrecke nach Gartenfeld unterquert. Nach dem Tunnel biegen wir rechts in den schmalen Kolonieweg ein. Wir unterqueren die hohe Autobahnbrücke und stoßen auf die *Spree.*

In den Uferweg biegen wir scharf links ein und unterfahren nochmals die Autobahn- und die S-Bahnbrücke. Weiter am Fluss entlang. 800 Meter weiter unterqueren wir die nächste Brücke (*Rohrdammbrücke)* auf einem schmalen, durch Gitter gesicherten Weg direkt am Wasser. Für weitere 1,2 Kilometer radeln wir auf dem schönen Weg an der *Spree* entlang. Der Uferweg führt schließlich kurz bergan und mündet in eine öffentliche Straße (*Wiesendamm*), in die wir links einbiegen. Rasch erreichen wir den *Spandauer Damm.* Hier nach rechts.

An der nächsten Ampel lenken wir kurz links in die *Rominter Allee,* um wenig später rechts in den *Hempelsteig* einzubiegen. Wir kommen am *U-Bahnhof Ruhleben* vorbei, kreuzen den Stendel-

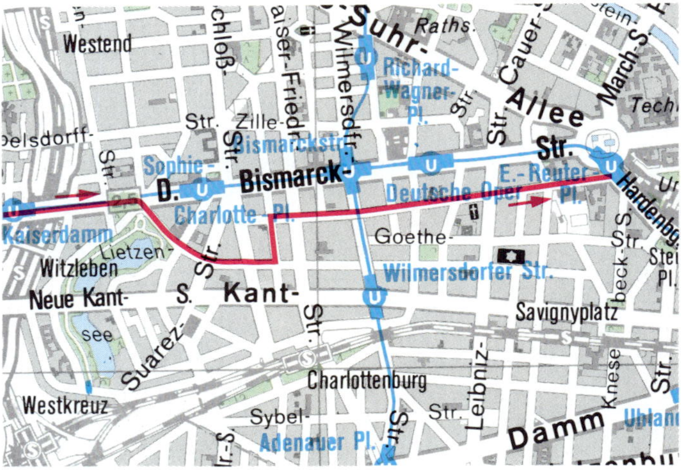

weg und radeln auf der Sackgasse *Hempelsteig* weiter. Hinter dem kleinen Parkplatz bleiben wir auf dem breiten Erdfahrweg weiter geradeaus. Nach 200 Metern biegen wir bei der ersten Möglichkeit links ab. 50 Meter weiter (kurz vor dem Friedhof) lenken wir nochmals links in den schmalen Weg. Auf diesem Weg radeln wir bald leicht nach rechts. Wenig später wird unsere Route links von einem Holzbalkenzaun begrenzt, hinter dem sich das Naturschutzgebiet *Fließwiese Ruhleben* befindet. Nach 600 Metern fahren wir am Querweg halbrechts schräg den Hang hinauf. Nach der kurzen Steigung lenken wir nach links und bleiben auf dem schmalen, teilweise sandigen Weg parallel zum Maschendrahtzaun, hinter dem sich ein militärisches Sperrgebiet befindet. Etwa 600 Meter später nehmen wir die zweite (!) Treppe, die nach links in das *Murellental* hinunterführt.

Unten angelangt, biegen wir in den Querweg rechts ein. Unser Weg beschreibt im Tal einen weiten Rechtsbogen und verläuft später parallel zu einem Bahndamm. Nach einem Kilometer fahren wir nach links in das Teersträßchen und unterqueren den Bahndamm. An der nahen Einmündung lenken wir nach links. In die bevorrechtigte *Teltower Straße* radeln wir kurz nach rechts, biegen aber vor den nahen Wohnhäusern links in die breite Erdfahrstraße ein. Nach 100 Metern fahren wir vor dem Sportplatz rechts in den Fahrweg, der an den Rückfronten der Häuser entlangführt. 300 Meter weiter lenken wir vor der Steigung nach links in den schmalen Weg. Wir radeln an den Tennisplätzen entlang. In der Kleingartenkolonie *Tiefwerderbrücke* verbreitert sich unser Weg zu einem Erdfahrweg und mündet schließlich in eine öffentliche Straße (*Tiefwerderweg*), in die wir links einbiegen.

Die Straße geht in die *Dorfstraße* über und führt durch den Ortskern von *Tiefwerder* (Einkehrmöglichkeiten). Hinter dem Haus mit der Nr. 25 nehmen wir einen für Kraftfahrzeuge gesperrten Weg nach rechts. Bald überqueren wir eine kleine Brücke und folgen vor der *Havel* dem Uferweg nach links. Zur Linken begleiten uns zunächst Kleingärten, später ein Naturschutzgebiet. Kurz vor der *Freybrücke* verengt sich der Weg für eine kurze Strecke (Radfahrverbot), um dann als breiter Fahrweg vor der Brücke nach links zur *Heerstraße* hinaufzuführen.

In die verkehrsreiche *Heerstraße* (Radweg) lenken wir nach links (Vorsicht! Bei zu starkem Verkehr 250 m nach links zur Ampel!) Wir überqueren die *Stößenseebrücke* und biegen danach rechts in die Seitenstraße *Am Rupenhorn* ein. Nach etwa 700 Metern biegt diese Straße scharf nach links und endet am Waldrand in einem Wendekreis. Wir fahren auf einem gleichmäßig breiten Waldweg geradeaus durch den *Grunewald*.

Nach 850 Metern erreichen wir an der kreuzenden Straße *Am Postfenn* wieder Wohngebiet. Unsere Fahrt geht auf der *Kranzallee* geradeaus weiter. In die *Lyckallee* lenken wir halbrechts. Diese Straße mündet in die *Teufelsseestraße,* auf der wir nach links zur *Heerstraße* radeln. In die verkehrsreiche Straße lenken wir nach rechts (Radweg).

Wir umrunden den *Theodor-Heuss-Platz* (U-Bahnhof) und biegen hinter dem SFB-Fernsehzentrum rechts in den *Kaiserdamm* (Radweg) ein. Wir folgen der Straße 1,2 Kilometer weit (Vorsicht bei querenden Seitenstraßen!), um dann rechts in die Straße *Witzlebenplatz* einzubiegen. Diese Straße geht in die *Steifensandstraße* über, die ihrerseits durch die *Pestalozzistraße* verlängert wird. In die *Fritzschestraße* lenken wir nach links und in die *Schillerstraße* nach rechts. Wir radeln jetzt relativ ruhig parallel zur verkehrsreichen Bismarckstraße, müssen jedoch auf den starken querenden Verkehr achtgeben. Die *Schillerstraße* endet an der *Hardenbergstraße,* auf der wir die Räder nach links die wenigen Meter zum *U-Bahnhof Ernst-Reuter-Platz* schieben.

12 U-Bahnhof Adenauerplatz – Villenviertel Grunewald – S-Bahnhof Grunewald – Hundekehlesee – Grunewaldsee – Krumme Lanke – U-Bahnhof Krumme Lanke

Verkehrsmöglichkeiten U-Bahn bis Adenauerplatz, U-Bahn ab Krumme Lanke; unterwegs S-Bahnhof Grunewald.
Tourenlänge 13 Kilometer.
Fahrzeit $1^1/_2$ Stunden.
Höhenunterschiede Gering.
Karten Falk-Stadtplan Berlin.
Wissenswertes *Grunewald, Jagdschloss Grunewald:* Siehe Tour 10. – *Villenviertel Grunewald:* Auf früherem Waldgebiet wurde ab 1890 mit Protektion Bismarcks die noble Villenkolonie errichtet. Auch noch heute besticht die hervorragende Lage zwischen Stadtgebiet (Kurfürstendamm) und dem Naherholungsgebiet des Grunewald. Zahlreiche Prominente hatten und haben hier stattliche Villen und Landhäuser. – *Grunewaldseen:* Eiszeitliche Schmelzwasserrinne, die sich von Nordosten (Halensee) nach Südwesten (Nikolassee) erstreckt. Ehemals existierende Seen sind verlandet und bilden heute Moore wie z. B. Hundekehlemoor, Langes Luch.

Tourenbeschreibung Auf dem *U-Bahnhof Adenauerplatz* richten wir uns nach dem Hinweisschild »Kurfürstendamm, Brandenburgische Straße, Paulsborner Straße«. Auf der *Brandenburgischen Straße* fahren wir nach Süden, biegen aber nach wenigen Metern rechts in die *Paulsborner Straße* ein. Diese Straße (später Radweg) führt uns durch verkehrsreiches, dicht bebautes Innenstadtgebiet zur Stadtautobahn (1,2 km ab U-Bahnhof).

Auf der *Paulsborner Brücke* überqueren wir die S-Bahn und die Autobahn und lenken anschließend links in die *Salzbrunner Straße.* Ab hier ist der Verkehr ruhiger. In die *Warmbrunner Straße* geht es nach rechts. Vorbei an den Sportplätzen des Berliner Sport Clubs (links) gelangen wir zur Hubertusallee, die wir kreuzen, um auf der *Herthastraße* geradeaus durch das *Villenviertel Grunewald* weiterzufahren.

In die *Bismarckallee* biegen wir links ein und sind sogleich auf der *Bismarckbrücke,* von der wir einen schönen Blick auf den *Hertha-* (rechts) und den *Hubertussee* haben. Weiter geradeaus. In die *Lassenstraße* lenken wir nach rechts und in die *Koenigsallee* nach links (Radweg). In die *Fontanestraße* biegen wir rechts ein mit Blick auf den nicht zugänglichen *Dianasee* (rechts) erhaschen. Am Vorplatz des *S-Bahnhof Grunewald* fahren wir links in die *Auerbacher Straße* und radeln bald am Bahndamm entlang.

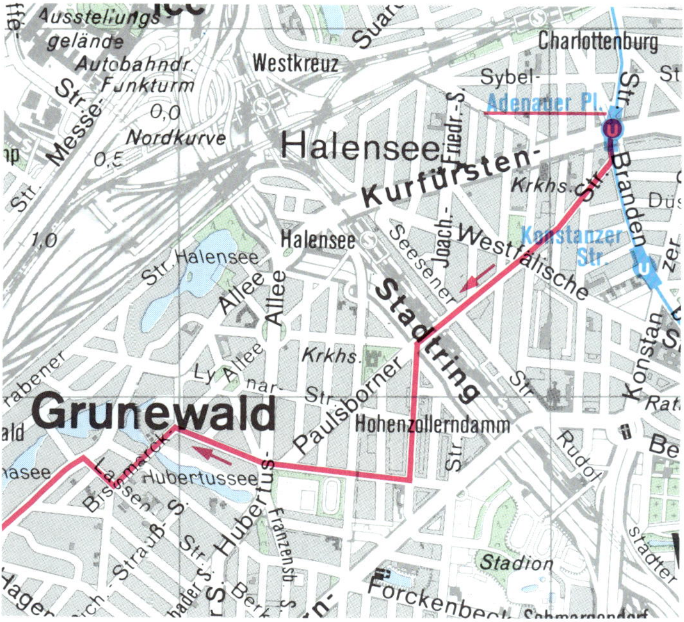

Grunewald
Dianasee
Fontanestr.
Hundekehlesee
Koenigs-Allee
Hagen-
Eichkamp-Weg
E51
Hundekehle-Fenn
NSG
Grunewaldsee
Jagdschl. Grunewald
Hütten-
Langes Luch
Riemeister-Fenn
Krumme Lanke
Onkel-Tom-
Riemeister-
Onkel Toms Hütte
Oskar-Helene-Heim
Krkhs.
Allee
Zehlendorf
Fischerhütten-
Quermaten-
Argentinische
Krumme Lanke
Waldsee
Mexiko-
Schütz-Str.
Sundgauer
Hedin-
Südkehre
Teltower
Verbindungs-
Königs-Weg
orst
Weg

Wenn die Straße die Bahnstrecke unterquert, wählen wir halblinks einen anfangs kopfsteingepflasterten Weg, der an den Tennisplätzen des Clubs »Rot-Weiß« zum *Hundekehlesee* hinunterführt. Wir fahren am See entlang bis zur *Koenigsallee* (kein Schild), in die wir links einbiegen (Radweg). Nach knapp 200 Metern auf der Straße geht es – vor der Bebauung – nach rechts auf einem breiten Weg in den *Grunewald* hinein (Markierung *roter Punkt*). Wir folgen den Markierungen am *Hundekehlefenn* entlang zum *Grunewaldsee.*

Wir rollen dann am östlichen Ufer des Sees (Bademöglichkeiten) zum *Jagdschloss Grunewald.* Am Gebäude fahren wir nach rechts und rollen auf dem breiten Weg am Südrand des *Grunewaldsees* entlang. Wir kommen am *Forsthaus Paulsborn* (Restaurant) vorbei und radeln auf der nun geteerten Straße zum nahen kreuzenden *Hüttenweg* (kein Straßenschild), in den wir links einbiegen (Radweg). Nach 200 Metern fahren wir hinter einem Graben rechts in den Waldweg (*roter Punkt*), der an dem kleinen Wasserlauf und am *Langen Luch* entlangführt. Wenn nach einem Kilometer der Rotpunktweg nach rechts über eine kleine Holzbrücke führt, halten wir uns halblinks und radeln über die Auslauffläche einer Rodelbahn zur nahen Straße. Es ist die *Onkel-Tom-Straße,* in die wir links einbiegen (Radweg).

Wir radeln leicht bergauf und lenken bald nach rechts in den *Quermatenweg.* Nach 40 Metern fahren wir halbrechts in den ausgeschilderten Radweg. Wir folgen diesem gleichmäßig breiten Erdweg, der sanft geschwungen durch den *Grunewald* führt. Bald verläuft unser Weg oberhalb der *Krummen Lanke,* die aber anfangs noch durch Bäume verdeckt bleibt. Am Beginn einer kurzen Gefällstrecke ist unser Weg geteert und führt zum Seeufer hinunter. Der Radweg bleibt jedoch nicht lange am See, sondern steigt – vom Ufer fort – wieder leicht an. Bevor unser Weg kurz darauf nochmals bergabführt, lenken wir nach links und erreichen rasch eine öffentliche Straße, die *Hermannstraße* (kein Schild), auf der wir geradeaus weiterradeln.

In den nahen *Quermatenweg* biegen wir rechts und in die *Fischerhüttenstraße* links ein (Radweg). Auf dieser Straße erreichen wir den *U-Bahnhof Krumme Lanke.*

13 U-Bahnhof Heidelberger Platz – Schmargendorf – S-Bahnhof Grunewald – Teufelssee – Havel – Schwanenwerder – Wannsee – S-Bahnhof Nikolassee

Verkehrsmöglichkeiten U-Bahn bis Heidelberger Platz; S-Bahn ab Nikolassee; unterwegs S-Bahnhof Grunewald.
Tourenlänge 22 Kilometer.
Fahrzeit 2 bis $2^1/_2$ Stunden.
Höhenunterschiede Leichte Steigungs- und Gefällstrecken im Grunewald; 600 Meter lange Gefällstrecke hinab zur Havel; 400 Meter Steigungsstrecke auf dem Wannseebadweg.
Karten Falk-Stadtplan Berlin.
Anmerkung Der Havel-Uferweg ist streckenweise sehr sandig; wer Schiebestrecken vermeiden will, bleibt bis zur Lieper Bucht auf der Havelchaussee, muß dann aber Steigungs- und Gefällstrecken in Kauf nehmen.
Wissenswertes *Villenviertel Grunewald:* Siehe Tour 12. – *Grunewald:* Siehe Tour 10. – *Havel:* Siehe Tour 1.

Strandbad Wannsee: In seiner jetzigen Form wurde das Bad Ende der 20er Jahre erbaut; es besitzt einen etwa 1000 Meter langen künstlichen Sandstrand.

Tourenbeschreibung Den *U-Bahnhof Heidelberger Platz* verlassen wir in Fahrtrichtung »Krumme Lanke«. Auf der kopfsteingepflasterten Straße *Heidelberger Platz* fahren wir zur nahen Mecklenburgischen Straße, die wir kreuzen und geradeaus auf der *Forckenbeckstraße* weiterradeln (Radweg). Zunächst durchfahren wir ein Industriegebiet, dann befinden sich links und rechts von uns Kleingartenkolonien, später Wohnhäuser. Wir sind im Wilmersdorfer Ortsteil *Schmargendorf.*

Nach einem Kilometer biegen wir links in die *Cunostraße* ein (Radweg). Hinter (!) dem Kissinger Platz rechts in die *Kissinger Straße.* Die Straße mündet in die *Berkaer Straße,* auf der wir nach rechts zum nahen *Hohenzollerndamm* fahren. Hier nach links (Radweg). Nach 500 Metern passieren wir die verkehrsreiche Kreuzung *Roseneck* und biegen dahinter (!) rechts in die ruhige *Königsmarckstraße* ein. Wir sind im *Villenviertel Grunewald.*

In die *Bernadottestraße* fahren wir kurz nach rechts, um sofort links in die Straße *Wildpfad* einzuschwenken. In die *Griegstraße* nach rechts. In den *Oberhaardter Weg* lenken wir rechts und folgen der Straße gleich nach links. Kurz darauf kreuzen wir die *Koenigsallee* und radeln geradeaus auf dem *Gottfried-von-Cramm-Weg* weiter. Über die Fußgängerpromenade *Gustav-Freytag-*

Halensee
Kurfürsten-
Lietzenburge
Wilmersdorf
Grunewald
Schmargen-
dorf
Eichkamp
Siedl.
AVUS
Stadtring
Nordkurve
Messe
Eichkamp
Zikaden-
Weg
Halensee
Seesener
Westfälische
Joach.-
Friedr.-
Krkho.
Branden
bur
Düsseldorfer
Str.
Konstanzer
Str.
Hohenzollernpl.
Damm
Güntzel-
Fehrbell. Pl.
Konstan
zer
Raths.
Berliner
gische S.
Blissestr.
Uhland
Str.
Ba
Hildegard S.
Heidelbgr.
Pl.
Det molder S.
Blisse-
Bunde
Bundespl.
Korso
Str.
100
Rudol
städter Str.
Stadion
Forckenbeck-Schmargendorf
burg.
S.
Str.
Hohenzollerndamm
Paulsborner
Str.
Krkhs.
Allee
Ly Allee
nar-
Str. Halensee
Trabener
Grunewald
Dianasee
Hubertussee
Bismarck-
Lassen
Hubertus-
Franzensb. S.
Berka
Hubertusbader S.
Teplitzer S.
Hohenzollern-
Raths.
Cuno-
Hundekehle-
Str. S.
Breite
Rheinb.
Mecklen-
Fontane-S.
Koenigs-
Hagen-
Rich. Strauß-S.
Hundekehle-
see
Hundekehle-
NSG
20
Fenn
Allee
Weg
E51
horn-
Weg
Eichkamp
0,0
0,5
1,0
1,5
2,0
2,5
3,0
3,5
82
83
84
55
56
57
58
34
35
21

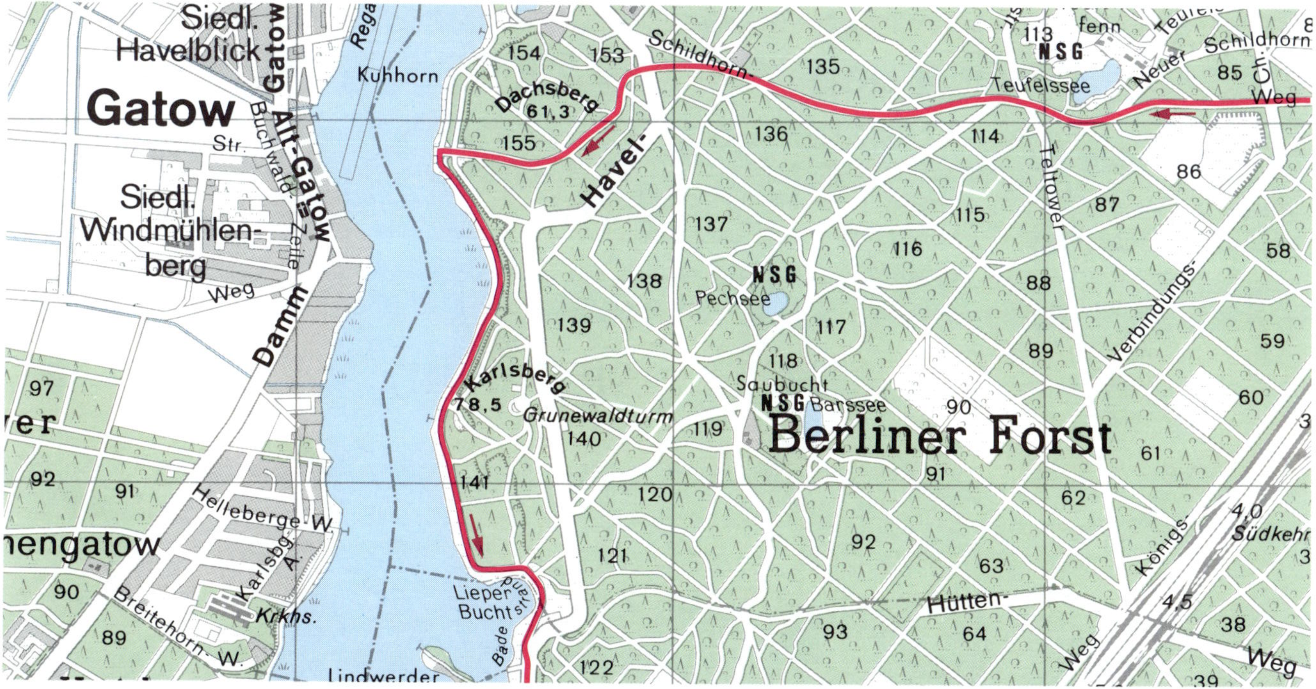

Siedl.
Havelblick
Gatow
Alt-Gatow
Buchwald-
Zeile
Str.
Siedl.
Windmühlen-
berg
Weg
Damm
Kuhhorn
Dachsberg
61,3
Schildhorn-
Havel-
Karlsberg
78,5
Grunewaldturm
Pechsee
NSG
Saubucht
Barssee
Berliner Forst
Teufelssee
fenn
Neuer
Schildhorn
Weg
Teltower
Verbindungs-
Königs-
Südkehr
Hütten-
Weg
Lieper
Bucht
Badestrand
Lindwerder
Helleberge W.
Karlsbg.
A.
Krkhs.
Breitehorn-W.
hengatow

Straße (rechts) und die *Douglasstraße* (links) erreichen wir die *Auerbacher Straße,* der wir nach links – parallel zum Bahndamm – folgen. Wir unterqueren die Bahnstrecke (S- und Fernbahn) sowie die Autobahn nach rechts und biegen danach nochmals rechts in die *Eichkampstraße* ein.

An der Endhaltestelle der Buslinie 219 (rechts der *S-Bahnhof Grunewald*) fahren wir nach links in den *Grunewald* hinein. An der nahen Wegegabelung nehmen wir halblinks den breiten Forstweg, der mit der Markierung *blauer Balken* gekennzeichnet ist und auf Karten als *Schildhornweg* bezeichnet wird. Nach 400 Metern kommen wir an der *Revierförsterei Eichkamp* (rechts) vorbei. Links sehen wir bald ein Gärtnereigelände. Hinter der Försterei beschreibt unser Weg eine leichte Rechtskurve. Anschließend geht es geradeaus weiter. Vor einer Kleingartenkolonie radeln wir halblinks weiter, kreuzen eine nahe Teerstraße und bleiben geradeaus. Links des Weges befindet sich das tieferliegende Gelände einer ehemaligen Kiesgrube.

Nach 900 Metern (ab Teerstraße) erreichen wir eine große Waldwegekreuzung. Halbrechts vor uns liegt die beliebte Badestelle *Teufelssee.* Wir bleiben auf dem *Blaubalkenweg* geradeaus. Am nahen Polizeimelder halten wir uns an der Gabelung leicht rechts und rollen ganz sanft bergab. Am Ende der kurzen Gefällstrecke kreuzen wir einen breiten, mit »blauen Punkten« markierten Weg. An der darauffolgenden Gabelung wählen wir den rechten Weg. Für etwa 1,3 Kilometer radeln wir auf dem gleichmäßig breiten, leicht gewundenen *Blaubalkenweg* sanft bergauf durch den schönen Mischwald.

Nach dieser Distanz folgen wir am Abzweig zum »Friedhof Grunewald-Forst« dem breiten Weg leicht nach links (Richtungsstein »Kuhhorn, Schildhorn«). Der Weg ist weiterhin mit *blauen Balken* gekennzeichnet. Wir kreuzen vorsichtig die nahe Teerstraße (Havelchaussee, kein Schild) und radeln geradeaus auf dem auf Karten als *Havelweg* bezeichneten Waldweg weiter, der in einer weiten S-Kurve bergabführt. Es folgt Flachstück, dann führt unser *Blaubalkenweg* hinab zur *Havel* (im Schlußstück sehr sandig).

In den Uferweg biegen wir links ein. Die Wegequalität bessert sich, aber es gibt immer wieder Passagen, die zum Schieben zwingen. Wir folgen dem Weg am Wasser bis zur *Lieper Bucht.* Hier fahren wir über den Parkplatz (Imbiss) zur nahen *Havelchaussee,* in die wir rechts einbiegen (Radweg mit Gegenverkehr). Nach etwa zwei Kilometern lenken wir an der Bushaltestelle »Großes Fenster« nach rechts in die gepflasterte Zufahrtsstraße zum Parkplatz. Kurz vor diesem Parkplatz lenken wir nach links und fahren hinab zur nahen *Havel.* Am Ufer nach links. Wir radeln am *Gro-*

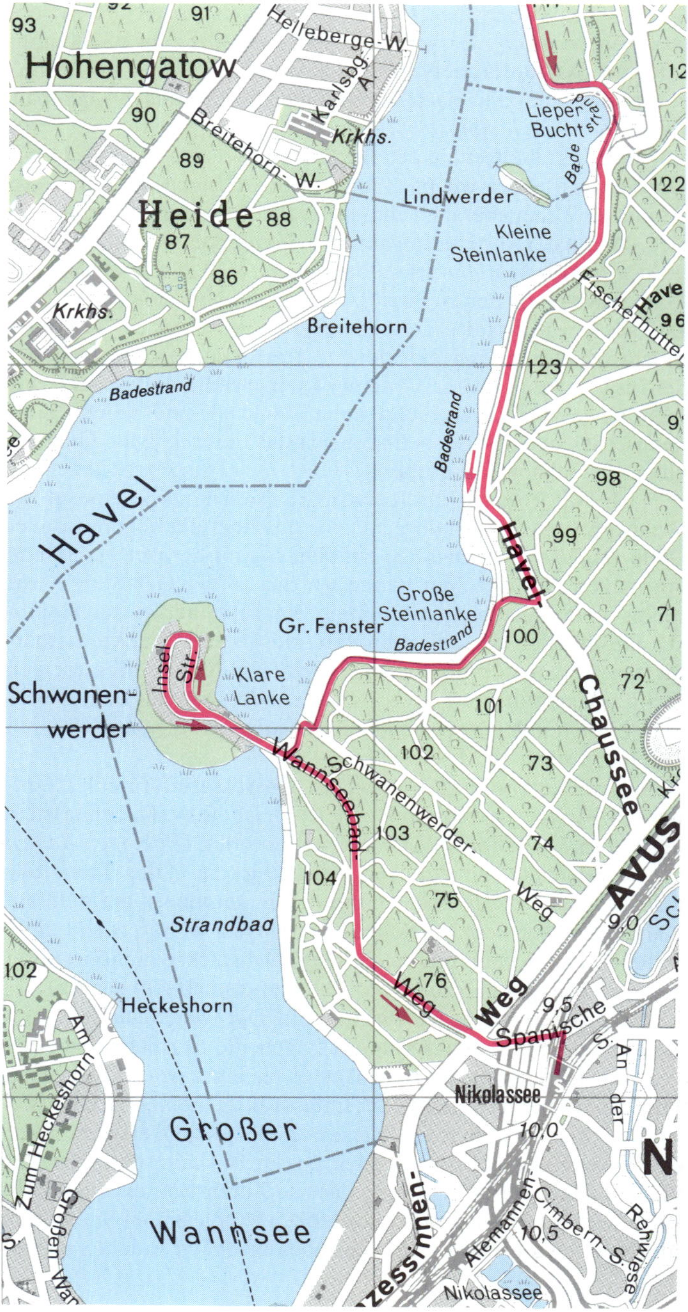

Hohengatow
Heide
Havel
Schwanenwerder
Großer Wannsee
Helleberge-W.
Karlsbg. A.
Krkhs.
Breitehorn-W.
Breitehorn
Badestrand
Lindwerder
Lieper Bucht
Badestr.
Kleine Steinlanke
Fischerhütten
Havel Chaussee
Große Steinlanke
Gr. Fenster
Insel-Str.
Klare Lanke
Wannseebad-Weg
Schwanenwerder-Weg
Strandbad
Heckeshorn
Am Heckeshorn
Zum Heckeshorn
Spanische Weg
Nikolassee
AVUS
An der Rehwiese
Alemannen-
Cimbern-S.
9,0
9,5
10,0
10,5

ßen Fenster (Badestelle) entlang (teilweise sandiger Weg) und erreichen nach 1,5 Kilometern eine öffentliche Straße, den *Wannseebadweg.*

Es bietet sich ein Abstecher nach rechts zur nahen Insel *Schwanenwerder* an, die zwar keine Ausblicke auf die Havel gestattet, aber wegen der Villen durchaus besuchenswert ist.

Wer die Insel nicht umfahren will, biegt in den *Wannseebadweg* links ein. Für 400 Meter steigt die Straße an. Wir kommen am *Strandbad Wannsee* vorbei und folgen weiter dem *Wannseebadweg* (jetzt Radweg). Wir kreuzen den Kronprinzessinnenweg und radeln geradeaus auf der *Spanischen Allee* weiter (Radweg). Kurz darauf überqueren wir die Autobahn und schieben nach der Brücke die Räder nach rechts durch die Einbahnstraße zum nahen *S-Bahnhof Nikolassee.*

14 U-Bahnhof Krumme Lanke – Grunewald – Saubucht – Naturschutzgebiete Teufelsfenn und Postfenn – U-Bahnhof Neu-Westend

Verkehrsmöglichkeiten U-Bahn bis Krumme Lanke, U-Bahn ab Neu-Westend.
Tourenlänge 12,5 Meter.
Fahrzeit $1^1/_2$ Stunden.
Höhenunterschiede Gering.
Karten Falk-Stadtplan Berlin.

Tourenbeschreibung Wir verlassen den *U-Bahnhof Krumme Lanke,* halten uns rechts und überqueren an der Ampelanlage die Argentinische Allee. Auf der *Fischerhüttenstraße* (Radweg) geht die Fahrt vorbei am Krankenhaus *Waldfriede.* Nach 750 Metern sehen wir rechts einen der Grunewaldseen, die *Krumme Lanke.* Wir bleiben geradeaus und fahren in den *Grunewald* hinein. Der *Fischerhüttenweg* ist nun ein breiter Erdfahrweg, der für den öffentlichen Kraftfahrzeugverkehr gesperrt ist (Markierung *blaues Kreuz*).

Unser *Blaukreuzweg* unterquert nach einem Kilometer Bahn und Autobahn. Nach den Unterführungen radeln wir geradeaus weiter, wählen aber rechts beziehungsweise links parallel verlaufende Wege, da der breite Hauptweg stellenweise sandig ist. Nach 750 Metern hinter der Autobahn biegen wir rechts in den breiten Waldweg ein (am Abzweig Hinweisstein »Heerstr. 7 km« und Reiterpiktogramm). Auf diesem Weg bleiben wir für 1,8 Kilometer geradeaus. Nachdem wir an einem eingezäunten militärischen

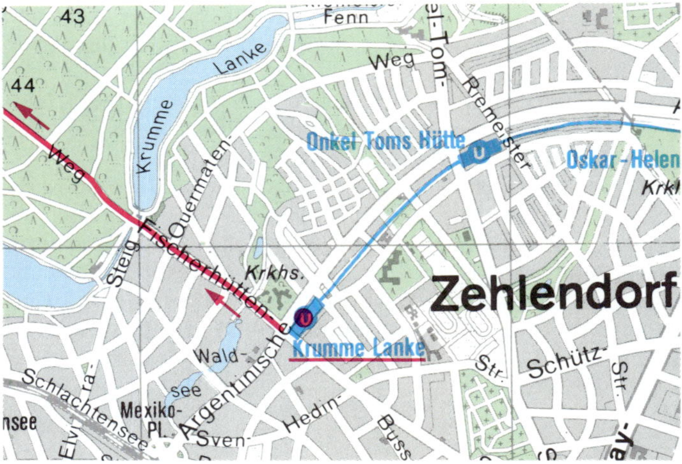

Sperrgebiet vorbeigekommen sind (links des Weges), biegen wir links in einen Forstweg ein, der wenig später mit einem *schwarzen Balken* gekennzeichnet ist.

Kurz hinter einer Waldwegekreuzung, an der rechts ein Polizeimelder steht, führt unser *Schwarzbalkenweg* leicht nach links bergab, und wir stoßen bald auf das eingezäunte Naturschutzgebiet *Saubucht* (rechts des Weges), in dem sich der nicht zugängliche *Barssee* befindet. Wir fahren am Zaun entlang leicht bergauf (weiterhin Markierung) und gelangen zum Haus der ehemaligen *Försterei Saubucht.*

Genau auf der Höhe des Hauses fahren wir in den Weg nach rechts, der am Grundstück entlangführt. Jetzt ist das Zeichen *rotes Dreieck* für uns maßgeblich. An der nahen Gabelung wählen wir den schmalen Weg bergab, der am Zaun bleibt. Der Weg mündet nach 20 Metern wieder in einen breiteren Weg, dem wir geradeaus folgen.

Der mit *roten Dreiecken* markierte Weg bringt uns nach etwa 500 Metern zum eingezäunten Naturschutzgebiet *Pechsee* (links des Weges). Wir bleiben auf dem *Dreiecksweg* und stoßen nach weiteren 1,5 Kilometern spitzwinklig auf einen breiten Forstweg, der auf Karten als *Schildhornweg* bezeichnet wird. An der Einmündung fahren wir leicht nach rechts, um an der nahen Waldwegekreuzung links in die *Alte Spandauer Poststraße* einzubiegen (kein Namensschild, Markierungen *blauer Punkt* und *R*). Rechts befindet sich das Naturschutzgebiet *Teufelsfenn.*

Wir radeln geradeaus und kommen am Naturschutzgebiet *Postfenn* vorbei (rechts des Weges). Bevor der bisherige Weg stärker

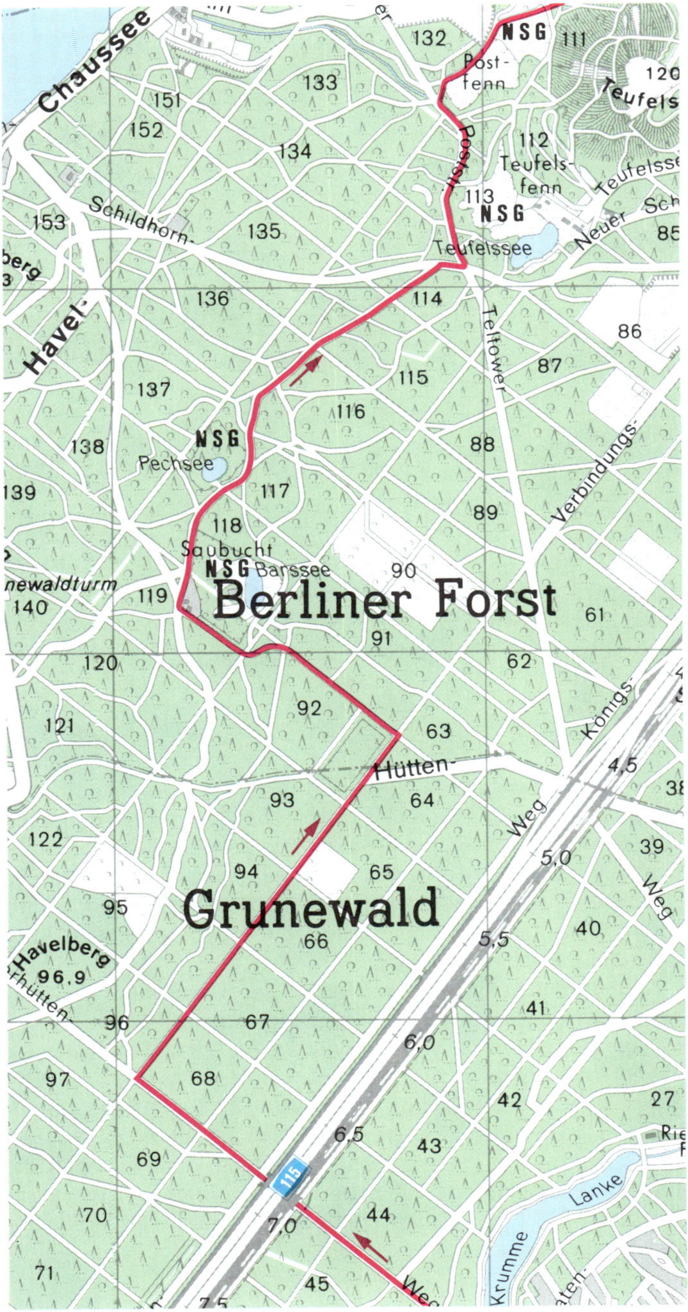
Chaussee
Havel-
Schildhorn-
NSG
Post-
fenn
Teufels
Poststr.
Teufels-
fenn
Teufelssee
Neuer
Teltower
Verbindungs-
Pechsee
Saubucht
Barssee
newaldturm
Berliner Forst
Königs-
Hütten-
Weg
Grunewald
Havelberg
96,9
Lanke
Krumme
115

bergaufführt, biegen wir rechts in den schmaleren Weg ein, der mit den Markierungen *R* und *roter Balken* gekennzeichnet ist. Auf dem schönen Weg fahren wir am *Postfenn* entlang, wobei wir dem Zeichen *R* folgen. Hinter dem Fenn wird der Weg breiter und führt leicht bergauf, und wir haben eine 150 Meter lange sandige Strecke zu bewältigen.

Wir erreichen die Auslaufstrecke der Rodelbahn, die vom künstlich aufgeschütteten Teufelsberg hinabführt (rechts des Weges). Wir folgen der Markierung *roter Balken* und erreichen die *Teufelsseechaussee,* in die wir links einbiegen (Radweg). Die Straße geht sogleich in die *Teufelsseestraße* über, auf der wir zur kreuzenden *Heerstraße* gelangen. Diese verkehrsreiche Ausfallstraße überqueren wir an der Ampelanlage und schieben die Räder auf der anderen Straßenseite wenige Meter nach rechts zur *Preußenallee,* in die wir dann links einbiegen und zum *U-Bahnhof Neu-Westend* radeln.

15 U-Bahnhof Krumme Lanke – S-Bahnhof Nikolassee – Großer Wannsee – Klein-Glienicke – Schloss Cecilienhof – Schloss Sanssouci – Potsdam – Babelsberg – Kohlhasenbrück – S-Bahnhof Wannsee – U-Bahnhof Krumme Lanke

Verkehrsmöglichkeiten U-Bahn bis/ab Krumme Lanke; unterwegs S-Bahnhöfe Mexikoplatz, Schlachtensee, Nikolassee und Wannsee.
Tourenlänge 34,5 Kilometer. **Fahrzeit** $3^1/_2$ bis 4 Stunden.
Höhenunterschiede 300 Meter lange Steigung hinauf zum Pfingstberg mit sich wenig später anschließender Gefällstrecke. 200 Meter lange Abfahrt vom Kapellenberg; ansonsten gering.
Karten Falk-Stadtplan Berlin und 1:100000 Mair-Radwanderkarte Berlin und Umgebung.
Anmerkung *Grenzweg:* Siehe Tour 1.
Wissenswertes *Nikolassee:* Ausgangspunkt für die Entstehung des vornehmen Villenviertels ab 1901 war der Bahnhof an der Linie nach Wannsee. Die seit 1910 selbständige Gemeinde wurde 1920 Teil des Bezirkes Zehlendorf. – *Wannsee/Stolpe:* Als slawische Siedlung »Stolpe« wurde das spätere Wannsee 1299 erstmals erwähnt. Ab 1863 wurde nordöstlich des Dorfes die Villenkolonie Alsen errichtet. Seit 1920 ist Wannsee ein Ortsteil von Zehlendorf. Der gleichnamige See ist eine Ausbuchtung der Havel. – *Havel:* Siehe Tour 1. – *Wannseevilla:* Hinter dem Grundstück Am Großen Wannsee Nr. 56–58 befindet sich die Villa, in der 1942 während der »Wannseekonferenz« über die Deportation und Ermordung der Juden in Europa entschieden wurde. Im Haus befindet sich heute eine Gedenkstätte. – *Flensburger Löwe:* Das Monument ist eine Kopie eines dänischen Siegesdenkmals, das nach dem deutsch-dänischen Krieg 1864 von den Deutschen geraubt wurde. Das Original wurde nach dem 2. Weltkrieg zurückgegeben. – *Pfaueninsel:* Bis zum Ende des 18. Jahrhunderts war die Insel Wildnis. Friedrich Wilhelm II. ließ 1794–97 ein kleines Schloss im Ruinenstil und einige andere Bauten errichten. Ab 1824 wurde die Insel von Lenné als Landschaftspark gestaltet. Zwischen Insel und Festland verkehrt eine Fähre. Das Radfahren ist allerdings auf der Pfaueninsel verboten. – *Sacrower Heilandskirche:* Siehe Tour 17. – *Schloss und Volkspark Klein-Glienicke:* Das Schloss mit seinen zahlreichen Nebengebäuden (Kasino, Kastell, Klosterhof, Kleine und Große Neugierde) ist die baukünstlerisch vielleicht bedeutendste Anlage in Berlin. Das Ensemble wurde zwischen 1824 und 1850 nach Plänen der Architekten Schinkel, Persius und von Arnim

geschaffen und bildet eine Einheit mit den Potsdamer Schlössern. Der weitläufige Landschaftspark ist ein Werk von Lenné. – *Jagdschloss Glienicke:* Der 1683 errichtete Bau wurde in den folgenden Jahrhunderten mehrfach umgebaut und erweitert. Heute dient das Barockschloss als Tagungsstätte. – *Glienicker Brücke:* Die Brücke, in deren Mitte die Grenze zwischen Berlin (West) und der DDR verlief, war Sinnbild des »Kalten Krieges«. Mehrmals wurden hier Agenten westlicher und östlicher Geheimdienste gegeneinander ausgetauscht. – *Potsdam:* Die heutige Hauptstadt von Brandenburg ist über 1000 Jahre alt. In einer Urkunde wurde der Ort als slawische Siedlung und Burg Poztupimi erstmals erwähnt. Nach der Eroberung durch deutsche Feudalherren im 12. Jahrhundert spielte die Stadt (seit dem 14. Jh.) zunächst kaum eine Rolle. Erst als Potsdam im 17. Jahrhundert Residenzstadt der brandenburgisch-preußischen Kurfürsten und Könige wurde, erlebte die Stadt ihre politische, kulturelle und wirtschaftliche Blütezeit. – *Neuer Garten und Schloss Cecilienhof:* Im kurz vor dem Ersten Weltkrieg für den Kronprinzen Wilhelm im Stil englischer Landsitze erbauten Schloss wurde im Sommer 1945 von Stalin, Churchill (später Attlee) und Truman das »Potsdamer Abkommen« beschlossen, mit dem die alliierten Siegermächte des Zweiten Weltkriegs die Zukunft Deutschlands festschrieben. – *Meierei:* Das Gebäude ist ein im vorletzten Jahrhundert umgebauter Wirtschaftshof im normannischen Burgenstil. – *Belvedere:* Das nach Skizzen von Friedrich Wilhelm IV. auf dem Pfingstberg geplante und nach Plänen von Persius, Stüler und Hesse teilweise ausgeführte Lustschloss wurde nie fertiggestellt und wird zur Zeit restauriert. – *Jüdischer Friedhof:* In den vierziger Jahren des 18. Jahrhunderts wurde das Gelände von Friedrich II. der jüdischen Gemeinde geschenkt. Ein jüdischer Friedhof darf nur mit bedecktem Kopf betreten werden. – *Russisch-Orthodoxe Kirche:* Der kleine Kuppelbau auf dem Kapellenberg wurde 1826–29 nach Plänen eines russischen Architekten erbaut. An der Innenausstattung war Schinkel beteiligt. – *Russische Kolonie Alexandrowka:* Die Blockhaussiedlung im russischen Stil wurde 1826 auf Befehl Friedrich Wilhelm III. für ehemalige russische Kriegsgefangene angelegt. Der Grundriss der Anlage gleicht einem Andreaskreuz. Nachfahren der ersten Bewohner leben noch heute in einigen Häusern. –

Schlosspark Sanssouci: Der Landschaftspark, in dem das Radfahren nicht gestattet ist, gehört zu den bedeutendsten Schlossanlagen in Deutschland. Die Bauten, u. a. Schloss Sanssouci, Neues Palais, Neue Orangerie, Chinesisches Teehaus, und der Park bilden eine harmonische Einheit von Landschaft und Architektur. –

Brandenburger Tor: Das einem römischen Triumphbogen nachempfundene Tor wurde 1770 nach Entwürfen Friedrich II. von den Architekten Gontard und Unger ausgeführt. –

Holländisches Viertel: König Friedrich Wilhelm, verwandt mit dem holländischen Haus Oranien, ließ für niederländische Einwanderer 134 Giebelhäuser im holländischen Landesstil errichten. Heute ist das reizvolle Viertel von Mietspekulationen bedroht. –

Schloss und Park Babelsberg: Gestalter des im Stil englischer Landschaftsparks angelegten Schloßparks waren Lenné und Pückler-Muskau. Das Schloss wurde von Schinkel 1833 entworfen und von Persius ausgeführt. Das neugotische »Kleine Schloss« am Havelufer (heute Gaststätte) entstand 1841 und das »Maschinenhaus« im Burgenstil an der Glienicker Lake 1843. –

Kohlhasenbrück: Die kleine Landhaussiedlung ist durch die Kleist'sche Novelle »Michael Kohlhaas« in die Weltliteratur eingegangen. Jener Kohlhaas soll hier in der Gegend einen Silbertransport überfallen und den Schatz nahe des heutigen Teltowkanals versteckt haben. –

Teltowkanal: Der 1906 eröffnete Kanal verbindet die Havel mit der Spree/Dahme.

Tourenbeschreibung Wir verlassen den *U-Bahnhof Krumme Lanke* in Fahrtrichtung. Auf der *Argentinischen Allee* (Radweg) fahren wir zum *Mexikoplatz* (S-Bahnhof). Hier biegen wir rechts in die Straße *Am Schlachtensee* (Radweg) ein. Wir radeln parallel zur S-Bahntrasse durch ein Villenviertel und kommen am *S-Bahnhof Schlachtensee* (Einkehrmöglichkeit) vorbei. Rechts können wir den Schlachtensee erblicken. Weiter geradeaus.

Die Straße *Am Schlachtensee* mündet in die bevorrechtigte *Spanische Allee,* in die wir für eine kurze Strecke links einbiegen. Hinter der nahen Bahnbrücke lenken wir rechts in die *Alemannenstraße.* Bald kommen wir am *S-Bahnhof Nikolassee* vorbei und fahren auf der *Alemannenstraße* geradeaus weiter. Wir überqueren wenig später die Autobahn und sehen kurz hinter der Brücke links den Nikolassee liegen. Auf Höhe des Sees lenken wir rechts in die schmale Straße *Nymphenufer* und unterqueren die S-Bahn (zwei Unterführungen). In den breiten *Kronprinzessinnenweg* (Radweg) biegen wir links ein.

Wir kommen am *S-Bahnhof Wannsee* vorbei und folgen noch ein Stück der Straße geradeaus. In die *Königstraße* (Radweg) biegen wir rechts ein und überqueren sogleich die *Wannseebrücke,* die den *Großen* vom *Kleinen Wannsee* trennt. In die Straße *Am Großen Wannsee* fahren wir nach rechts. Die Straße verläuft im leichten Auf und Ab parallel zum Großen Wannsee, doch ver-

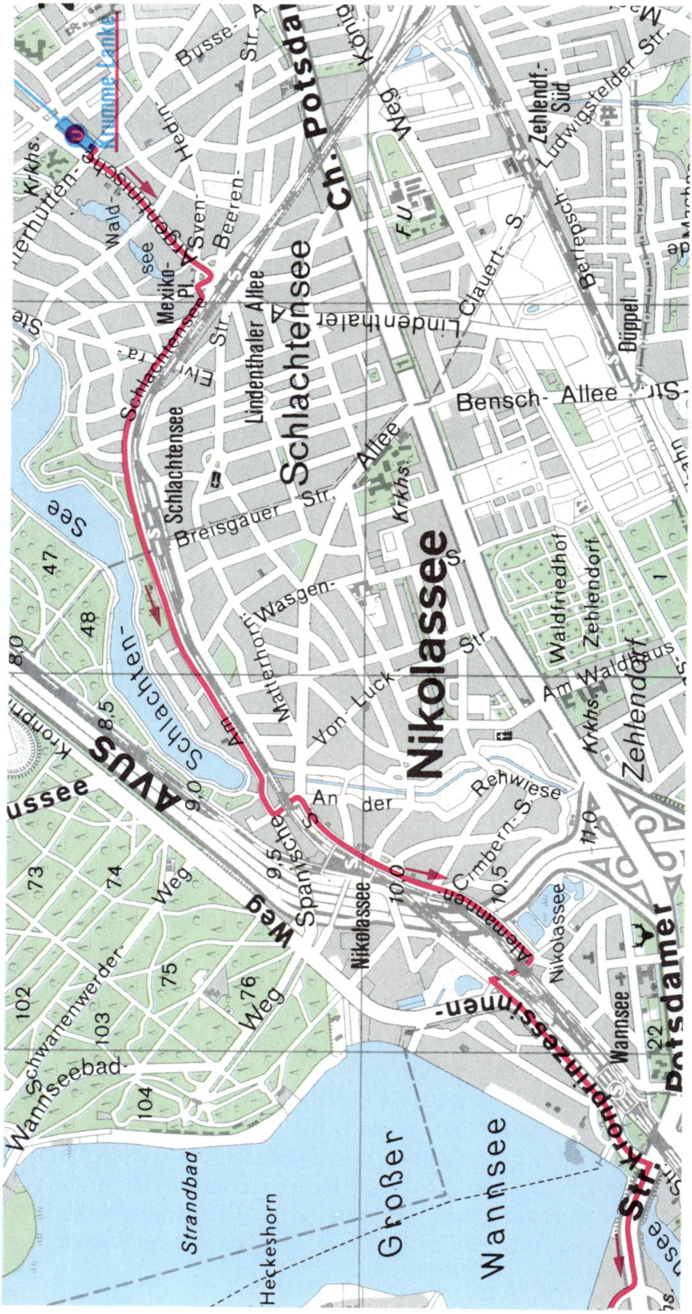
Krumme Lanke
Krkhs.
Wald-
see
Mexiko-
Pl.
Sven-
Hedin-
Busse-
Str.
Beeren-
Str.
Potsdamer
Ch.
Schlachtensee
Lindenthaler Allee
Schlachtensee
Schlachtensee
Breisgauer
Str.
Allee
Krkhs.
FU
Weg
Clauert-
Lindenthaler
Bensch-
Allee
Zehlendf.-
Süd
Ludwigsfelder
Str.
Berlepsch-
Düppel
Nikolassee
Wasgen-
Matterhorn-
Von-Luck-
Str.
Am
Waldfriedhof
Zehlendorf
Am Waldhaus
Krkhs.
Zehlendorf
Rehwiese
An der
Cimbern-
Alemannen
Spanische
Nikolassee
Nikolassee
Kronprinzessinnen-
Str.
Wannsee
Potsdamer
Schlachten-
See
47
48
8,0
8,5
9,0
9,5
10,0
10,5
11,0
AVUS
ussee
73
74
75
76
Weg
Weg
Weg
Schwanenwerder-
102
103
104
Wannseebad-
Strandbad
Heckeshorn
Großer
Wannsee
22

Spandauer St.
Pfaueninsel
NSG
Badestrand
Gr. Hämphorn
Sacrow
Meedehorn
Krampnitzer S.
Schloß
Fahr-S.
Bade- strand
Pfaueninsel-
Weg
Nikolskoe
Badestrand
Krughorn
Jungfern-
see
Berliner Wannsee
Volkspark
Kleinglienicke
Schloß Glienicke
Nikolskoer
König-
Schäferberg
103,2
Golf-
Chaussee-Str.
Alsen-
Krkhs.
Am Kleinen Str.
Kl. Wannsee
Wannsee
Bismarck-
Krkhs.
Hugo-Vogel-S.
Linden-S.
Ch.
Zum Heckeshorn
Am Großen Wannsee
Heckes
105
102
103
104
93
94
95
96
97
98
99
101
84
85
86
87
88
89
90
91
78
80
81
62
28

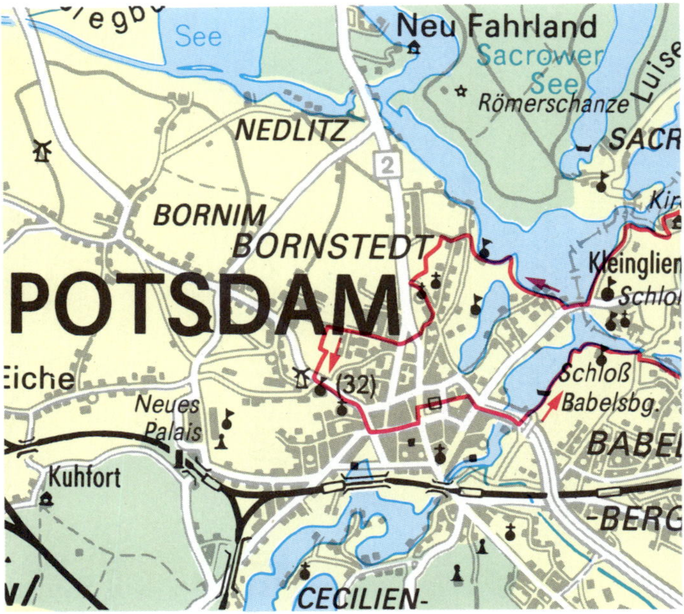

sperren Grundstücke vorerst den Blick auf das Wasser. Wenn nach 1,6 Kilometern (ab Königstraße) links die Straße *Zum Heckeshorn* abzweigt, finden wir rechts am nahen Ufer einige Einkehrmöglichkeiten und das Denkmal *Flensburger Löwe.*

Wir bleiben aber noch ein Stück weit auf der Straße *Am Großen Wannsee* geradeaus. Wenn die Straße eine scharfe Linkskurve beschreibt, steigen wir ab und schieben die Räder 100 Meter weit nach rechts durch eine Fußgängerpassage zum *Großen Wannsee.* In den Uferweg fahren wir nach links. Unsere Strecke folgt jetzt dem gut befahrbaren Weg am Ufer der *Havel* und weist schöne Ausblicke auf. Auf der linken Seite befindet sich der *Forst Düppel.* Am *Großen Tiefehorn* wendet sich unser Uferweg nach links. Später kommen wir an der *Rettungsstation Jagen 95* vorbei (Badestelle).

Nach 3,3 Kilometern mündet der Uferweg in die *Pfaueninsel-Chaussee* (kein Straßenschild). Wir halten uns rechts und sind wenig später an der *Fährstation zur Pfaueninsel.* Vor dem Fähranleger fahren wir nach links (Einkehrmöglichkeit) und stoßen rasch auf einen kombinierten Rad- und Fußweg, der weiter der *Havel* folgt. An der Bucht von *Moorlake* (Einkehrmöglichkeit im Gasthaus, einem ehemaligen Forsthaus, das nach Plänen von Per-

Kleinglienicke
Schloß Glienicke
König-
Glienicker Lake
Jagdschloß Glienicke
Böttcher-berg
66,4
Schloß Babelsberg
Park Babelsberg
Karl-Marx-
Allee nach Glienicke
Griebnitz-
see
Forst
Golf-
platz
Hahn-Meitner-Inst.
Glienicker S. Weg
Stölpchen-see
Stölpchen-
Kohlhasenbrücker Str.
Kohlhasenbrück
Chaussee-Str.
Alsen-
Krkhs.
Am Kleinen Wannsee
Krkhs.
Bismarck-
Pohlesee
Düppel
Kurfürsten-
NSG
Fenn
Königs-
Stolper
Albr. Teerofen
Machnower Str.
Nikolskoe
103,2
Scheffel-
Behring-
S.
Dom-
Fontane-Str.
Str.
Griebnitzsee
Alt-Nowawes
Karl-Liebknecht-S.
Rudolf-Breitscheid-
Str.
Stahnsdorfer
Beyer-S.
91
81
80
82
78
77
76
75
73
72
71
70
69
68
67
65
64
63
62
61
60
59
58
29
28
20
19
18

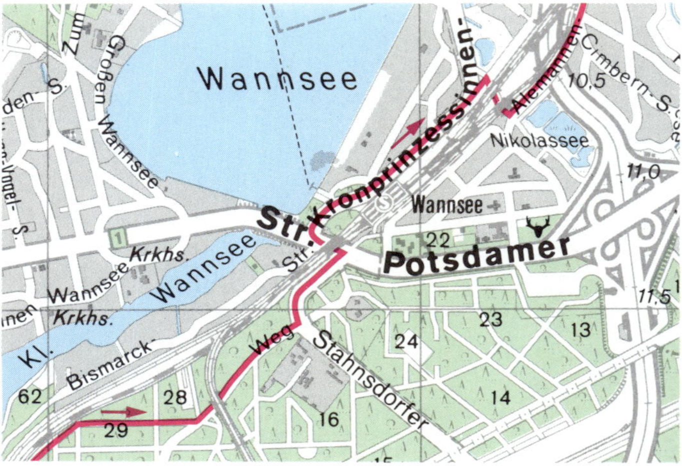

sius erbaut wurde) biegen wir in den Teerweg rechts ein und radeln weiter autofrei an der *Havel* entlang. Wir kommen am *Krughorn* vorbei und sehen hier am anderen Ufer die Sacrower Heilandskirche (siehe Tour 17). Auf unserer Seite befindet sich links des Uferweges das *Jägertor,* hinter dem der Volkspark Klein-Glienicke liegt. Wir folgen aber weiter dem Weg an der *Havel* und radeln außen am *Volkspark* und den Nebenbauten des *Schlosses Klein-Glienicke* entlang. Nach 1,2 Kilometern erreichen wir die *Königstraße.* Links sehen wir die *Große Neugierde,* vor uns auf der anderen Straßenseite das *Jagdschloss Glienicke.*

In die *Königstraße* biegen wir rechts ein und überqueren auf der nahen *Glienicker Brücke* die *Havel.* Wir sind jetzt in *Potsdam.* Hinter der Brücke lenken wir rechts in die *Schwanenallee* (Schild »Stadtwanderroute nach Sanssouci« und die Markierung *gelber Balken*). Wir überqueren wenig später den *Hasengraben* und sind im *Neuen Garten.* Im Park müssen wir auf die Spaziergänger Rücksicht nehmen. Das Radfahren ist offiziell verboten.

Wir wählen – uns rechts haltend – den Parkweg, der am *Jungfernsee* bleibt, der sich rechts von uns befindet. Links sehen wir den Heiligen See. Nach einem Kilometer kommen wir am *Schloss Cecilienhof* vorbei, das links unseres Parkweges liegt. Wir bleiben geradeaus und erreichen wenig später die *Meierei.* Geradeaus passieren wir die nahe Durchfahrt, kreuzen die bevorrechtigte Straße und fahren in Richtung »Restaurant am Pfingstberg« halblinks weiter.

Wir sind jetzt auf der *Großen Weinmeisterstraße* (Markierung *gelber Balken*) und fahren durch die *Nauener Vorstadt,* einem

Zehlendorf
Schlachtensee
Nikolassee
Schlachten-
See
Krumme Lanke
AVUS
Chaussee
Kronprinzessin
Weg
Spanische
Am
Schlachtensee
Argentinische
Mexiko-
Pl.
Wald-
see
Fischerhütten-
Steig
Krkhs.
Ch. Potsdamer Str.
Teltower
Clay-
Berlin
Lindenthaler Allee
Breisgauer Str.
Matterhorn
Wasgen-
Von-Luck-Str.
An der Rehwiese
Cimbern-S.
Alemannen
Lessinnen-
Sven-Hedin-
Beeren-Str.
Busse-
Schütz-Str.
König-
Weg
FU
Raths.
Hampstead
Seehof-
Mühlen-
Bensch-Allee
Clauert-S.
Zehlendf.-Süd
Berlepsch-
Ludwigsfelder
Machnower
Clas-
Leo-
Düppel
Waldfriedhof Zehlendorf
Am Wald
Wannsee
Nikolassee
8,0
8,5
9,0
9,5
10,0
10,5
11,0
47
48
73
74
75
76
101
102
103

Ortsteil von *Potsdam.* An der nahen Straßengabelung radeln wir halbrechts in die kopfsteingepflasterte Straße (*gelber Balken*), die leicht bergaufführt (nicht in die Sackgasse rechts). Nach 200 Metern biegen wir links in die geteerte, markierte Sackgasse ein und müssen für etwa 300 Meter bergaufradeln. Wir kommen am *Restaurant am Pfingstberg* vorbei und bleiben geradeaus. Bald verläuft unser Weg eben. Wenig später befindet sich links der Straße in einem schönen Gebäude das *Pflegeheim am Pfingstberg.* Anschließend folgen wir dem Erdfahrweg nach halbrechts und radeln dann geradeaus zum nahen, jüngst restaurierten *Belvedere.*

Die Markierung *gelber Balken* leitet uns nach links um die Ruine herum. Anschließend folgen wir dem sandigen Waldweg bergab. Hinter der Mauer beziehungsweise dem Zaun befindet sich rechts des Weges der *Jüdische Friedhof.* Rasch erreichen wir eine kreuzende Kopfsteinpflasterstraße (Puschkinallee; kein Schild). Wir bleiben auf dem markierten Erdfahrweg geradeaus und fahren zur nahen *Russisch-Orthodoxen Kirche* auf dem *Kapellenberg.* Wir radeln rechts am Gotteshaus entlang und folgen anschließend halblinks dem breiten, von Laternen gesäumten Weg. Bergab rollen wir zu einer öffentlichen Teerstraße (*Puschkinallee;* kein Schild), auf der wir geradeaus weiterradeln.

Bald begleiten Straßenbahngleise unsere Straße, und wir sehen das erste Blockhaus der *Russischen Kolonie Alexandrowka.* Wenig später überschreiten wir das Gleis nach halbrechts und radeln auf der breiten Schotterstraße durch die *Russische Kolonie.* Nach 200 Metern kreuzen wir eine Vorfahrtsstraße und folgen weiter der Schotterstraße. Nach weiteren 200 Metern überqueren wir vorsichtig die nächste bevorrechtigte Straße und fahren geradeaus auf der geteerten *Pappelallee* weiter (die Markierung »gelber Punkt« beachten wir nicht mehr).

Die relativ stark befahrene Straße besitzt einen Radweg. In die zweite Seitenstraße biegen wir links ein (am Abzweig eine Bushaltestelle). Wir sind auf der kopfsteingepflasterten *Ruinenbergstraße* und radeln durch eine Wohnsiedlung der Zwanziger Jahre. Am Ende der Straße lenken wir kurz nach links, um nach 10 Metern rechts in den Erdweg zu fahren. Auf diesem Waldweg (links Kleingärten), der sich bald zu einem Erdfahrweg verbreitert, radeln wir geradeaus zur kreuzenden *Bornstedter Straße* (kein Straßenschild), in die wir links einbiegen (Radweg). Kurz darauf sind wir an einer verkehrsreichen Kreuzung, die wir vorsichtig überqueren.

Wir bleiben auf der *Bundesstraße 273* (= *Schopenhauerstraße*) geradeaus (Radweg). Rechts der Straße befindet sich der *Schloss-*

park Sanssouci. An der Ampelkreuzung fahren wir vorsichtig nach halbrechts (Radweg). Nach 200 Metern lenken wir am *Brandenburger Tor* nach links und schieben die Räder durch die Fußgängerzone der *Brandenburger Straße* durch das Potsdamer Einkaufs- und Stadtzentrum.

Wir kreuzen die Friedrich-Ebert-Straße und bleiben auf der *Brandenburger Straße* noch ein Stück weit geradeaus. Vor der *Peter-Pauls-Kirche* (1867–70 erbaut) fahren wir nach links. Am Platzrand biegen wir rechts in die *Gutenbergstraße* ein (vorerst kein Straßenschild; später Radweg) und rollen an den denkmalgeschützten Häusern des *Holländischen Viertels* entlang. Wir folgen dieser Straße bis zur Vorfahrtsstraße, in die wir halbrechts einbiegen. An der nahen Ampelkreuzung bleiben wir vorsichtig geradeaus (Radweg) radeln auf der *Humboldtbrücke* über die *Havel.*

Hinter der Brücke biegen wir scharf rechts ab, fahren auf dem kleinen Weg zum Fluss hinunter und rollen nach rechts unter der Brücke hindurch. Wir folgen dem Uferweg und sind bald am *Schlosspark Babelsberg.* Das Bootsgelände am Parkanfang und das Strandbad umfahren wir und folgen anschließend dem geteerten Sträßchen am Havelufer. Wir kommen am *Kleinen Schloss* vorbei und radeln weiter auf dem Feinschotterweg am Wasser entlang.

Wenig später sind wir an der Einmündung der *Glienicker Lake* in die *Havel.* Wir folgen dem Weg nach rechts und radeln nun an der *Glienicker Lake* entlang. Wir kommen am *Maschinenhaus* vorbei. Am Ufer weiter. Hinter der *Parkbrücke* (nicht hinüber) bleiben wir noch ein Stück weit geradeaus und folgen dann der öffentlichen Straße nach rechts. Wir überqueren die nahe kreuzende Straße *Allee nach Glienicke* und fahren auf der *Wasserstraße* geradeaus weiter.

Nach wenigen Metern stoßen wir wieder auf einen kombinierten Rad- und Fußweg, auf dem wir nach links zum Ufer des *Griebnitzsees* hinunterfahren. Der Weg war einst der *Grenzweg* der DDR-Truppen. Für 3 Kilometer bleiben wir am Seeufer. Nach dieser Distanz führt der Grenzweg nach rechts zu einer nahen öffentlichen Straße (*Stubenrauchstraße;* vorerst kein Schild), in die wir halblinks einbiegen.

Kurz darauf sind wir wieder in *Berlin* und zwar im Zehlendorfer Ortsteil *Kohlhasenbrück.* In die *Neue Kreisstraße* lenken wir nach links. In die *Bäkestraße* fahren wir nach rechts und unterqueren zwei Bahnbrücken. In den *Königsweg* biegen wir links ein und überqueren auf der *Nathanbrücke* den *Teltowkanal.* Hinter der Brücke fahren wir nach links parallel zum Kanal. Nach 100 Metern biegen wir rechts in den *Bürgermeister-Stieve-Weg* ein und radeln auf diesem autofreien Waldweg im leichten Auf und

Ab entlang der Fernbahntrasse durch den *Düppeler Forst.* Nach etwa 1,8 Kilometern kommen wir an einem einzelnstehenden Haus vorbei und folgen 100 Meter später dem Weg nach rechts. Unser Weg mündet nach 600 Metern in einen breiten Waldweg, der auf Karten als *Kurfürstenweg* bezeichnet wird und in den wir links einbiegen (zur Orientierung: an der Einmündung steht ein Holzschild mit der Aufschrift »Bürgermeister-Stieve-Weg«).

Wir folgen dem breiten Erdfahrweg, bis er nach 500 Metern in eine kreuzende Teerstraße mündet. Hier nach links. Auf der bald kopfsteingepflasterten Straße erreichen wir die *Königstraße,* in die wir vorsichtig links einbiegen und sogleich die Bahnbrücke unterqueren (Radweg). In den *Kronprinzessinnenweg* lenken wir nach rechts (Radweg), fahren am *S-Bahnhof Wannsee* vorbei und kehren auf der vom Hinweg bekannten Route zum *U-Bahnhof Krumme Lanke* zurück.

16 U-Bahnhof Krumme Lanke – S-Bahnhof Schlachtensee – Rehwiese – Nikolassee – S-Bahnhof Wannsee – Pohlesee – Stölpchensee – Griebnitzsee – Stolpe – S-Bahnhof Wannsee – S-Bahnhof Schlachtensee – U-Bahnhof Krumme Lanke

Verkehrsmöglichkeiten U-Bahn bis/ab Krumme Lanke; unterwegs S-Bahnhöfe Mexikoplatz, Schlachtensee, Nikolassee und Wannsee.
Tourenlänge 25,5 Kilometer.
Fahrzeit $2^1/_2$ bis 3 Stunden.
Höhenunterschiede 300 Meter lange Steigung in Nähe des Böttcherberges; ansonsten gering.
Karten Falk-Stadtplan Berlin.
Wissenswertes *Nikolassee* und *Wannsee/Stolpe:* Siehe Tour 15. – *Kleistgrab:* Der Dichter Heinrich von Kleist und seine Lebensgefährtin Henriette Vogel wählten an dieser Stelle den Freitod.

Tourenbeschreibung Der erste Streckenabschnitt vom *U-Bahnhof Krumme Lanke* bis zur *Spanischen Allee* ist identisch mit dem Anfang der Tour 15.

In die *Spanische Allee* biegen wir links ein und unterqueren die Bahnbrücke. Hinter der Unterführung lenken wir rechts in die Straße *An der Rehwiese.* Diese Straße ist zum größten Teil gepflastert, doch sie besitzt einen Teerrandstreifen, der allerdings oft zugeparkt ist. Unsere Straße folgt, leicht gewunden, der Parkan-

Krumme Lanke
Krkhs.
Wald-
see
Mexiko-
Pl.
Argentinische
Sven-
Hedin-
Beeren-
Busse-
Str.
Schlachtensee
Lindenthaler Allee
Schlachtensee
Breisgauer
Str.
Ch. Potsda
Schlachten-
See
47
48
AVUS
8,5
9,0
9,5
Am
Matterhorn
Wasgen-
Spanische
S.
An
der
Rehwiese
Von Luck
Allee
Krkhs.
Nikolassee
10,0
10,5
11,0
Nikolassee
Cimbern-S.
Alemannen-
Kronprinzessinnen-
Wannsee
22
Potsdamer
Str.
Zehlendorf
Waldfriedhof
Zehlendorf
Am Waldhaus
Krkhs.
Bensch- Allee
Lindenthaler
Clauert- S.
FU
Weg
Zehlendf.-
Süd
Berlepsch-
Ludwigsfelder Str.
Düppel
102
103
104
73
74
75
76
Wannseebad-
Schwanenwerder-
Weg
Weg
Strandbad
Heckeshorn
Großer
Wannsee
Kronprinzessinnen-

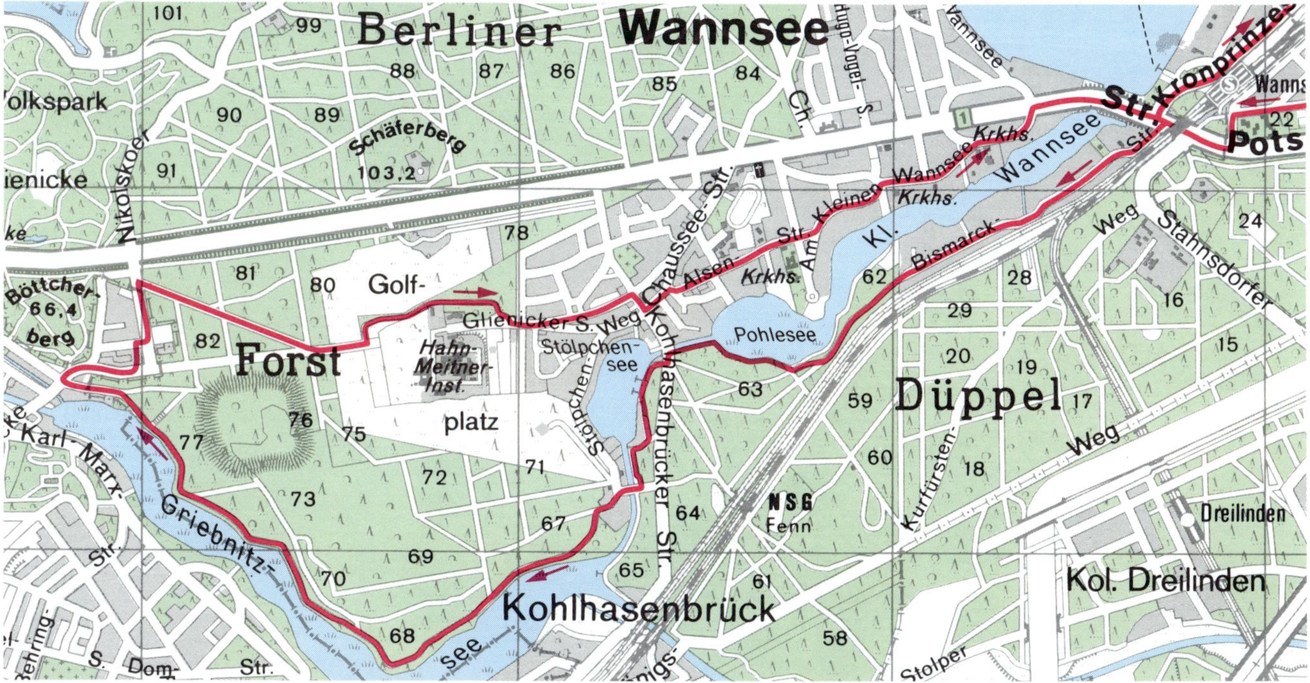

Berliner
Wannsee
Volkspark
Schäferberg
103,2
Nikolskoer
Hugo-Vogel-S.
Ch.
Vannsee
Str. Kronprinzen
Wanns
Pots
Krkhs.
Wannsee
Wannsee
Krkhs.
Am Kleinen
Str.
Alsen-
Krkhs.
Chaussee-Str.
Kl.
Bismarck-
Str.
Stahnsdorfer
Weg
Böttcher-
66,4
berg
Golf-
platz
Glienicker S. Weg
Kohlhasenbrücker Str.
Stölpchensee
Stölpchen-
Pohlesee
Forst
Hahn-Meitner-Inst.
Düppel
Kurfürsten-
Weg
NSG
Fenn
Dreilinden
Kol. Dreilinden
Kohlhasenbrück
Griebnitz-
see
Karl-Marx-
Str.
Dom-
S.
Str.
Stolper

lage *Rehwiese,* die eine natürliche Fortsetzung der Grunewaldseenkette bildet. Wir sind im Villenviertel *Nikolassee* und fahren an stattlichen Häusern vorbei.

Kurz vor dem südlichen Ende der Parkanlage – 150 Meter hinter dem Grundstück *An der Rehwiese Nr. 31* – biegen wir links in die gepflasterte Zufahrt zum Wasserwerk Nikolassee ein. Vor dem nahen Tor fahren wir rechts in den Erdweg, der uns durch ein Wäldchen zur Autobahnunterführung bringt. Hinter der Schnellstraße befindet sich der *Nikolassee.*

Am See wenden wir uns nach links und schieben die Räder auf dem Fußgängerweg 100 Meter weiter. Nach dieser kurzen Distanz können wir wieder radeln und fahren rechts in den kleinen Erdweg, der am See entlangführt. An der nahen Wegegabelung (50 m später) wählen wir den linken (!) Weg, der parallel zu den Grundstückszäunen verläuft. In den schmalen Fußgängerweg *Nikolassteig* biegen wir links ein und erreichen zu Fuß die nahe *Lohengrinstraße* (kein Straßenschild), in die wir nach links lenken. In die *Dreilindenstraße* fahren wir nach rechts. Kurz vor dem *S-Bahnhof Wannsee* biegen wir links in die *Nibelungenstraße* ein und radeln zur nahen *Potsdamer Chaussee.* Hier nach rechts.

Auf dem Radweg dieser verkehrsreichen Straße unterqueren wir sogleich die Eisenbahnbrücken und biegen anschließend vorsichtig links in die kopfsteingepflasterte *Bismarckstraße* ein. Diese Straße verläuft parallel zum Kleinen Wannsee, den wir aber nicht sehen können. Schräg gegenüber des Grundstückes Nr. 1A befindet sich auf der rechten Straßenseite der Zugang zum *Kleistgrab,* das sich in einer kleinen Parkanlage befindet.

Wir bleiben weiter auf der *Bismarckstraße.* An ihrem Ende fahren wir ganz leicht links auf einem Erdfahrweg in den *Düppeler Forst* hinein. Nach 400 Metern kommen wir zu einer kleinen Lichtung und sehen rechts von uns den *Pohlesee,* der die Fortsetzung des Kleinen Wannsees bildet. Hinter den nahen Holzabsperrungen wechseln wir nach rechts zum Uferweg, wenden uns nach links und radeln am *Pohlesee* entlang.

Wir erreichen den *Prinz-Friedrich-Leopold-Kanal,* der den Pohlesee mit dem Stölpchensee verbindet. Auf dem Weg am Kanal gelangen wir an der *Alsenbrücke* zur *Kohlhasenbrücker Straße,* in die wir links einbiegen (Einkehrmöglichkeit). Nach wenigen Metern lenken wir rechts in die Zufahrtsstraße zum Restaurant *Stölpchensee.* 20 Meter später radeln wir in den ersten Waldweg nach links. Oberhalb des *Stölpchensees* führt dieser Weg an Grundstücken entlang. Der Weg wird schmaler und mündet schließlich in einen breiten Erdweg, dem wir nach rechts folgen. Wir erreichen wieder den *Prinz-Friedrich-Leopold-Kanal,* der diesmal den

Krumme Lanke
Schlachtensee
Nikolassee
Zehlendorf
Wannsee
Düppel
Zehlendf.-Süd
Ch. Potsdamer Str.
Potsdamer
AVUS
Schlachten-see
Mexiko-Pl.
Argentinische
Lindenthaler Allee
Spanische Weg
Am Matterhorn
Breisgauer Str.
Wasgen-Str.
Von-Luck-Str.
An der Rehwiese
Alemannen
Cimbern-S.
Kronprinzessinnen-
Waldfriedhof Zehlendorf
Am Waldhaus
Bensch-Allee
Clauert-S.
Berlepsch-
Ludwigsfelder Str.
Machnower
Machnower Busch
Stammbahn
Königs-
König-Weg
FU
Krkhs.
Raths.
Teltower
Beeren-
Sven-Hedin-
Busse-
Wald-see
Schlachtensee
Elvira
Heide
Clas-
Schüt
8,5
9,0
9,5
10,0
10,5
11,0
11,5
48
74
75
76
103
104
22
12
1
2

Stölpchensee mit dem Griebnitzsee verbindet. Wir folgen dem Weg am Kanal entlang, bis er an der *Hubertusbrücke* in den *Stölpchenseeweg* mündet.

Wir fahren nach rechts und überqueren die Brücke. Anschließend biegen wir links in den Erdfahrweg ein (Einkehrmöglichkeiten). Wenn die Grundstücke aufhören, lenken wir an der Gabelung nochmals nach links und erreichen auf diesem Waldweg rasch den *Griebnitzsee.*

Unsere Strecke führt jetzt für geraume Zeit am See entlang, zunächst direkt am Ufer, später etwas oberhalb. An einem Wetterschutzpilz (1,4 km ab Hubertusbrücke) gabelt sich der Weg. Wir wählen den rechten, breiteren Forstweg. Am nahen Polizeimelder bleiben wir geradeaus. Jetzt führt unser Weg wieder zum Ufer hinunter, und wir radeln am See entlang. An der gegenüberliegenden Seite sehen wir die Villen von Babelsberg (siehe Tour 15). An einer alten Grundstücksmauer führt unser Weg leicht vom Ufer fort. An der nahen Gabelung halten wir uns leicht links und verlassen das Berliner Stadtgebiet.

Kurz darauf fahren wir geradeaus auf einem Teersträßchen an Häusern entlang, die zu *Babelsberg* gehören. In die nahe kopfsteingepflasterte Straße *Am Böttcherberg* (kein Schild) biegen wir rechts ein und müssen sogleich bergauffahren. Nach der gröbsten Steigung besitzt die Straße einen Betonplattenbelag. Auf der *Wannseestraße* radeln wir geradeaus weiter (bergauf). Am Ende der Steigung, an der Straßeneinmündung, halten wir uns links, um wenig später rechts in die kopfsteingepflasterte Straße *Am Waldrand* einzubiegen. Nach 30 Metern fahren wir nach links in die geteerte Straße.

An der Ortstafel biegen wir scharf rechts in den *Roedenbecksteig* ein und sind wieder in *Berlin.* Nach wenigen Metern ist diese breite Teerstraße für den motorisierten Verkehr gesperrt. Wenn die Asphaltstraße nach 800 Metern nach rechts führt, bleiben wir auf der kopfsteingepflasterten Straße in Richtung »Erdfunkstelle« geradeaus. Wir fahren jetzt durch einen Golfplatz, der sich rechts und links der Straße befindet. Hinter dem Gelände nach links in den geteerten Radweg, der um das eingezäunte *Hahn-Meitner-Institut für Kernforschung* herumführt.

Wir bleiben auf dem Radweg, bis er in die *Glienicker Straße* mündet, in die wir dann links einbiegen. An der nahen Straßengabelung bleiben wir auf der *Schäferstraße* geradeaus und erreichen später den *Wilhelmplatz* (Einkehrmöglichkeit), der das Zentrum von *Stolpe* bildet.

Am Platz fahren wir kurz nach rechts, um hinter der *Dorfkirche* (1858–59 von Stüler erbaut) links in die *Chausseestraße* einzubiegen. Nach 150 Metern radeln wir nach rechts in die *Alsenstraße.* Diese Straße mündet nach 650 Metern in die Straße *Am Kleinen Wannsee,* in die wir nach links lenken. Wir radeln durch das Villenviertel, bis wir die *Königstraße* erreichen, in die wir rechts einbiegen (Radweg).

Wir überqueren nun die *Wannseebrücke* und fahren nach links in den *Kronprinzessinnenweg* (Radweg). Bald kommen wir am *S-Bahnhof Wannsee* vorbei. Der Rückweg zum *U-Bahnhof Krumme Lanke* ist mit dem Hinweg der Tour 15 identisch.

17 S-Bahnhof Wannsee – Kladow – Groß-Glienicke – Sacrower See – Sacrow – Kladow – Wannsee

Verkehrsmöglichkeiten S-Bahn bis/ab Wannsee.
Tourenlänge 24 Kilometer (inklusive Fährstrecke).
Fahrzeit 3 bis $3^1/_2$ Stunden.
Höhenunterschiede Je eine 300 Meter lange Steigung in Kladow und am Groß-Glienicker See; hügeliges Gelände zwischen Sacrow und Kladow; 500 Meter lange Gefällstrecke auf dem Sacrower Kirchweg.
Karten Falk-Stadtplan Berlin.
Anmerkung *Grenzweg:* Siehe Tour 1. *BVG-Fähre Wannsee–Kladow:* Abfahrtszeiten in Wannsee: werktags stündlicher Verkehr von 6–19 Uhr, sonn- und feiertags stündlicher Verkehr von 10–18 Uhr. Abfahrtszeiten von Kladow: täglich stündlicher Verkehr. Die Überfahrt dauert jeweils etwa 20 Minuten. Da die Mitnahmekapazität für Fahrräder begrenzt ist, kann es an schönen Wochenenden zu Engpässen kommen. BVG- und S-Bahn-Fahrscheine haben auf der Fähre Gültigkeit.
Wissenswertes *Wannsee:* Siehe Tour 15. – *Havel:* Siehe Tour 1. – *Kladow:* Das ehemalige slawische Dorf wurde 1267 erstmalig urkundlich erwähnt. Sehenswert sind der Dorfanger mit Kirche (14. Jh.) und einige alte Bauernhäuser. – *Flughafen Gatow:* Siehe Tour 9. – *Groß-Glienicke:* Sehenswert ist die Dorfkirche, ein Feldsteinbau aus dem 13. Jahrhundert mit reicher Innenausstattung. – *Sacrow:* Das ehemalige Schloss im von Lenné gestalteten Park wurde von Persius zur Predigerwohnung im italienischen Landhausstil umgebaut. Die Heilandskirche am Jungfernsee, ein einschiffiger Backsteinbau mit freistehendem Glockenturm, wurde ebenfalls nach Plänen von Persius erbaut. Die Kirche kann dienstags bis freitags von 10.30–17.30 Uhr und sonnabends und sonntags von 10–18.30 Uhr besichtigt werden.

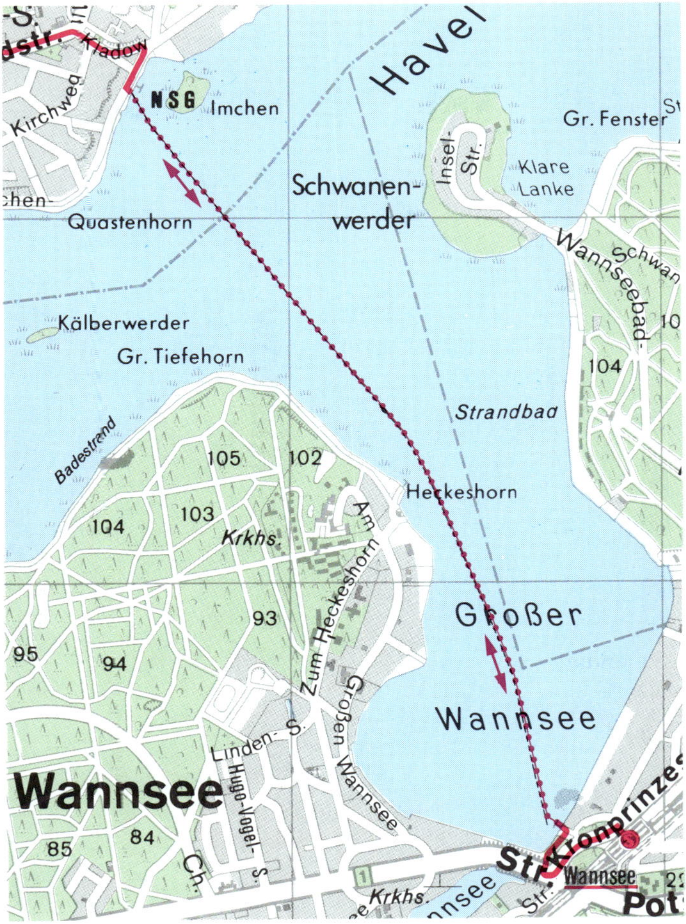

Tourenbeschreibung Wir verlassen den *S-Bahnhof Wannsee* in Richtung »Anlegestelle«. Vom Bahnhofsvorplatz fahren wir nach links in den *Kronprinzessinnenweg* (Radweg). An der Kreuzung mit der Königstraße führt rechts ein Weg (Rollstuhlsymbol) hinunter zu den Schiffsanlegeplätzen am *Großen Wannsee*. Wir nehmen die BVG-Fähre, die von der »Brücke B« ablegt.

Nach der zwanzigminütigen Fahrt über den *Großen Wannsee* und die *Havel* verlassen wir das Fährschiff in *Kladow*. In die Uferstraße, *Imchenallee*, lenken wir nach rechts. Am nahen *Imchenplatz* fahren wir nach links in die bergaufführende Straße *Alt-Kladow*. In die relativ stark befahrene *Sacrower Landstraße* biegen

Flugplatz Gatow
94
93
92
Hohenga
102
90
Potsdamer
Berg-Str.
Dorf-Str.
Sakrower
Promenade
Gr.-Glienicker See
Bad
Prom.
tterfeld.
See-Korso
Allee
Ufer-
Wald-
Str.
84
R.-Wagner-S.
Krkhs.
Kladow
Gr.-Glienicke
See-
Staatsforst
Allee
Krampnitzer Weg
Krampnitzer
Selbitzer
Hottengrund-W.
Wickram-S.
85
Finnenhs.-S.
Weg
Landstr.
Damm
Kladower
Alt-Kladow
Kirchweg
Allee
Badestran
Havel
NSG
Imchen
Potsdam

wir links ein. Nach 500 Metern geht es halbrechts in den *Krampnitzer Weg.* Auf der ruhigen Straße radeln wir durch eine Einfamilienhaussiedlung. Nach 1,7 Kilometern lenken wir am Campingplatz rechts in eine Teerstraße (*Verlängerte Uferpromenade*). Die Straße führt uns zum *Groß-Glienicker See* (Einkehrmöglichkeit, Badestelle). Auf der Straße *Uferpromenade* fahren wir in Seenähe durch eine Villensiedlung. Nach 1,1 Kilometern (ab Badestelle) folgen wir der Straße nach rechts, leicht bergaufradeln.

Vor dem ehemaligen *Flughafen Gatow* biegen wir vorsichtig links in den *Ritterfelddamm* ein (Radweg). 400 Meter weiter lenken wir an der Ampel links in die *Gutsstraße* und fahren auf dieser Kopfsteinpflasterstraße durch das *Gut Groß-Glienicke-West.* Auf dem kombinierten Fuß- und Radweg verlassen wir bald das Berliner Stadtgebiet und radeln geradeaus durch den ehemaligen Grenzstreifen.

Vor den ersten Häusern von *Groß-Glienicke* fahren wir halblinks in den früheren *Grenzweg* der DDR-Truppen, der direkt am *Groß-Glienicker See* entlangführt. Auf dem aussichtsreichen Weg radeln wir zur Südspitze des Sees. Hier biegen wir in die öffentliche Straße *Seepromenade* (kein Schild) links ein und radeln noch ein kurzes Stück am See entlang.

An der Straßengabelung kurz hinter dem Gewässer halten wir uns in Richtung »Sacrower See« halbrechts (bald Kleinpflasterbelag). Am Waldrand bleiben wir in Richtung Hotel Waldfrieden auf dem Verbundsteinweg geradeaus. Nach 300 Metern erreichen wir den Eingang zum Hotelgelände. Hier halbrechts (Schild »Zum Strand«). Auf dem sehr holprigen Weg schieben wir die Räder zum nahen Strand (gute Bade- und Raststelle) am *Sacrower See.* In den gut befahrbaren Uferweg biegen wir rechts ein. Nach 300 Metern geht der Weg in eine Fahrstraße über, auf der wir am See zum *Institut für Binnenfischerei* gelangen. Auf einem schmalen Weg müssen wir das Institutsgelände landeinwärts am Zaun entlang umfahren. Anschließend folgen wir wieder dem Uferweg. Nach 700 Metern müssen wir ein weiteres Mal das Seeufer verlassen, um diesmal einen verlandenden Seebereich zu umfahren (später »weiß-grün-weiße« Markierungen beachten). Danach geht es wieder für weitere 1,6 Kilometer am Seeufer entlang.

Bei den ersten Häusern von *Sacrow* radeln wir halblinks auf der öffentlichen Teerstraße weiter. An der nahen Gabelung lenken wir nochmal halblinks. Auf dieser Straße (*Krampnitzer Straße*) kommen wir nach 400 Metern am *Schloss Sacrow* vorbei, das etwas versteckt rechts der Straße liegt. Wir bleiben auf der bevorrechtigten *Krampnitzer Straße* (wer die Sacrower Heilandskirche besuchen möchte, folgt nach dem Schloss der Ausschilderung nach rechts). In Richtung »Berlin« verlassen wir dann Sacrow.

Potsdam
Hotten-
grund
Sacrower
Str.
Sacrower
Kirchweg
NSG
Imchen
Imchen-
Quastenhorn
Schwanen-
werder
Sacrower
See
Schwemmhorn
Kälberwerder
Gr. Tiefehorn
NSG
Pfaueninsel
Badestrand
Kladower
Str
Gr. Hämphorn
Sacrow
Meedehorn
Krampnitzer
S.
Schloß
Fähr-S.
Badestrand
Nikolskoe
Weg
Pfaueninsel-
Bade-
strand
96
95
94
93
97
104
103
105
102
Krkhs.
Am
Zum Heckeshorn
Großen
Linden-S.

Die schmale Teerstraße, die auf Karten als *Kladower Straße* bezeichnet wird, diente früher den DDR-Truppen zur Grenzsicherung. Im leichten Auf und Ab erreichen wir parallel zur meist nicht sichtbaren Havel wieder das Stadtgebiet von *Berlin.*

Wir radeln geradeaus weiter und biegen nach 300 Metern rechts in den *Sacrower Kirchweg* ein. Auf der schlaglochreichen Straße rollen wir bald bergab. Kurz hinter dem Ende der Gefällstrecke lenken wir rechts in die *Imchenallee* und radeln auf dieser Erdfahrstraße parallel zur *Havel* zum Fähranleger in *Kladow.*

Mit dem BVG-Schiff setzen wir wieder nach *Wannsee* über und fahren auf dem vom Hinweg bekannten Weg zum nahen *S-Bahnhof Wannsee.*

18 S-Bahnhof Potsdam-Hauptbahnhof – Caputh – Ferch – Werder – Wildpark-West – Geltow – Pirschheide – S-Bahnhof Potsdam-Hauptbahnhof

Verkehrsmöglichkeiten S-Bahn bis/ab Potsdam-Hauptbahnhof; unterwegs Bahnhof in Schwielowsee, Regionalbahnhöfe in Werder, Pirschheide.
Tourenlänge 43,5 Kilometer.
Fahrzeit $4^1/_2$ bis 5 Stunden.
Höhenunterschiede Mit Ausnahme einer Brücke (Treppen) gering.
Karten Falk-Stadtplan Berlin und 1:100000, Mair-Radwanderkarte Berlin und Umgebung.
Wissenswertes *Potsdam:* Die heutige Hauptstadt von Brandenburg ist über 1000 Jahre alt. In einer Urkunde wurde der Ort als slawische Siedlung und Burg Poztupimi erstmals erwähnt. Siehe auch Tour 15. – *Caputh:* Der kleine Ort an den Havelseen war und ist beliebtes Ausflugsziel der Berliner. Sehenswert sind das Barockschloss, das als einziges aus der Zeit des Großen Kurfürsten erhalten blieb (Baubeginn 1662), der von Lenné gestaltete Schlosspark, die Dorfkirche, die 1848–52 nach Plänen von Stüler erbaut wurde, und das Sommerhaus des Begründers der Relativitätstheorie, Albert Einstein. – *Ferch:* Wie Caputh eine Sommerfrische am Schwielowsee mit zahlreichen Ausflugsgaststätten. Die Dorfkirche ist ein Fachwerkbau aus dem 17. Jahrhundert. – *Havel:* Siehe Tour 1. – *Petzow:* Attraktionen des kleinen Dorfes, einem der schönsten im Havelland, sind das Schloss im neugotischen Stil, das von Schinkel geplant wurde, der von Lenné gestaltete Park und die Dorfkirche, die von Schinkel entworfen und von Stüler 1841–42 ausgeführt wurde. – *Werder:* Der frühere Fischerort auf

der Havelinsel kam 1317 in den Besitz des Klosters Lehnin und erlangte 1459 die Stadtrechte. Seit dem Mittelalter ist Werder Zentrum des havelländischen Obstanbaus (früher auch Wein), der im 19. Jahrhundert intensiviert wurde. Jedes Jahr im Mai findet in der Stadt das traditionelle Baumblütenfest statt. Die Stadtkirche, ein teilweise verputzter Backsteinbau, wurde nach Entwürfen von Stüler 1857 ausgeführt.

Anmerkung Ein großer Teil der Strecke ist als Radwanderroute »F 1« ausgeschildert.

Tourenbeschreibung Wir verlassen den neuerbauten S- und Fernbahnhof *Potsdam-Hauptbahnhof* nach links und schieben die Räder durch die Einkaufspassage ins Freie zum *Busbahnhof.* In die vorbeiführende Straße biegen wir rechts ein. An der nahen großen Ampelkreuzung bleiben wir geradeaus. Wir sind auf der *Leipziger Straße* und rollen durch die *Templiner Vorstadt,* einem Ortsteil von *Potsdam,* an alten Getreidespeichern vorbei. Nach gut einem Kilometer biegen wir an der Ampel in Richtung Caputh rechts in die verkehrsärmere *Templiner Straße* ein (Radweg). Nach 1,2 Kilometern auf dieser Straße erreichen wir kurz hinter einer leichten Linkskurve den *Templiner See* und fahren dann auf dem breiten Radweg (mit Gegenverkehr) genussvoll am See entlang.

Wir kommen am *Strandbad Templin* (Einkehrmöglichkeit) und wenig später am *Forsthaus Templin* (Einkehrmöglichkeit) vorbei. Wir setzen unseren Weg am Ufer fort und erreichen *Caputh* (Einkehrmöglichkeiten). Auf der Vorfahrtsstraße radeln wir durch den netten Ort. An der Kirche folgen wir der bevorrechtigten Straße in Richtung Ferch nach rechts. Am Abzweig zur »Fähre«, den wir nicht beachten, bleiben wir geradeaus und fahren auf der Vorfahrtsstraße in Richtung Ferch ortsauswärts. Wir kommen am *Bahnhof Schwielowsee* vorbei, bleiben geradeaus und verlassen nach 800 Metern *Caputh.*

Wir folgen der verkehrsarmen Betonplattenstraße (später Teerbelag), die bald direkt am *Schwielowsee* entlangführt, und erreichen nach 3,6 Kilometern *Ferch.* Vorerst fahren wir auf der kopfsteingepflasterten Vorfahrtsstraße durch den Ort. Hinter dem *Strandbad* wechseln wir nach rechts auf den anfangs parallel zur Straße verlaufenden Wanderweg nach »Petzow« (kleines Hinweisschild). Wenn sich die Straße wenig später vom See entfernt, bleiben wir auf dem kombinierten Rad- und Fußweg in Wassernähe und umrunden den Südteil des *Schwielowsees.*

An der Gaststätte *Haus am See* biegen wir links in den Erdfahrweg ein und erreichen rasch eine Vorfahrtsstraße, in die wir nach rechts lenken (Richtung Petzow/Werder). Anfangs ist diese

Straße gepflastert (mit befahrbarem Randstreifen), später ist sie geteert. Nach knapp drei Kilometern kommen wir an einem der Zugänge des *Schlossparks Petzow* vorbei und folgen weiter im ganz leichten Auf und Ab der verkehrsarmen Straße zum Dorf *Petzow.* Am Ortsanfang fahren wir auf der bevorrechtigten Straße leicht nach rechts, um 200 Meter später mit der Vorfahrtsstraße nach links zu schwenken (zum Schloss mit Einkehrmöglichkeit nach rechts).

An der Ortsendetafel von *Petzow* verlassen wir die Vorfahrtsstraße nach halblinks in Richtung Werder (die Ausschilderung der Radwanderroute beachten wir nicht mehr!) und radeln auf der ruhigen Betonplattenstraße durch hügelige Felder zur kreuzenden *B 1.* In die verkehrsreiche Bundesstraße biegen wir sehr vorsichtig links ein (Richtung Brandenburg). Wir müssen nicht lange auf dieser Autostraße bleiben. Hinter der Brücke über den Wasserarm, der den Glindowsee mit der Havel verbindet, fahren wir halbrechts in die verkehrsärmere Straße nach Werder.

Nach 1,5 Kilometern biegen wir in die kreuzende Vorfahrtsstraße in Richtung Bahnhof links ein (zur nahen, sehenswerten Inselstadt *Werder* geht es nach rechts). Wenig später lenken wir in Richtung Bahnhof zwei Mal nach rechts. Auf der relativ stark befahrenen Straße radeln wir dann ortsauswärts. Wenn nach 600 Metern, kurz hinter dem Kino, die Vorfahrtsstraße nach halblinks führt, bleiben wir auf der verkehrsarmen Betonplattenstraße geradeaus. Nach gut einem Kilometer lenken wir vor den Gleisanlagen nach rechts in den geschotterten Fahrweg (zum *Bahnhof Werder* nach links).

Bald radeln wir auf dem schönen Weg zwischen den Gleisen und der *Havel* entlang. Wenig später fahren wir nach links unter der Eisenbahnbrücke hindurch, um dann die Treppe (schiefe Ebene für die Räder) zur Brücke hinaufzusteigen. Auf dem schmalen Weg neben den Gleisen überqueren wir die *Havel,* steigen auf Treppen wieder hinunter, unterqueren nochmals die Eisenbahnbrücke und radeln nun auf dem anderen Ufer wieder zwischen Bahn und *Havel* entlang.

Am Ende des Dammweges biegen wir rechts in den Erdfahrweg ein. Wir erreichen rasch die Siedlung *Wildpark-West* und fahren auf der geteerten Straße *Am Ufer* (vorerst kein Schild) geradeaus durch den kleinen Ort. Nach 700 Metern biegen wir rechts in die *Schweizer Straße* ein. Am nahen kleinen Platz bleiben wir auf der Straße *Havelpromenade* geradeaus. Auf dieser schönen, verkehrsarmen Straße radeln wir parallel zum Fluss. Nach 600 Metern mündet die Straße in eine Vorfahrtsstraße, auf der es geradeaus am Wasser weiter geht.

Töplitz
Leest
Grube
Nattwerder
Kleiner Zernsee
88
Golm
Eiche
Kol. Zern
Gr.-Zern-see
Gr.-Plessower See
WERDER
Wildpark West
Kuhfort
82
Geltow/Wildpark West
Plessow
Glindow
Franzensberg
62
Glindow-See
PETZOW
75
Schwielow-see
Mittelbusch
Krähen-B.
Caputher Flottstelle
Bachten-B.
72
Kammerode
Neue Scheune
77
Ferch
126
Lienewitz
E55
12

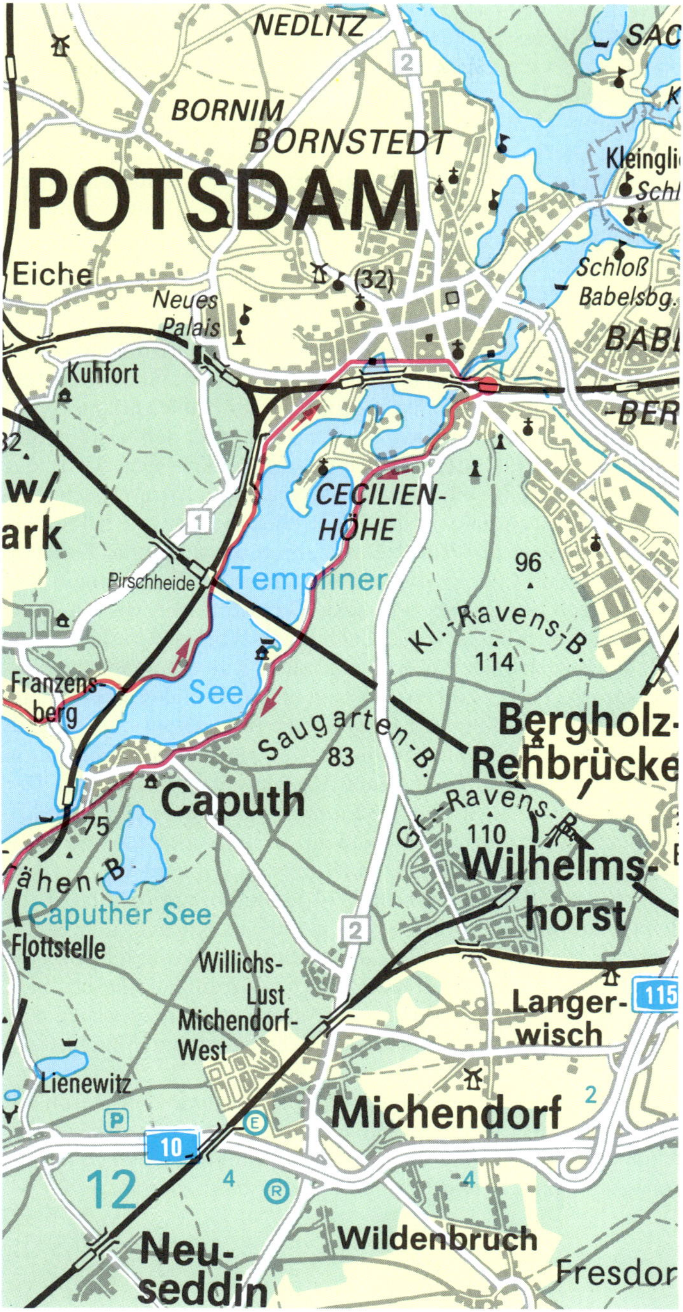

NEDLITZ
BORNIM
BORNSTEDT
POTSDAM
Eiche
Neues Palais
(32)
Kleinglie
Schloß Babelsbg.
Kuhfort
CECILIEN-HÖHE
Templiner See
Pirschheide
96
Kl.-Ravens-B.
114
Franzensberg
Saugarten-B.
83
Bergholz-Rehbrücke
Caputh
75
Gr.-Ravens-B.
110
Wilhelmshorst
Caputher See
Flottstelle
Willichs-Lust
Michendorf-West
Langerwisch
115
Lienewitz
Michendorf
10
12
Neuseddin
Wildenbruch
Fresdor

Nach 1,8 Kilometern erreichen wir *Geltow* und folgen der bevorrechtigten Straße durch das Dorf. Kurz hinter dem Sportplatz biegen wir rechts in die Nebenstraße ein (Richtung »Caputh Fähre«). 500 Meter später unterqueren wir die *Baumgartenbrücke* (Einkehrmöglichkeit) und fahren anschließend auf dem angenehmen Uferstäßchen weiter. Wir sind jetzt wieder auf der *Radwanderroute F 1.* Nach 1,4 Kilometern stoßen wir auf einen dreieckigen Platz, an dem wir links in Richtung »Geltow« (Hinweisstein) abbiegen.

Nach 300 Metern lenken wir rechts in die Erdfahrstraße und radeln bald auf dem ausgefahrenen, aber aussichtsreichen Weg an Siedlungshäusern entlang, parallel zum *Petzinsee.* 1,2 Kilometer später folgen wir vor der Eisenbahnbrücke dem Erdfahrweg nach links. Etwa 100 Meter weiter überqueren wir das Gleis vorsichtig nach rechts und radeln anschließend an der *Havel* entlang.

Wir stoßen auf den *Campingplatz Gaisberg,* den wir landeinwärts umfahren. Hinter dem Zeltplatzgelände biegen wir in das Teersträßchen links ein. Wenn die kleine Asphaltstraße nach etwa 400 Metern nach links in den Wald führt, wählen wir halbrechts den Uferweg an der *Havel.* Bald fahren wir durch das Gelände eines früheren Campingplatzes. Später ist der Weg geteert. Wir unterqueren die Eisenbahnbrücke. Danach folgen wir der Teerstraße erst nach links, später nach rechts. Hinter dem Hochhaus radeln wir nach links. Wir erreichen einen Bahnübergang und biegen vor (!) den Schranken rechts in einen schmalen Erdweg ein, der parallel zum Bahngleis verläuft (die Ausschilderung der Radwanderroute beachten wir nicht; wer zur nahen Bahnstation *Pirschheide* möchte, lenkt hinter den Schranken nach links). Der Erdweg geht in die Straße *Am Luftschiffhafen* über (kein Schild), auf der wir geradeaus weiterradeln. In die verkehrsreiche Ausfallstraße biegen wir rechts ein (Radweg). Wir sind auf der *Zeppelinstraße* und kommen nach 1,9 Kilometern am *Bahnhof Potsdam-Charlottenhof* vorbei. Weiter geradeaus. Kurz vor dem Stadtzentrum von *Potsdam* fahren wir in Richtung Berlin rechts in die stark befahrene *Bundesstraße 2* (Radweg). Wenig später sehen wir rechts der Straße das *Wasserwerk Sanssouci* im maurischen Stil, kommen am *Museum Potsdam* (rechts) und am *Filmmuseum* (links) vorbei.

Am *Hotel Mercure* bleiben wir geradeaus und überqueren auf der Brücke zwei Arme der *Havel.* Hinter der Flußbrücke an der Ampel links und durch die überdachte Bahnhofspassage (schieben) zum nahen *S- und Fernbahnhof Potsdam-Hauptbahnhof.*

19 U-Bahnhof Ernst-Reuter-Platz – Hansaviertel – Schloss Bellevue – Reichstag – Kongresshalle – Museumsinsel – Nikolaiviertel – Fischerinsel – Unter den Linden – Brandenburger Tor – Neue Philharmonie – Kleistpark – Rathaus Schöneberg – Ernst-Reuter-Platz

Verkehrsmöglichkeiten U-Bahn bis/ab Ernst-Reuter-Platz, unterwegs U-Bahnhof Hansaplatz, S-Bahnhöfe Bellevue, Friedrichstraße, U-Bahnhof Rathaus Schöneberg.
Tourenlänge 23 Kilometer. **Fahrzeit** 2½ bis 3 Stunden.
Höhenunterschiede Unbedeutend.
Karten Falk-Stadtplan Berlin.
Anmerkung Diese Innenstadttour, die zahlreiche Berliner Sehenswürdigkeiten miteinander verbindet, verläuft nahezu ausschließlich auf öffentlichem Straßenland. Das Bestreben, verkehrsarme Straßen auszuwählen, ließ sich nicht immer verwirklichen, sodass ein achtsames Radeln angebracht ist.
Wissenswertes *Technische Universität Berlin:* Die vormalige Königliche Technische Hochschule wurde Ende des 19. Jahrhunderts eröffnet. Nach Zerstörungen im 2. Weltkrieg wurde die Uni als Hochhaus wiederaufgebaut, nur die Gartenfront konnte in den ursprünglichen Formen restauriert werden. – *Landwehrkanal:* Um den schwierigen innerstädtischen Verkehr auf der Spree zu umgehen, wurde der Kanal 1850 gebaut. – *Hansaviertel:* Das vornehme, großbürgerliche Wohnviertel zwischen Spree und Tiergarten wurde in den achtziger Jahren des vorletzten Jahrhunderts erbaut und im 2. Weltkrieg fast vollständig zerstört. Im Rahmen der »Internationalen Bauausstellung« wurde der südliche Teil 1957 unter Mitwirkung zahlreicher bekannter Architekten aus dem In- und Ausland wieder errichtet. – *Akademie der Künste:* Der Neubau der 1696 als Kurfürstliche Akademie der Künste gegründeten Vereinigung wurde 1959–60 errichtet. Bis zur »Wende« gab es zwei Akademien in Berlin, die sich 1992 wieder zusammenschlossen. – *Spree:* Siehe Tour 11. – *Schloss Bellevue:* Das Gebäude wurde 1785 auf dem Gelände einer Maulbeerbaumpflanzung erbaut. Seit 1959 ist es Berliner Amtssitz des Bundespräsidenten. – *Tiergarten:* Das frühere Jagdrevier wurde unter Friedrich III. zu einem Barockgarten gestaltet. Im 18. Jahrhundert wurde die Anlage nach Plänen von Knobelsdorff in einen auch der Allgemeinheit zugänglichen Park umgewandelt. Der heutige Tiergarten geht in den Grundzügen auf Lenné zurück, der 1833–39 den Park in einen Landschaftspark umgestalten ließ. – *Kongresshalle:* Der als US-amerikanischer Beitrag zur Bauausstellung 1957 errichtete Bau

stürzte 1980 teilweise ein und wurde 1987 wiederaufgebaut. Heute ist das »Haus der Kulturen der Welt« Ausstellungs- und Veranstaltungsstätte. – *Carillon:* Der 42 Meter hohe Glockenturm ist ein Geschenk der Firma Mercedes-Benz zur 750-Jahr-Feier Berlins im Jahr 1987. – *Reichstag:* Der in den Jahren 1884–94 nach Entwürfen von Paul Wallot erbaute Komplex wurde nach Brandstiftung und nach Zerstörungen im 2. Weltkrieg restauriert und dient wieder als Parlamentsgebäude. – *Museumsinsel:* Auf der Spreeinsel befinden sich die bedeutendsten Museen Berlins, das Alte Museum, die Nationalgalerie, das Pergamonmuseum und das Bodemuseum. – *Berliner Dom:* Der Kirchenbau ist ein typisches Beispiel des wilhelminischen Historismus. Die Domgruft beherbergt Grabstätten der Hohenzollern. – *Palast der Republik:* Auf dem Gelände des 1950 abgerissenen Stadtschlosses wurde 1973–76 das Gebäude der »Volkskammer der DDR« mit zahlreichen Veranstaltungsräumen und Gaststätten errichtet. Über die Zukunft des Baues ist noch nicht entschieden. – *Rotes Rathaus:* Der rote Ziegelbau wurde 1861–69 als Berliner Rathaus erbaut. – *Nikolaiviertel:* Das historisierende Neubauviertel entstand erst in den letzten Jahren auf geschichtsträchtigem Berliner Altstadtboden. Die Nikolaikirche ist das älteste Berliner Bauwerk und wurde vermutlich um 1232 erbaut. – *Ephraim-Palast:* Das im Rokokostil 1764 erbaute Bürgerhaus, das als schönstes Haus in Berlin galt, wurde 1936 abgebrochen und vor wenigen Jahren mit der Originalfassade wiederaufgebaut. – *Fischerinsel:* Dieser Teil des historischen Berlins wurde ab 1965, trotz Restaurierungsmöglichkeiten, vollständig zerstört. Es entstand ein gesichtsloses Hochhausviertel. – *Reichshauptbank:* Der Bau wurde in den Jahren 1934–38 errichtet und diente zu DDR-Zeiten zunächst als Ministerium für Finanzen, später als Sitz des Zentralkomitees der SED. – *Gendarmenmarkt:* Der Gendarmenmarkt gehört zu den schönsten Plätzen in Berlin. Zwischen Französischem (1701–1705 für die Hugenotten-Gemeinde in Berlin erbaut) und dem Deutschen Dom (1701–08 errichtet) befindet sich das Schauspielhaus, der bedeutendste Schinkel-Bau in Berlin. – *Brandenburger Tor:* In seiner heutigen Form wurde das Berliner Wahrzeichen 1788–91 nach Plänen von Langhans erbaut. – *Kulturforum:* Der Kulturdistrikt vereinigt so bedeutende Bauten wie die Neue Nationalgalerie (von Mies van der Rohe), die Neue Philharmonie, den Kammermusiksaal, die Staatsbibliothek (alle Bauten von Scharoun), das Musikinstrumenten- und das Kunstgewerbemuseum sowie die alte St.-Matthäus-Kirche (1844–46 nach Plänen von Stüler erbaut). – *Bendlerblock:* Im vormaligen Sitz des Oberkommandos der Wehrmacht im »Dritten Reich« scheiterte der Attentatsversuch auf Hitler am 20. Juli 1944. Im Hof des Gebäudes befindet sich eine Gedenkstätte für die hier erschossenen Offiziere, die am Attentatsversuch beteiligt waren. – *Kammergericht:* Im 1909–19 erbauten Gebäude fanden während des Nationalsozialismus die berüchtigten »Volksgerichtshof«-Prozesse gegen Widerstandskämpfer statt. Nach dem 2. Weltkrieg war das Haus Sitz des Alliierten Kontrollrats und der Alliierten Luftüberwachung. 1972 wurde hier das »Viermächteabkommen« unterzeichnet. – *Kleistpark:* Von 1679 bis 1908 befand sich auf dem Gelände des heutigen Parks der Botanische Garten, der dann nach Lichterfelde verlegt wurde. – *Rathaus Schöneberg:* Das 1911–14 erbaute Rathaus des Bezirkes war lange Zeit provisorischer Sitz des Senats und des Abgeordnetenhauses im Westteil der Stadt. Heute residieren beide Institutionen wieder im angestammten Roten Rathaus. – *Kurfürstendamm:* Der Boulevard wurde 1542 als Reitweg zum Jagdschloss Grunewald angelegt. Ende des 19. Jh. wurde er unter Veranlassung Bismarcks zur breiten Wohn- und Promenierstraße umgewandelt.

Tourenbeschreibung Wir verlassen den *U-Bahnhof Ernst-Reuter-Platz* in Richtung »Straße des 17. Juni« und fahren auf dieser Straße nach rechts (Radweg) in Richtung Osten. Wenig später kommen wir am Hauptgebäude der *Technischen Universität Berlin* vorbei, die sich rechts der Straße erstreckt. Auf der linken Straßenseite findet jedes Wochenende ein überaus beliebter Trödelmarkt statt. Auf der *Charlottenburger Brücke* überqueren wir den *Landwehrkanal* und passieren anschließend das etwas protzig wirkende *Charlottenburger Tor* (1905–08 errichtet). Wir bleiben auf der *Straße des 17. Juni* weiter geradeaus. Rechts der Straße sehen wir die *Versuchsanstalt für Wasserbau und Schiffbau* (blaues Gebäude), links der Straße befindet sich das *Ernst-Reuter-Haus* (im Nationalsozialismus als Teil der »Ost-West-Achse« erbaut). Wir erreichen den *S-Bahnhof Tiergarten* und unterqueren die Eisenbahnbrücke.

Anschließend biegen wir in die *Klopstockstraße* (linksseitiger Radweg) links ein. An der Einmündung befindet sich der *Berlin-Pavillon,* in dem wechselnde Ausstellungen gezeigt werden. Nach etwa 200 Metern lenken wir rechts in die *Händelallee.* Auf dieser Straße gelangen wir in das *Hansaviertel* und kommen an der *Kaiser-Friedrich-Gedächtniskirche* (1957 eingeweiht) vorbei. In einem Bogen kehren wir wieder zur *Klopstockstraße* zurück, in die wir dann rechts einbiegen (Radweg). Am *U-Bahnhof Hansaplatz,* in dem das weltberühmte Kinder- und Jugendtheater »Gripstheater« residiert, kreuzen wir die Altonaer Straße und radeln geradeaus auf der *Bartningallee* weiter.

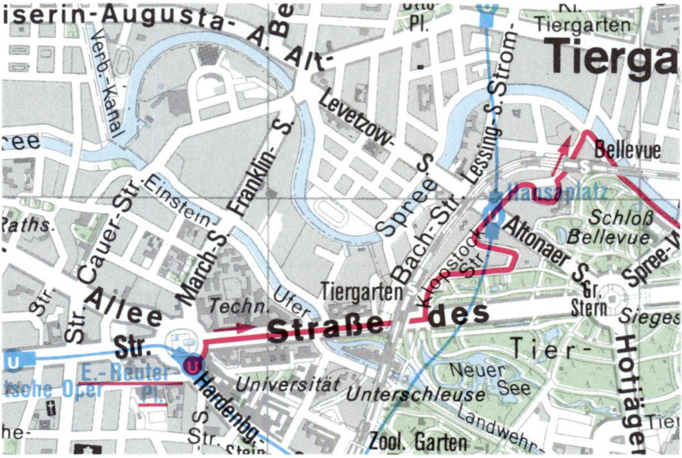

Wenig später biegen wir rechts in den *Hanseatenweg* ein und gelangen rasch zur *Akademie der Künste.* Anschließend fahren wir auf dem *Hanseatenweg* weiter zur *Bartningallee,* in die wir nach rechts lenken (linksseitiger Radweg). Am *S-Bahnhof Bellevue* unterqueren wir die Eisenbahnbrücke und biegen anschließend vor der Bärenbrücke rechts in das kopfsteingepflasterte *Holsteiner Ufer* ein. Wir radeln nun an der *Spree* entlang und unterfahren kurz darauf auf dem *Bellevueufer* die Bahnbrücke. Auf diesem Weg, der am *Schlosspark Bellevue* entlangführt, erreichen wir die Straße Spreeweg (rechts das *Schloss Bellevue,* das der Öffentlichkeit nicht zugänglich ist).

Wir überqueren die verkehrsreiche Straße und radeln geradeaus auf der *Johann-Foster-Dulles-Allee* am Rand des *Tiergartens* weiter. Wenig später erreichen wir die *Kongresshalle* (links der Straße). Wir fahren dann am Turm des *Carillon* vorbei und folgen der *Scheidemannstraße* (vorerst kein Schild) kurz halblinks, dann halbrechts zum *Reichstag* (das letzte Stück entgegengesetzt zur Einbahnstraßenregelung). Rechts am Parlamentsgebäude entlang und anschließend am *Friedrich-Ebert-Platz* nach links. An der Rückfront des *Reichstags* radeln wir zur nahen *Spree* und sehen das neue Regierungsviertel. In den Uferweg biegen wir rechts ein. Auch auf dem *Reichstagufer* bleiben wir weiter am Fluss. Wir sind jetzt im Stadtbezirk *Mitte.*

Am *S-Bahnhof Friedrichstraße* unterqueren wir an der *Spree* die Eisenbahnbrücke, kreuzen an der Weidendammer Brücke (nicht hinüber) die Friedrichstraße und radeln geradeaus auf der Straße *Am Weidendamm* weiter (auf die Straßenbahn achtge-

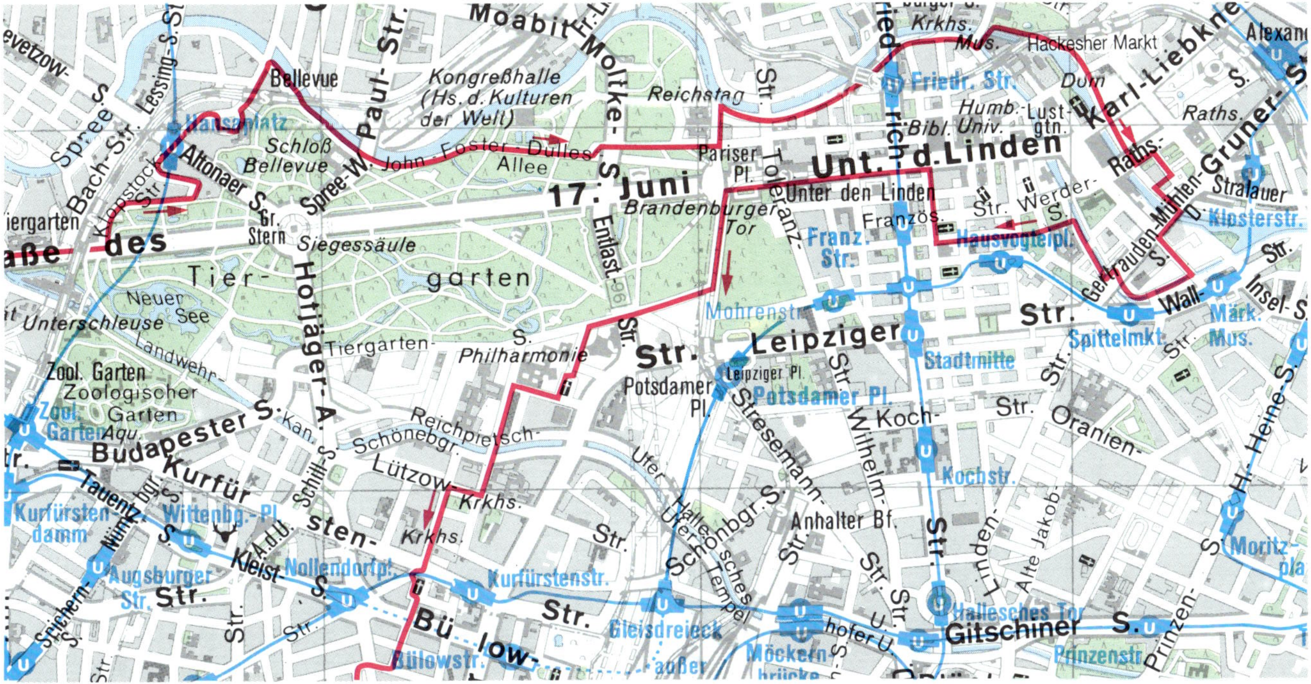

Bellevue
Kongreßhalle
(Hs. d. Kulturen
der Welt)
Reichstag
Hansaplatz
Altonaer S.
Schloß
Bellevue
John-Foster-Dulles-Allee
17. Juni
Pariser Pl.
Brandenburger Tor
Unt. d. Linden
Unter den Linden
Großer Stern
Siegessäule
Tier-
garten
Neuer See
Unterschleuse
Landwehr-
Zool. Garten
Zoologischer Garten
Aqu.
Budapester S.
Kurfür
sten-
Hofjäger-A.
Tiergarten-
Philharmonie
Reichpietsch-
Schönebgr.
Lützow-
Krkhs.
Entlast.
Potsdamer Pl.
Leipziger Pl.
Potsdamer Pl.
Leipziger Str.
Mohrenstr.
Stresemann-
Anhalter Bf.
Wilhelm-
Koch-
Kochstr.
Stadtmitte
Franz. Str.
Französ.
Toleranz-
Hausvogteipl.
Werder-
Humb.-Univ.
Bibl.
Lust-gtn.
Dom
Hackesher Markt
Mus.
Krkhs.
Friedr. Str.
Karl-Liebknecht-
Raths.
Raths.-
Mühlen-
Gertrauden-
Gruner-
Stralauer
Klosterstr.
Alexan
Wall-
Spittelmkt.
Märk. Mus.
Insel-
Oranien-
Alte Jakob-
Linden-
H.-Heine-S.
Moritz-
Prinzen-
Prinzenstr.
Gitschiner S.
Hallesches Tor
Halle'sches Ufer
Tempelhofer Ufer
Schönbgr. S.
Möckernbrücke
Gleisdreieck
Kurfürstenstr.
Nollendorfpl.
Bülowstr.
Bü-low-
Kleist-
Wittenbg.-Pl.
Kurfürstendamm
Tauentz.
Augsburger Str.
Moabit
Moltke-
Paul-Str.
Spree-W.
Spree
Bach-Str.
Lessing-S.
Klopstock-Str.
Tiergarten
des
Levetzow-
Schill-S.
Kan.
A.d.U.

ben!). Direkt vor dem *Bodemuseum,* hinter dem sich das *Pergamonmuseum* anschließt, lenken wir nach links und überqueren auf zwei Brücken die *Spree.*

Unmittelbar hinter der zweiten Brücke wenden wir uns nach rechts und gelangen über eine Treppe (schiefe Ebene für die Räder) in den *Monbijoupark,* der sich längs der *Spree* erstreckt. Wir bleiben in Nähe des Flusses und kommen an einem Kinderplanschbecken (links des Weges) vorbei. Bald unterqueren wir die Eisenbahnbrücke und setzen unseren Weg an der *Spree* fort. Am anderen Ufer sehen wir die Museumsbauten auf der Museumsinsel. An der Friedrichsbrücke (nicht hinüber) fahren wir geradeaus auf dem kombinierten Rad- und Fußweg weiter, wobei wir auf schiefen Ebenen direkt zum Wasser gelangen. Auf unserer Seite befindet sich links ein Hotel, auf der anderen Seite der Berliner Dom.

Bald unterqueren wir die Liebknechtbrücke. Hinter der Unterführung fahren wir auf dem Radweg parallel zur *Spree* durch die Parkanlage des früheren *Marx-Engels-Forum.* Am anderen Ufer sehen wir den »Palast der Republik«, halblinks vor uns das »Rote Rathaus«. Am Ende des Parks biegen wir in die *Rathausstraße* links ein, um wenig später nach rechts in die *Poststraße* zu lenken. Wir sind jetzt im *Nikolaiviertel.* Wir erreichen die *Nikolaikirche* (links der Straße) und biegen rechts in die *Probststraße* ein. Am nahen Ufer der *Spree* lenken wir nach links. Vor der nahen Brücke, der Mühlendammbrücke, fahren wir in den schmalen Radweg kurz nach links. Am *Ephraim-Palais* biegen wir rechts in die Straße *Mühlendamm* ein (Radweg) und überqueren auf der *Mühlendammbrücke* die Spree. Wir sind jetzt auf der *Fischerinsel.*

An der folgenden Ampelkreuzung lenken wir vorsichtig links in die Straße *Fischerinsel.* Wir rollen geradeaus durch das Neubauviertel und biegen vor (!) der nächsten Brücke rechts in den Uferweg ein, der die *Spree* begleitet. Nach 500 Metern unterqueren wir die *Gertraudenbrücke* und fahren anschließend hinauf zur Straße. Am Ende der kurzen Steigung wenden wir uns nach links und fahren über die alte *Getraudenbrücke.* In die *Oberwasserstraße* (Stufen) biegen wir rechts ein. Wir kommen an der *Jungfernbrücke* vorbei (nicht über diese Zugbrücke) und radeln geradeaus auf der *Unterwasserstraße* weiter.

Bei der ersten Möglichkeit, an der Schleuse, fahren wir nach links und rollen am Monumentalbau der früheren *Reichshauptbank* (heute *Auswärtiges Amt*) entlang. Wir kreuzen die Kurstraße und gelangen auf einem Fußweg, rechts des Parkplatzes, zur nahen kreuzenden Oberwallstraße. Wir überqueren diese Straße und radeln geradeaus auf der *Jägerstraße* weiter. Geradeaus fahren wir

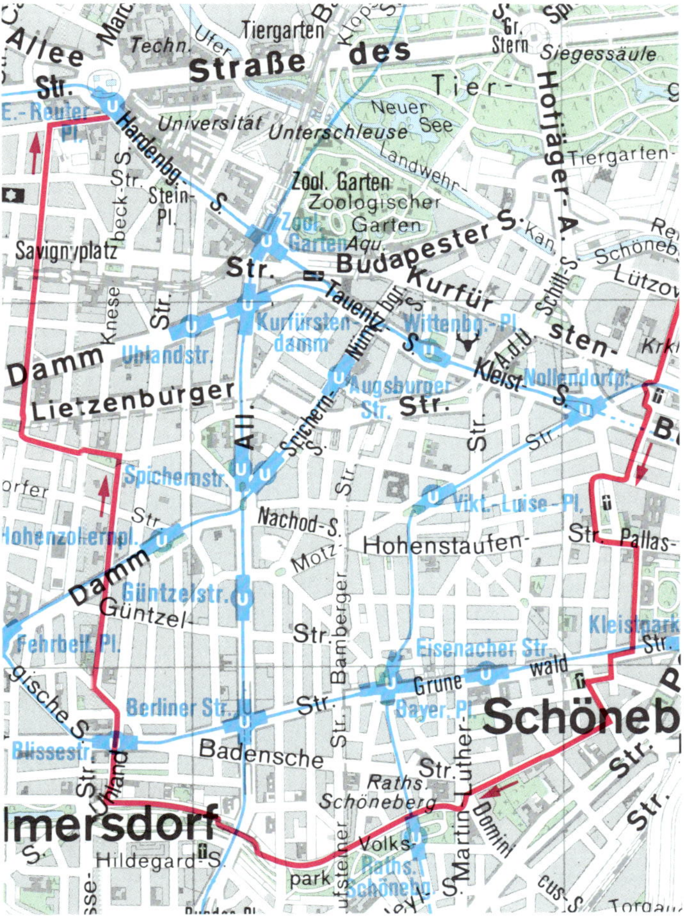

über den *Gendarmenmarkt.* Rechts sehen wir den *Französischen Dom,* halblinks das *Schauspielhaus* und links den *Deutschen Dom.*

Am anderen Ende des Platzes biegen wir rechts in die *Charlottenstraße* ein. In die breite Straße *Unter den Linden* lenken wir vorsichtig nach links (zu Fuß) und radeln auf dem verkehrsreichen weltberühmten Boulevard zum *Brandenburger Tor.* Hinter dem Tor fahren wir links in die *Ebertstraße* und rollen am Rand des *Tiergarten* entlang. Vor uns sehen wir das neue Hochhausviertel am Potsdamer Platz. In die *Lennéstraße* biegen wir rechts ein, wobei wir dem Verkehr auf einem parallelen Weg im Tiergarten ausweichen können.

Am *Sony-Center* radeln wir geradeaus auf der *Tiergartenstraße* weiter (Radweg). Links dieser Straße befindet sich das *Musikinstrumentenmuseum* und die *Neue Philharmonie.* In die nahe *Matthäikirchstraße* biegen wir links ein. Wir fahren rechts an der *St.-Matthäus-Kirche* vorbei und lenken anschließend rechts in die *Sigismundstraße* (geradeaus befindet sich die *Neue Nationalgalerie*). Wenig später biegen wir links in die *Stauffenbergstraße* ein und kommen am *Bendlerblock* (rechts der Straße) vorbei.

Auf der *Bendlerbrücke* überqueren wir den *Landwehrkanal* und radeln geradeaus auf der *Kluckstraße* weiter. Auf der linken Straßenseite befindet sich eine der Berliner Jugendherbergen, das *Jugendgästehaus Berlin.* In die *Lützowstraße* biegen wir rechts ein, um in die nächste Seitenstraße, die *Genthiner Straße,* nach links zu lenken. Wir kreuzen die Kurfürstenstraße und schieben die Räder etwa 15 Meter weit zur Straße *An der Apostelkirche.* Wir fahren an der *Apostelkirche* rechts vorbei. Auf der *Zietenstraße* geht es geradeaus weiter.

Wir unterqueren an der kreuzenden Bülowstraße die Hochbahn (Baubeginn 1896, Inbetriebnahme 1902) und radeln auf der *Zietenstraße* (Fußgängerzone) geradeaus weiter. In die *Winterfeldtstraße* lenken wir nach rechts. Wir erreichen den nahen *Winterfeldplatz* (samstags beliebter Wochenmarkt) und biegen in die *Goltzstraße* links ein. Hinter der *Matthiaskirche* fahren wir links in die *Pallasstraße.*

In die kopfsteingepflasterte *Elßholzstraße* biegen wir rechts ein. Auf dieser Straße kommen wir am *Kammergericht* vorbei, das sich im *Kleistpark* befindet. Auf der *Grunewaldstraße* fahren wir eine kurze Strecke nach rechts, um in die schmale *Gleditschstraße* links einzubiegen. Nach wenigen Metern fahren wir rechts durch die *Vorbergstraße* zur *Akazienstraße,* in die wir dann links einbiegen. In die *Belziger Straße* fahren wir nach rechts und gelangen auf dieser Straße zum *John-F.-Kennedy-Platz* und zum *Rathaus Schöneberg.*

Wir kreuzen vorsichtig die verkehrsreiche Martin-Luther-Straße und fahren, leicht links versetzt, geradeaus auf der *Freiherr-vom-Stein-Straße* weiter. Links der Straße befindet sich der *Rudolph-Wilde-Park,* rechts das *Rathaus Schöneberg.* Wir kommen am *U-Bahnhof Rathaus Schöneberg* vorbei. Weiter geradeaus. Hinter der kreuzenden Kufsteiner Straße fahren wir geradeaus auf dem kombinierten Rad- und Fußweg durch den *Volkspark Wilmersdorf.* Nach 150 Metern halten wir uns an der Wegeeinmündung halbrechts und lenken an der nahen Gabelung nochmals halbrechts. Wenig später kreuzen wir die Prinzregentenstraße und fahren geradeaus auf dem kombinierten Rad- und Fußweg weiter. Etwa 50 Meter vor der lärmenden Bundesallee biegen wir scharf links in den berganführenden schmalen Radweg ein und überqueren anschließend auf dem *Volksparksteg,* eine Hängebrücke, die Bundesallee.

Hinter der Brücke folgen wir dem Radweg nach rechts, um an der nahen Einmündung sofort nach links zu lenken. Auf der *Straße am Schoelerpark* (erst später Schild) radeln wir geradeaus zur *Uhlandstraße,* in die wir dann rechts einbiegen (Radweg). Wir kreuzen die verkehrsreiche Berliner Straße und lenken kurz darauf links in die *Fechnerstraße.* In die nahe *Pfalzburger Straße* geht es nach rechts.

Nach knapp einem Kilometer Fahrt auf dieser Straße biegen wir hinter der *Ludwig-Kirche* links in den *Ludwigkirchplatz* ein (der Kiez um den Platz ist bekannt für eine Vielzahl interessanter Kneipen, Restaurants und Antiquitätenläden). Hinter dem Platz fahren wir auf der *Pariser Straße* geradeaus zum *Olivaer Platz.* Am Anfang dieses Platzes biegen wir rechts ab, kreuzen die Lietzenburger Straße und radeln auf der *Schlüterstraße* geradeaus weiter. Wenig später überqueren wir den Kurfürstendamm und folgen weiter der *Schlüterstraße.* Nach etwa 1,4 Kilometern (ab Olivaer Platz) biegen wir rechts in die *Schillerstraße* ein. Wir erreichen die kreuzende *Hardenbergstraße,* auf der wir die Räder nach links zum *U-Bahnhof Ernst-Reuter-Platz* schieben.

20 U-Bahnhof Alt-Tempelhof – Teltowkanal – Lichterfelde – Teltow – Machnower See – Albrechts-Teerofen – Kohlhasenbrück – Düppeler Forst – S-Bahnhof Wannsee

Verkehrsmöglichkeiten U-Bahn bis Alt-Tempelhof, S-Bahn ab Wannsee; unterwegs U-Bahnhof Ullsteinstraße.
Tourenlänge 30 Kilometer. **Fahrzeit** 3 bis $3^1/_2$ Stunden.
Höhenunterschiede Unbedeutend.
Karten Falk-Stadtplan Berlin.
Anmerkung *Grenzweg:* Siehe Tour 1.
Wissenswertes *Tempelhof:* Das frühere Dorf wurde im 13. Jahrhundert vom geistlichen Orden der Tempelherren gegründet und kam später in den Besitz der Johanniter. – *Ullsteinhaus:* Das 1925–26 errichtete Verlagshaus im Stil der »Neuen Sachlichkeit« war Repräsentationsgebäude des damals größten Zeitungs- und Zeitschriftenverlages in Europa, dem Ullstein-Verlag. – *Teltowkanal* und *Kohlhasenbrück:* Siehe Tour 15. – *Lichterfelde:* Das Dorf wurde 1375 erstmals erwähnt. 1866 erwarb der Bodenspe-

kulant Carstenn das hoch verschuldete Gut Lichterfelde, auf dem dann eine Villenkolonie entstand. Die Dorfkirche ist ein Feldsteinbau aus dem 14. Jahrhundert, das Schloss ein klassizistischer Bau. – *Teltow:* Der 1242 erstmals erwähnte Ort erhielt bereits 1265 die Stadtrechte. Die Andreaskirche ist im Kern ein frühgotischer Bau, der nach einem Brand 1812 nach Plänen von Schinkel wiederaufgebaut wurde. – *Klein-Machnow:* Das frühere Dorf wurde 1375 erstmalig erwähnt und war jahrhundertelang im Besitz derer von Hake. In den 30er-Jahren des letzten Jahrhunderts entwickelte sich die Landgemeinde zu einem bevorzugten Wohnsitz zahlreicher Berliner Künstler und Intellektueller. – *Albrechts-Teerofen:* Die kleine Siedlung in Nähe des früheren Autobahngrenzkontrollpunktes Dreilinden wurde nach dem Teerofen der damals hier ansässigen Familie Albrecht genannt.

Tourenbeschreibung Ausgangspunkt der Tour ist der *U-Bahnhof Alt-Tempelhof,* den wir entgegengesetzt zur Fahrtrichtung »Alt-Mariendorf« in Richtung »Alt-Tempelhof 21, Autobus Richtung Britz« verlassen. Am Ende der Treppen stehen wir vor einem Kaufhaus auf der Straße *Alt-Tempelhof.* Wir befinden uns an der ehemaligen Dorfaue des früheren Dorfes *Tempelhof.* Wir schieben die Räder auf dem Bürgersteig etwa 50 Meter geradeaus und fahren dann links in die *Reinhardtstraße.* Am nahen Parkplatz, dem *Reinhardtplatz,* rollen wir links entlang und radeln geradeaus in die Sackgasse.

In die *Parkstraße* biegen wir rechts ein (Radweg). Rechts sehen wir die Tempelhofer Dorfkirche und links den »Alten Park« mit einem kleinen See, der sich auf dem Grundstück des früheren Gutes der Tempelritter befindet. Am Ende des Radwegs auf der kopfsteingepflasterten *Parkstraße* weiter und bald links in die ebenfalls kopfsteingepflasterte *Blumenthalstraße* einbiegen. Wir umrunden den *Friedensplatz* und radeln auf der *Blumenthalstraße* (nun Kleinpflaster) weiter. Später geht die Straße in die *Werderstraße* über (bald Teerbelag), auf der wir geradeaus weiterfahren.

In die *Viktoriastraße* lenken wir nach links und kommen am Gelände der *Ufa-Fabrik,* einem selbstverwalteten Kulturprojekt, vorbei. Am nahen *U-Bahnhof Ullsteinstraße* wenden wir uns nach rechts und schieben die Räder auf dem Gehweg des *Tempelhofer Dammes* zur nahen *Stubenrauchbrücke.* Auf der anderen Straßenseite befindet sich das *Ullsteinhaus.* Unmittelbar vor (!) der Brücke biegen wir rechts in den geteerten Uferweg ein, der am *Teltowkanal* entlangführt.

Nach 500 Metern kreuzen wir vorsichtig die verkehrsreiche Alarichstraße und radeln dann geradeaus auf der wenig befahre-

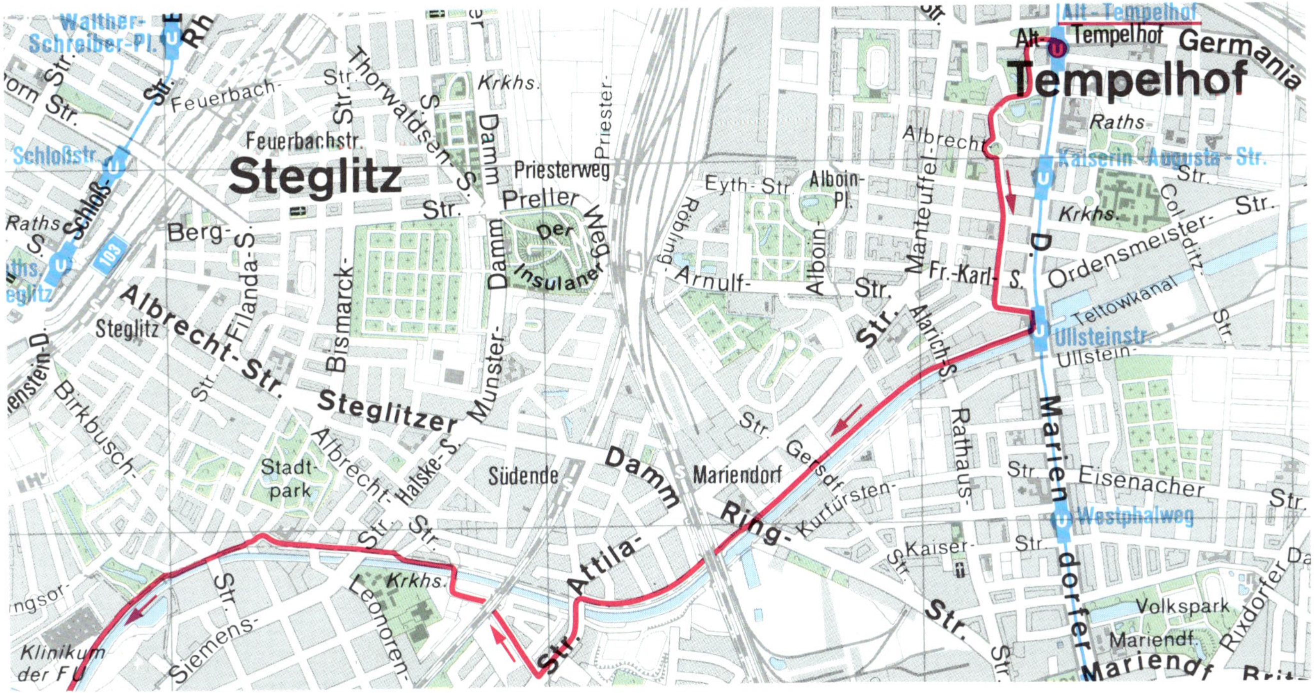

Alt-Tempelhof
Tempelhof
Germania
Kaiserin-Augusta-Str.
Ullsteinstr.
Westphalweg
Mariendorfer Damm
Teltowkanal
Ordensmeister-Str.
Colditz-Str.
Albrecht-Str.
Manteuffel-Str.
Fr.-Karl-S.
Alarich-S.
Rathaus-Str.
Eisenacher Str.
Kaiser-Str.
Volkspark Mariendorf
Rixdorfer Str.
Alboin-Pl.
Alboin-Str.
Eyth-Str.
Arnulf-Str.
Röbling-Str.
Gersdorf-Str.
Kurfürsten-Str.
Mariendorf
Attila-Str.
Ring-Str.
Priesterweg
Priester-
Preller Weg
Der Insulaner
Munster-Damm
Südende
Steglitzer Damm
Halske-S.
Albrecht-Str.
Stadtpark
Krkhs.
Leonoren-Str.
Siemens-Str.
Steglitz
Thorwaldsen-Str.
Feuerbachstr.
Bismarck-Str.
Berg-Str.
Filanda-S.
Albrecht-Str.
Birkbusch-Str.
Walther-Schreiber-Pl.
Schloßstr.
Klinikum der FU
103

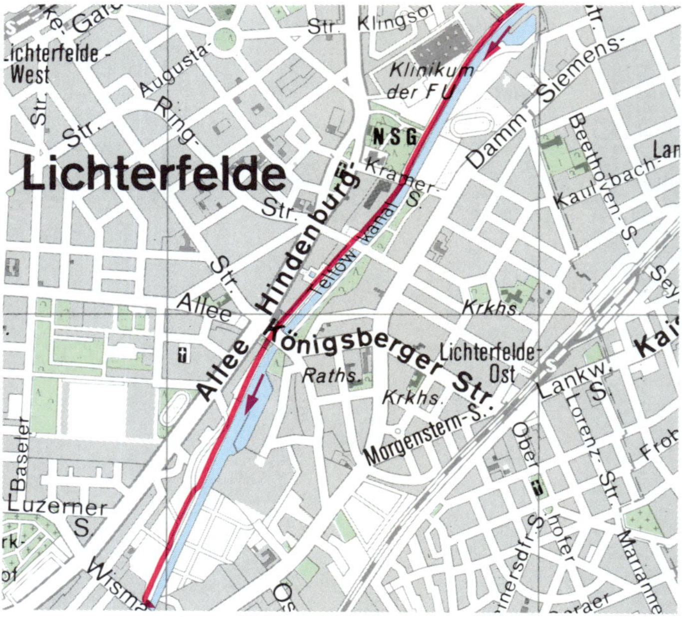

nen Straße *Wulfilaufer* weiter. Am Ende dieser Straße wechseln wir nach links auf den mit Verbundsteinen gepflasterten Radweg, der dem *Teltowkanal* folgt (auf die Querrillen achtgeben!). Wenig später kreuzen wir die verkehrsreiche Gersdorfstraße (kein Straßenschild) und setzen unsere Tour geradeaus auf dem Uferweg fort (für 300 Meter besteht Radfahrverbot; Achtung auf die Querrillen!).

Wir überqueren die Ringstraße und fahren auf dem Radweg am Kanal weiter. 400 Meter später unterqueren wir die S-Bahn und radeln kurz darauf geradeaus auf dem *Maulbronner Ufer* weiter. In die stark befahrene *Kaiser-Wilhelm-Straße* biegen wir vorsichtig links ein (anfangs Radweg). In den *Edenkobener Weg* lenken wir nach rechts. Diese Straße bringt uns, vorbei an Einfamilienhäusern und Kleingärten, wieder zum *Teltowkanal,* den wir auf der Fußgängerbrücke, den *Edenkobener Steg,* überqueren.

Hinter der Brücke fahren wir links in den geteerten Uferweg. Wir kreuzen vorsichtig die *Siemensstraße* und fahren geradeaus auf dem kombinierten Rad- und Fußweg der Straße *Am Eichgarten* weiter. Kurz vor (!) der kreuzenden Brückenstraße lenken wir links in den breiten Erdweg (kombinierter Rad- und Fußweg). Wir überqueren achtsam die Birkbuschstraße und rollen wieder auf dem Uferweg weiter, der als *Radtour H* gekennzeichnet ist.

Wir werden jetzt für etwa 3,5 Kilometer auf diesem schönen Weg bleiben. Rechts sehen wir bald den Bäkepark, dann die Neubauten des Klinikums der Freien Universität. Später kommen wir am Schloßpark Lichterfelde vorbei. Wenn Treppen zur Krahmerstraße hinaufführen, unterfahren wir auf einem schmalen Weg die Brücke. Wir kreuzen bald die Bäkestraße (kein Schild) und unterfahren später die *Emil-Schulz-Brücke.* Am anderen Kanalufer sehen wir das Kraftwerk Lichterfelde und den Hafen Lichterfelde.

An der nächsten kreuzenden Straße, der *Wismarer Straße* (kein Schild), wechseln wir mit der *Radroute H* auf die andere Kanalseite! Nach 500 Metern auf dem linken Ufer folgen wir dem kleinen Teerweg nach links und bleiben anschließend geradeaus, bis wir den kreuzenden *Ostpreußendamm* erreichen, in den wir dann rechts einbiegen.

Wenig später verlassen wir das Berliner Stadtgebiet. Wir sind jetzt in *Seehof,* das zu *Teltow* gehört. Unmittelbar an der Stadtgrenze lenken wir rechts in den geteerten früheren *Grenzweg.* Nach 400 Metern schwenken wir mit dem früheren Patrouillenweg nach links und radeln nun wieder parallel zum *Teltowkanal.* Nach 2,3 Kilometern erreichen wir die *Zehlendorfer Straße* (kein Straßenschild), in die wir rechts einbiegen (der »Grenzweg« endet bald vor Gewerbegrundstücken!). Auf der *Knesebeckbrücke* über-

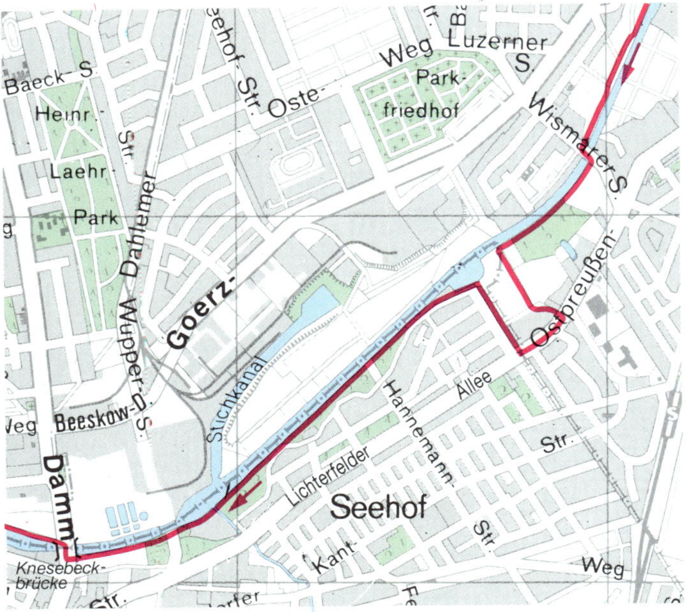

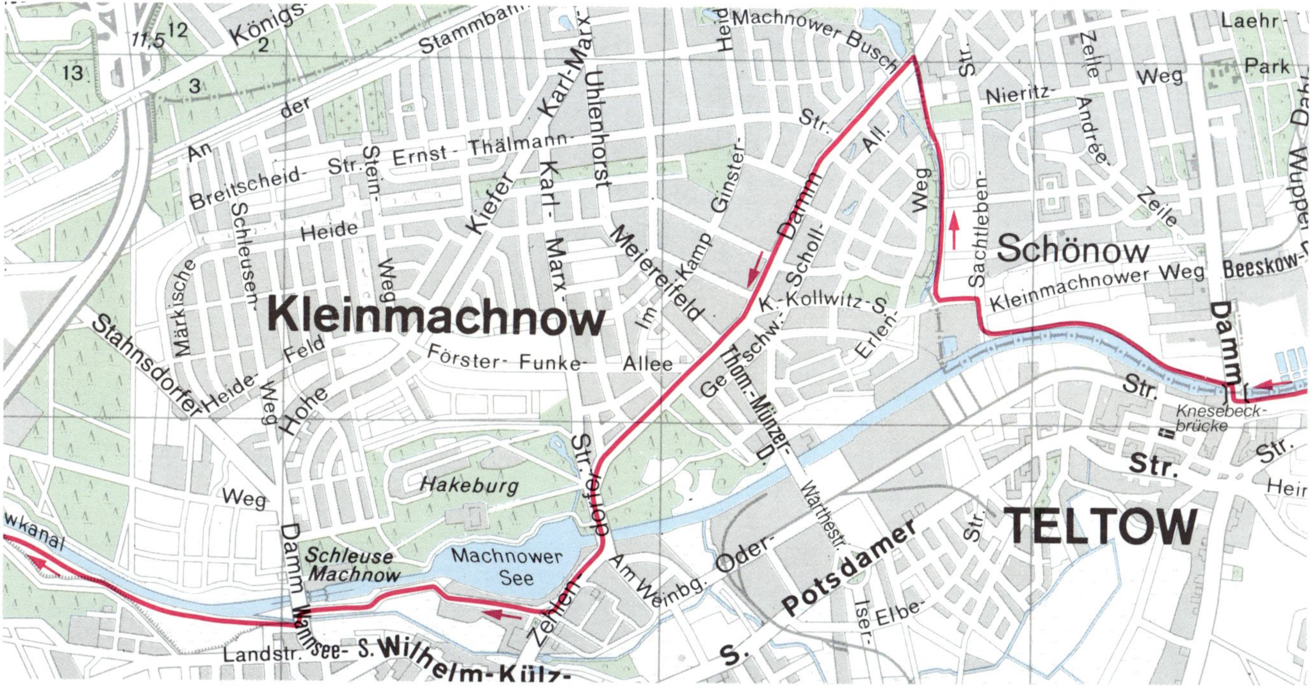

Kleinmachnow
TELTOW
Schönow
Machnower See
Hakeburg
Schleuse Machnow
Knesebeckbrücke
Königs-
Stammbahn
An der
Ernst-Thälmann-
Str.
Breitscheid-
Str.
Stein-
Heide
Schleusen-
Märkische
Heide
Weg
Kiefer
Karl-Marx-
Karl-Marx-
Uhlenhorst
Meiereifeld
Im Kamp
Ginster-
Str.
Damm
Heid
Machnower Busch
All.
Scholl-
Geschw.-
K.-Kollwitz-S.
Erlen-
Weg
Sachtleben-
Str.
Nieritz-
Andrée-
Zeile
Zeile
Weg
Park
Laehr-
Wupper-
Beeskow-
Kleinmachnower Weg
Damm
Stahnsdorfer
Heide-
Feld
Weg
Hohe
Förster-Funke-
Allee
Thom.-Münzer-D.
Str.
Str.
Str.
Heir
Str.
Weg
Zehlendorfer
Str.
Warthestr.
Oder-
Am Weinbg.
Potsdamer
Str.
Iser-
Elbe-
S.
wkanal
Damm
Wannsee-
Landstr.
S. Wilhelm-Külz-

queren wir den *Teltowkanal* und sind wieder in *Berlin,* im Stadtbezirk *Zehlendorf.*

Kurz nach der Brücke lenken wir links in den geteerten Weg, der als »Rad-Wanderweg Kleinmachnow« ausgeschildert ist. Mit schönen Ausblicken auf die Wiesen und auf den Kanal, hinter dem die Teltower Dorfkirche zu erkennen ist, radeln wir an der Wasserstraße entlang. Nach 1,2 Kilometern ist der angenehme Weg am Wasser vorerst zu Ende. Da es auf der folgenden Strecke keinen Uferweg mehr gibt, müssen wir einen kleinen Umweg fahren. Wir folgen dem asphaltierten Weg nach rechts. Der Weg geht sofort in die gepflasterte *Sachtlebenstraße* über, der wir ein kurzes Stück geradeaus folgen. Nach gut 200 Metern fahren wir links in den kombinierten Rad- und Fußweg. Kurz darauf schwenken wir mit dem geteerten Weg nach rechts und radeln entlang des kleinen Tälchens des *Buschgrabens* durch die Grünanlage. Nach 1,3 Kilometern stoßen wir auf eine öffentliche Straße, den *Zehlendorfer Damm,* in den wir links einbiegen. Wir verlassen erneut Berlin und sind in *Kleinmachnow.* Auf dem Radweg des *Zehlendorfer Damms* rollen wir durch den schönen Villenvorort.

Nach 2,5 Kilometern folgen wir am Eingang zur Hakeburg (Hotel und Restaurant) dem *Zehlendorfer Damm* nach halblinks. Wenig später überqueren wir auf der *Friedensbrücke* den *Teltowkanal.* Von der Brücke haben wir einen schönen Blick auf den Machnower See. Hinter dem Kanal fahren wir auf dem *Zehlendorfer Damm* nach rechts. Nach etwa 200 Metern biegen wir an der Wiese halbrechts in die kleine Kopfsteinpflasterstraße ein (*Allee am Forsthaus*). Diese schöne, aber holprige Straße verläuft zunächst in Nähe zum, später direkt am *Machnower See.*

Nach 1,2 Kilometern kreuzen wir an der *Machnower Schleuse* (Einkehrmöglichkeit) den Stahnsdorfer Damm und radeln auf dem holprigen, teilweise sandigen, aber akzeptabel befahrbaren Weg direkt am *Teltowkanal* weiter. Knapp zwei Kilometer später unterqueren wir die Autobahn und kurz darauf die alte Eisenbahnbrücke (vorsichtig schieben!). Anschließend halten wir uns leicht links und radeln auf dem ehemaligen *Grenzweg* am *Teltowkanal* weiter. Wir erreichen eine weitere Brücke (nicht hinüber!) und müssen die Räder wegen des sandigen Untergrundes wieder eine kurze Strecke schieben, um den Uferweg erneut zu erreichen.

Wenig später sind wir in *Albrechts-Teerofen,* das zu *Berlin* gehört. Wir unterfahren die frühere Autobahnbrücke und gelangen auf der breiten Erdfahrstraße zu einem Teersträßchen, in das wir rechts einbiegen. Wir rollen weiter am *Teltowkanal* entlang. Auf dem *Kremnitzufer* bleiben wir geradeaus. Nach 1,4 Kilometern folgen wir dann schließlich dem Teersträßchen nach halblinks,

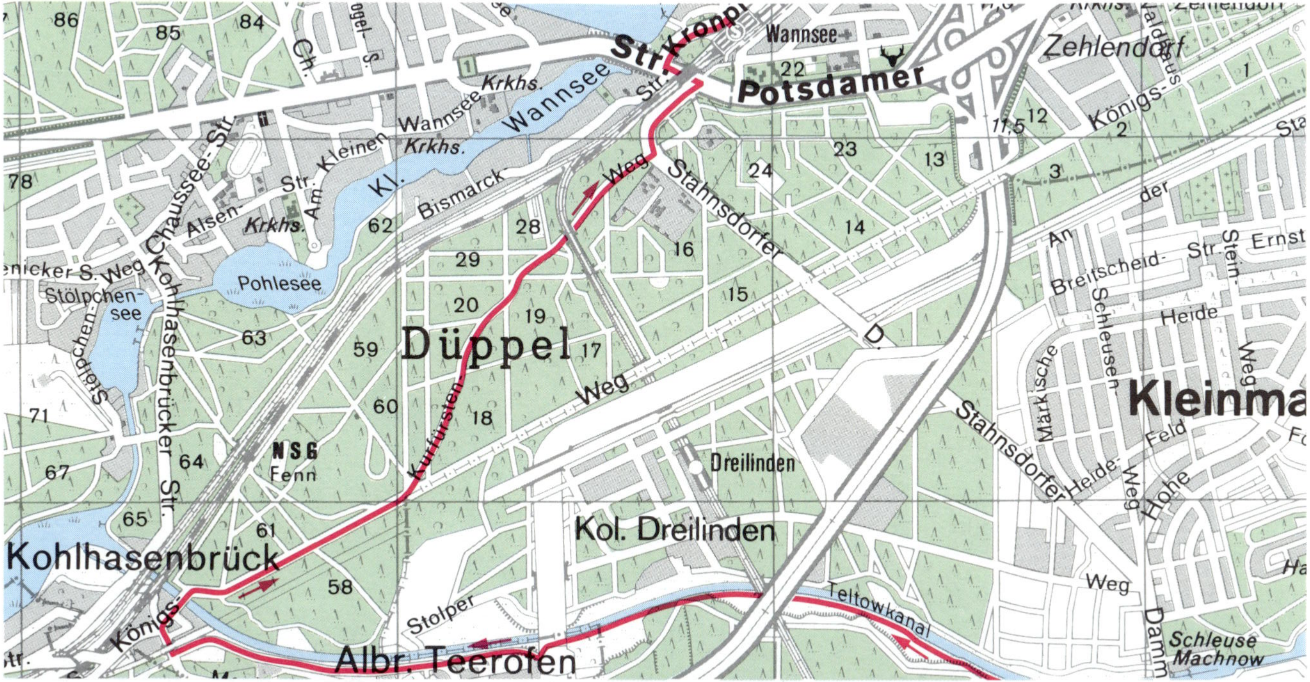
Düppel
Kleinma
Zehlendorf
Potsdamer
Wannsee
Kohlhasenbrück
Kol. Dreilinden
Dreilinden
Albr. Teerofen
Teltowkanal
Schleuse Machnow
Pohlesee
Stölpchensee
Kl. Wannsee
NSG Fenn
Stahnsdorfer Weg
Kurfürsten-Weg
Bismarck
Kohlhasenbrücker Str.
Chaussee-Str.
Königs-
Stolper
Breitscheid-Str.
Schleusen-Weg
Märkische Heide
Heide-Weg
Hohe Feld
Damm
Krkhs.

um 300 Meter später nach rechts unter der alten Eisenbahnbrücke hindurchzufahren.

Wir sind jetzt in *Kohlhasenbrück* und biegen in den *Königsweg* rechts ein. Kurz darauf überqueren wir auf der *Nathanbrücke* letztmalig den *Teltowkanal* und lenken anschließend rechts in den Waldparkplatz. Hinter dem Parkplatz biegen wir halblinks in den breiten Waldweg ein, der auf Karten als *Königsweg* bezeichnet wird. Wir radeln durch den *Düppeler Forst* und lenken nach einem Kilometer am Jagenstein 60 halblinks in den *Kurfürstenweg* (kein Schild). Auf diesem gleichmäßig breiten Weg rollen wir im leichten Auf und Ab weiter durch den Wald, bis unser Weg in eine kreuzende Teerstraße mündet. Hier nach links. Auf der bald kopfsteingepflasterten Straße erreichen wir die verkehrsreiche *Königstraße,* in die wir vorsichtig links einbiegen und sogleich die Bahnbrücke unterqueren (Radweg). In den *Kronprinzessinnenweg* nach rechts (Radweg) zum *S-Bahnhof Wannsee.*

21 U-Bahnhof Grenzallee – Arboretum – Treptow – Sowjetisches Ehrenmal – Kreuzberg – – »Checkpoint Charlie« – U-Bahnhof Kochstraße

Verkehrsmöglichkeiten U-Bahn bis Grenzallee, U-Bahn ab Kochstraße; unterwegs S-Bahnhöfe Köllnische Heide, Treptower Park, U-Bahnhöfe Platz der Luftbrücke, Mehringdamm.
Tourenlänge 21,5 Kilometer.
Fahrzeit 2 1/2 bis 3 Stunden.
Höhenunterschiede Gering.
Karten Falk-Stadtplan Berlin.
Wissenswertes *Neukölln:* Als »Richardsdorf« im 14. Jahrhundert erstmalig urkundlich erwähnt, als »Rixdorf« bekannt geworden (»In Rixdorf ist Musike...« – zeitgenössischer Schlager) ist Neukölln heute der bevölkerungsreichste Berliner Bezirk. Das Zentrum des früheren bäuerlichen Deutsch-Rixdorf war der Richardplatz. In unmittelbarer Nachbarschaft fanden unter Friedrich Wilhelm I. glaubensverfolgte Böhmen eine neue Heimat, wahrten lange Zeit ihre kulturelle Eigenart und prägten später maßgeblich das Bild Rixdorfs, das Anfang dieses Jahrhunderts in Neukölln umbenannt wurde. –

Treptow und *Arboretum:* Erst 1874 wurde der Amtsbezirk Treptow gegründet. Vorher war die Gegend im Waldgebiet der früheren Köllnischen Heide nahezu unbesiedelt und diente lediglich als Ausflugsziel der Berliner. Ende des letzten Jahrhunderts kam es zu Industrieansiedlungen mit den für Berlin typischen Mietskasernen. Ab 1910 entstanden entlang des Treptower Parks vornehme Mietshäuser für wohlhabendes Bürgertum.

Arboretum Baumschulenweg: Den Anstoß für die Entwicklung des Treptower Ortsteils gab 1864 der Gärtnereibetrieb der Familie Späth, die hier ausgedehnte Baumschulen besaß. Das Wohnhaus der Familie ist eine großzügige Stadtvilla. Der benachbarte Botanische Park, das Arboretum, ist mittwochs, donnerstags, sonnabends, sonntags und an Feiertagen von 9 bis 17 Uhr geöffnet.

Treptower Park und *Sowjetisches Ehrenmal:* Das große Waldgebiet der Köllnischen Heide wurde ab 1840 zum größten Teil abgeholzt. Übrig blieb nur die Königsheide, der kleine Schulenburgpark und der Treptower Park. In diesem Volkspark befinden sich die Anlegestation der »Weißen Flotte«, der Rosengarten, ein großer Vergnügungspark, mehrere traditionsreiche Gaststätten wie »Zenner« und das »Eierhäuschen«.

Kreuzberg: Der 1920 geschaffene Bezirk besteht aus den historischen Berliner Stadtteilen »Südliche Friedrichstadt« und »Luisenstadt« sowie der »Tempelhofer Vorstadt«. Kreuzberg, das von den Bewohnern nach der früheren postalischen Zustellung in »36« und »61« unterteilt wird, ist heute eines der am dichtesten besiedelten Gebiete Berlins und zählt etwa 150 000 Einwohner.

Landwehrkanal: Siehe Tour 19.

Bethanienhaus: Das ehemalige Krankenhaus wurde 1845–47 nach einem Entwurf des bekannten Architekten Persius erbaut. 1970 wurde das Krankenhaus aufgelöst. Um den drohenden Abriss zu verhindern, wurde es 1971 von Jugendlichen besetzt. Heute beherbergt das Haus Ateliers, Ausstellungs- und Veranstaltungsräume sowie in einem Nebengebäude das »Georg-von-Rauch-Haus«, ein selbstverwaltetes Projekt jugendlicher Trebegänger.

Checkpoint Charlie: An diesem früheren Übergang zwischen West- und Ostberlin standen sich während des Baus der Berliner Mauer im August 1961 US-amerikanische und sowjetrussische Panzer gegenüber. Aus dem »Kalten Krieg« drohte eine kriegerische Auseinandersetzung zu werden. Das ehemalige Kontrollhäuschen ist ein Nachbau. Das Original steht im Alliierten Museum. Auf einer Freifläche finden sich Überreste der ehemaligen Grenzanlagen, im nahen »Haus am Checkpoint Charlie« kann eine Ausstellung über die Geschichte der Mauer besichtigt werden und an einigen Ständen werden mehr oder weniger originalgetreue Stückchen der Berliner Mauer und Militaria verkauft.

Tourenbeschreibung Wir verlassen den Neuköllner *U-Bahnhof Grenzallee* in Fahrtrichtung Rudow, wechseln auf die andere Straßenseite und radeln auf der *Buschkrugallee* (Radweg) geradeaus nach Süden. Am links abzweigenden Sieversufer überqueren wir an der Fußgängerampel die sehr stark befahrene Straße und schieben die Räder auf der linken Seite der *Buschkrugallee* über die Brücke, die den *Teltowkanal* überspannt.

Hinter der Brücke biegen wir links in das *Delfter Ufer* ein und radeln auf dem bald autofreien Sträßchen am *Teltowkanal* entlang durch eine schmale Grünanlage. Nach etwa 1,4 Kilometern auf dem angenehmen Weg erreichen wir wieder eine öffentliche Straße, die *Späthstraße* (kein Schild), in die wir nach links lenken. Auf der nahen *Späthstraßenbrücke* überqueren wir den *Teltowkanal* und sind in *Treptow.*

Wir folgen der relativ stark befahrenen *Späthstraße* und kommen am *Arboretum* vorbei. Auf der *Baumschulenstraße* bleiben wir geradeaus. Wenig später überqueren wir den *Britzer Zweigkanal* und biegen in die nahe *Forsthausallee* links ein. Die Straße geht bald in die *Neuköllnische Allee* (Radweg) über.

Wir sind jetzt wieder in *Neukölln.* Nach 1,3 Kilometern gerader Fahrt biegen wir rechts in die *Grenzallee* ein (Radweg). 300 Meter später kreuzen wir die verkehrsreiche Sonnenallee und rollen geradeaus auf dem *Dammweg* weiter. Vorbei an kleinen Häusern und Kleingärten gelangen wir wieder nach *Treptow.*

Wir bleiben auf dem *Dammweg* geradeaus, unterqueren die S-Bahn, kreuzen die stark befahrene Köpenicker Landstraße und biegen anschließend in die *Galileistraße* links ein. In die Straße *Am Plänterwald* lenken wir nach rechts, um nach 50 Metern nach links über eine kleine Treppe zu einem Verbundsteinweg zu gelangen, der wenig später asphaltiert ist. Auf diesem Weg, der auf Karten als *Pappelallee* bezeichnet wird, erreichen wir rasch die verkehrsreiche Ungarische Straße, die wir vorsichtig überqueren und dann geradeaus in den *Treptower Park* hineinfahren.

An der nahen Wegegabelung im Park rollen wir halbrechts auf dem breiten, geteerten Weg weiter. Wir radeln am rechten Ufer des *Karpfenteiches* entlang und erreichen den rückwärtigen Eingang des *Sowjetischen Ehrenmals.* Aus Achtung vor der Weihestätte steigen wir ab, schieben die Räder links oder rechts am monumentalen Denkmal vorbei und durchqueren die gesamte Anlage. Am Halbrondell wenden wir uns nach rechts und verlassen das Ehrenmal durch das Haupttor.

An der Ampelanlage überschreiten wir die überaus verkehrsreiche *Puschkinallee* (kein Schild) und fahren nach links (Radweg bzw. breiter Park- und Fußweg). Wir radeln am *Treptower Park*

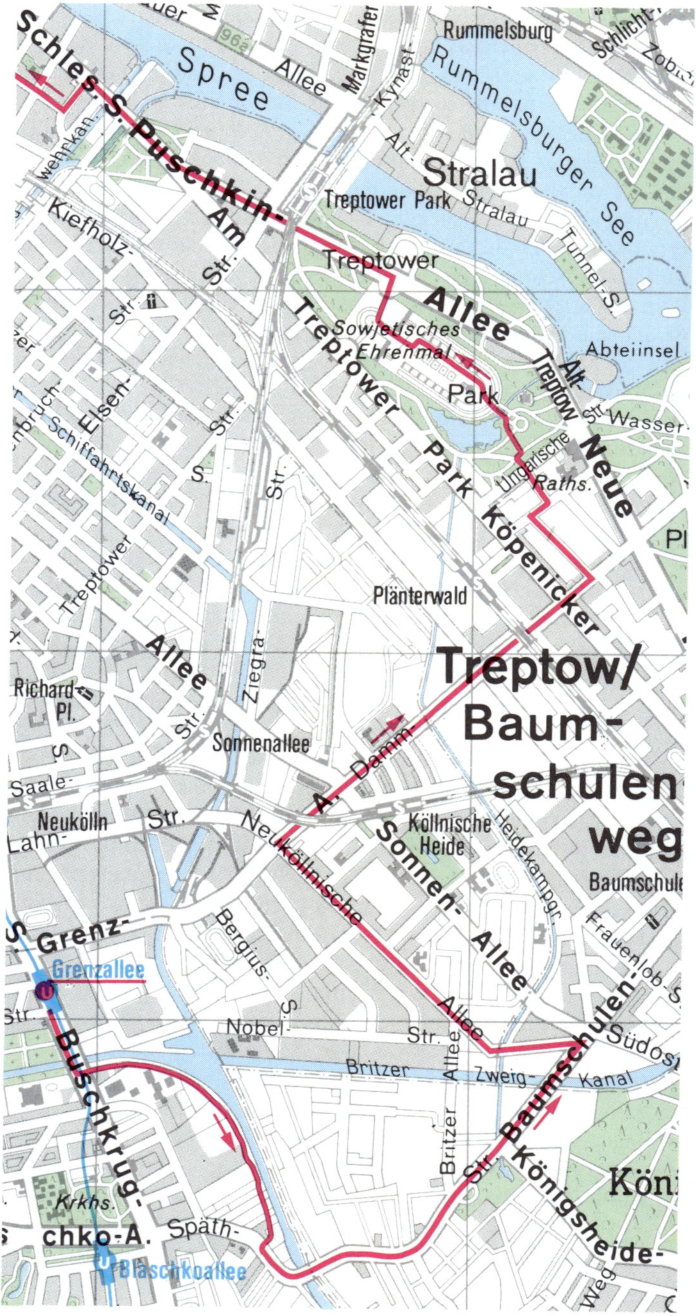

Schles. S.
Puschkin-
Am
Str.
Spree
Allee
Markgrafen
Kynast
Rummelsburg
Rummelsburger See
Schlicht-
Zobi
Stralau
Alt-Stralau
Treptower Park
Tunnel-S.
Treptower
Allee
Sowjetisches Ehrenmal
Park
Alt-Treptow
Abteiinsel
Wasser-
Str.
Neue
Ungarische
Raths.
Treptower
Park
Köpenicker
Kiefholz-
Str.
Elsen-
Str.
S.
Str.
Schiffahrtskanal
Treptower
Allee
Plänterwald
Treptow/
Baum-
schulen
weg
Richard-Pl.
Ziegra-
Str.
Sonnenallee
A.
Damm-
Saale-
Neukölln
Str.
Lahn-
Neuköllnische
Köllnische Heide
Heidekampgr.
Sonnen-
Allee
Baumschule
Frauenlob-S.
S. Grenz-
Grenzallee
Str.
Bergius-
S.
Nobel-
Str.
Allee
Baumschulen-
Südost
Britzer
Zweig-
Kanal
Buschkrug-
Britzer
Allee
Str.
Königsheide-
Weg
Köni
Krkhs.
chko-A.
Späth-
Blaschkoallee

entlang und kommen am *S-Bahnhof Treptower Park* vorbei. Auf der *Puschkinallee* bleiben wir geradeaus und erreichen die Bezirksgrenze zu *Kreuzberg.* Am ehemaligen »Todesstreifen« ist ein DDR-Wachtturm erhalten geblieben, in dem sich heute das *Museum der Verbotenen Kunst* befindet.

Wir bleiben auf der *Schlesischen Straße* geradeaus und überqueren zwei Arme des *Landwehrkanals.* Anschließend biegen wir vorsichtig links in die verkehrsberuhigte *Taborstraße* ein. An der *Taborkirche* lenken wir rechts in die *Wrangelstraße* und radeln geradeaus durch den Kreuzberger Kiez mit vielen Läden, Kneipen und ehemals besetzten Häusern. Wir kreuzen die Skalitzer Straße, unterqueren die Hochbahn und setzen unsere Fahrt auf der *Wrangelstraße* fort. Bald darauf queren wir die Eisenbahnstraße. Hier befindet sich eine der letzten Altberliner Markthallen (links in der Eisenbahnstraße).

Auf der *Wrangelstraße* geht es weiter geradeaus. Wir erreichen den *Mariannenplatz,* bleiben noch 50 Meter geradeaus, kommen an der *St.-Thomas-Kirche* (1865–69 erbaut) vorbei und biegen dann links in die *Feuerwehrzufahrt* ein, die am Eingang des *Bethanienhauses* vorbeiführt. Wir kreuzen die Waldemarstraße und fahren geradeaus auf der Straße *Mariannenplatz* weiter (hier der besonders bei Kindern beliebte *Feuerwehrbrunnen*). Nach wenigen Metern lenken wir rechts in die *Mariannenstraße.*

Am *Heinrichplatz,* der das Zentrum von *Kreuzberg 36* bildet, kreuzen wir die Oranienstrasse und setzen unsere Fahrt auf der *Mariannenstraße* fort. Die Straße endet am *Landwehrkanal* (am anderen Kanalufer der »Türkenmarkt«, der vielleicht schönste Wochenmarkt in Berlin) und an der verkehrsreichen Kottbusser Straße, die wir überqueren.

Wir bleiben noch 20 Meter geradeaus und biegen dann links in das *Fraenkelufer* ein und radeln parallel zum *Landwehrkanal.* Auf dem Grundstück Nummer 10–16 befindet sich die *Synagoge* der jüdischen Gemeinde. Wir kommen am sogenannten *Ballerhaus,* einer Wohnanlage der »Postmoderne« vorbei (Nr. 36, 38 und 44). Am *Erkelenzdamm* lenken wir nach links zum Radweg, der in einem Bogen zum *Landwehrkanal* führt, an dem wir dann wieder entlangrollen. Auf der anderen Kanalseite sehen wir das Krankenhaus Am Urban (1887 erbaut, der Hochhausneubau stammt aus den 60er-Jahren des letzten Jahrhunderts).

In die kreuzende *Baerwaldstraße* biegen wir links ein (Radweg) und überqueren den *Landwehrkanal.* Wir bleiben geradeaus, kreuzen mehrere Straßen und biegen schließlich rechts in die *Bergmannstraße* ein. Wir kommen am *Marheinekeplatz* und der gleichnamigen *Markthalle* vorbei (Radweg) und biegen wenig

Kreuzberg
Leipziger Str.
Köpenicker Str.
Warschauer Str.
Schles. Str.
Skalitzer Str.
Gitschiner Str.
Oranien-Str.
Koch-Str.
Wilhelm-Str.
Stresemann-Str.
Blücher-Str.
Urban-Str.
Gneisenau-Str.
Bergmann-Str.
Hasenheide
Mehringdamm
Kottbusser Damm
Wiener Str.
Stadtmitte
Kochstr.
Hallesches Tor
Prinzenstr
Moritzplatz
Kottbusser Tor
Görlitzer Bf.
Schlesisches Tor
Heinr.-Heine-Str.
Spittelmkt.
Märk. Mus.
Mohrenstr.
Potsdamer Pl.
Leipziger Pl.
Anhalter Bf.
Möckernbrücke
Gneisenaustr
Südstern
Urban-Hafen
Viktoria-Park
Ostbahnhof
Stralauer Pl.
Mühlen-Str.
Waldemar-Str.
Pflüger-Str.
Kiefholz-Str.
Jannowitzbr.

später links in die leicht bergaufführende *Schenkendorfstraße* ein. Wir durchfahren jetzt ein schönes, zum größten Teil restauriertes Wohnquartier mit Mietshäusern, die um die Wende zum 20. Jahrhundert errichtet wurden. Die Straßen weisen alle eine grobe Kopfsteinpflasterung auf. In die *Arndtstraße* biegen wir rechts ein, um am nahen *Chamissoplatz* nach links zu fahren. Anschließend geht es nach rechts in die *Willibald-Alexis-Straße*, dann links durch die *Kopischstraße* zur *Fidicinstraße* (hier ein alter Wasserturm), in die wir rechts einbiegen.

In den verkehrsreichen *Mehringdamm* (Radweg) lenken wir nach rechts und rollen bergab zur nächsten Kreuzung, an der wir links in die *Kreuzbergstraße* (Radweg) fahren. Wir kommen am *Viktoriapark* vorbei, in dem sich der *Kreuzberg* mit 66 Metern Höhe erhebt. Am Parkeingang biegen wir rechts in die *Großbeerenstraße* ein. In die *Hagelberger Straße* fahren wir ebenfalls nach rechts. Gegenüber der Hausnummer 48 lenken wir nach links in die kleine *Privatstraße* und radeln durch *Riehmers Hofgarten,* einem hochherrschaftlichen Wohnkomplex, der Ende des 19. Jahrhunderts u. a. für die Offiziere der nahen Kasernen errichtet wurde. Auf der *Privatstraße* bleiben wir geradeaus und verlassen die Anlage durch eine Tordurchfahrt.

In die kreuzende Straße, die *Yorckstraße,* biegen wir rechts ein (Radweg). Auf der anderen Straßenseite befindet sich das *Rathaus Kreuzberg*. An der nahen Kreuzung lenken wir vorsichtig links in den verkehrsreichen *Mehringdamm* (Radweg). Am zinnengeschmückten *Finanzamt,* einer früheren Kaserne, fahren wir rechts in die *Baruther Straße,* die u. a. an den *Friedhöfen vor dem Halleschen Tor* entlangführt. Hier sind zahlreiche Berliner Persönlichkeiten wie Chamisso, Glasbrenner, Knobelsdorff, Mendelssohn-Bartholdy, E. T. A. Hoffmann bestattet.

In die *Zossener Straße* biegen wir links ein. Wir kreuzen die Blücherstraße und lenken hinter der Kirche rechts in die *Johanniterstraße.* Kurz darauf fahren wir links in die *Brachvogelstraße,* überqueren den *Landwehrkanal,* unterqueren die Hochbahn und radeln geradeaus auf der *Alexandrinenstraße* weiter. In die *Franz-Künstler-Straße* biegen wir links ein und fahren auf dieser Straße und ihrer Verlängerung, der *Hollmannstraße,* zur kreuzenden *Lindenstraße,* an der sich im früheren Kammergerichtsgebäude das *Berlin-Museum* befindet (Öffnungszeiten: täglich von 11 bis 18 Uhr, montags geschlossen).

In die *Lindenstraße* fahren wir für wenige Meter nach links, um dann rechts in die *Franz-Klühs-Straße* einzubiegen. Wir erreichen rasch die *Friedrichstraße,* in die wir nach rechts lenken. Auf dieser früher weltbekannten Einkaufs- und Vergnügungsstraße gelangen wir hinter der kreuzenden Kochstraße zum ehemaligen *Checkpoint Charlie.* Auf der *Friedrichstraße* fahren wir zurück zum nahen *U-Bahnhof Kochstraße,* dem Endpunkt der Tour.

22 U-Bahnhof Blaschkoallee– Teltowkanal – Rudower Höhe – Dörferblick – Gropiusstadt – Britzer Garten – Alt-Britz – U-Bahnhof Blaschkoallee

Verkehrsmöglichkeiten U-Bahn bis/ab Blaschkoallee.
Tourenlänge 28 Kilometer.
Fahrzeit 3 Stunden.
Höhenunterschiede Unbedeutend.
Karten Falk-Stadtplan Berlin.
Anmerkung *Grenzweg:* Siehe Tour 1.
Wissenswertes *Teltowkanal:* Siehe Tour 15. – *Gropiusstadt:* Der Architekt und Bauhausgründer Walter Gropius entwickelte die Pläne für die Hochhaussiedlung im Süden Neuköllns (Baubeginn 1962), die jedoch in der Realisierung stark abgewandelt wurden, sodass sich Gropius vom Wohnviertel, das heute seinen Namen trägt, distanzierte.

Alt-Britz: Das frühere Dorf liegt auf dem Gebiet eines ehemaligen Rittergutes. Erhalten blieb ein Teil des Dorfangers, die Kirche aus dem 13. Jahrhundert, der Dorfteich und der Gutshof aus dem 18. Jahrhundert.

Tourenbeschreibung Wir verlassen den *U-Bahnhof Blaschkoallee* in Richtung Stavenhagener Straße. Am Ausgang fahren wir nach links in die *Fritz-Reuter-Allee,* um wenig später rechts in die verkehrsreiche *Blaschkoallee* einzubiegen. An der nahen Ampelkreuzung bleiben wir geradeaus und rollen auf der *Späthstraße* weiter.

Unmittelbar vor dem *Teltowkanal* halten wir uns in Richtung Casinosiedlung halbrechts und radeln nun auf dem nur vom Anliegerverkehr benutzten Teersträßchen am *Teltowkanal* entlang. Rechts begleiten uns Kleingärten, am anderen Ufer sehen wir auf Treptower Seite das mittlerweile bewachsene Brachland des früheren »Todesstreifens«. Nach 700 Metern fahren wir leicht links auf dem festgrundigen Uferweg weiter. Rund 100 Meter vor (!) der nächsten Brücke wählen wir links den schmalen Weg, der am Ufer bleibt und die Brücke unterquert (Vorsicht!). Anschließend bleiben wir noch etwa 100 Meter auf diesem Weg, fahren dann aber nach rechts hinauf zum breiteren Weg, der ebenfalls parallel zum *Teltowkanal* verläuft.

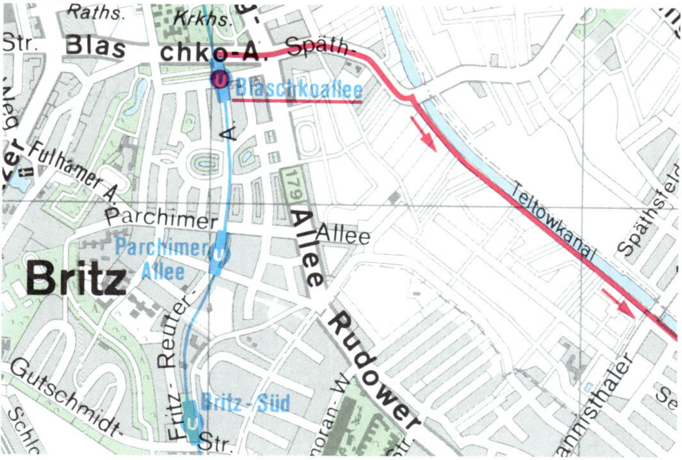

Auf dem angenehm befahrbaren Uferweg am *Bewag-Kraftwerk* vorbei, wir können die schmutzigen Wassereinleitungen in den Kanal »bewundern«. Weiter geradeaus. Bald wird unser geteerter Weg von Industriebahngleisen begleitet. Vor einem Fabrikgebäude folgen wir dem Weg nach rechts. In die nahe öffentliche Straße, *Seidelbastweg* (kein Schild), biegen wir links ein.

Die Straße geht in die *Kanalstraße* über (Radweg mit Gegenverkehr), und wir rollen nun durch ein nicht gerade schönes Industriegebiet. Auf der *August-Froehlich-Straße* und der Straße *An der Werderlake* erreichen wir die Parkanlage der *Rudower Höhe* (der »Berg« wurde aus Bauschutt errichtet). Um uns die Höhenmeter eines Anstieges zu ersparen, biegen wir links in den *Glashütter Weg* ein. Nach wenigen Metern entlang der Einfamilienhäuser lenken wir rechts in den *Niederschlemaer Weg.*

Am Ende dieser Straße fahren wir direkt vor der *Rudower Höhe* nach links (!) in den schmalen Fußweg, der unten am Berg entlangführt. Nach 100 Metern folgen wir diesem Weg nach rechts und radeln weiter am Bergfuß entlang. Links neben uns sehen wir den früheren Grenzstreifen. Hinter der *Rudower Höhe* mündet unser schmaler Weg in ein motorverkehrsfreies Teersträßchen, das früher den Westalliierten für Patrouillenfahrten diente. Auf diesem sogenannten *Grenzweg* radeln wir geradeaus weiter.

Wir rollen an Kleingärten entlang. Später verläuft der geteerte *Grenzweg* im Zick-Zack. Wenn vor uns fünf weiß-graue Granitsteine auftauchen, bleiben wir geradeaus, passieren diese Barrierensteine und biegen 50 Meter weiter rechts in den früheren *Grenzweg* der DDR-Truppen ein. Wir sind nun im Berliner Stadt-

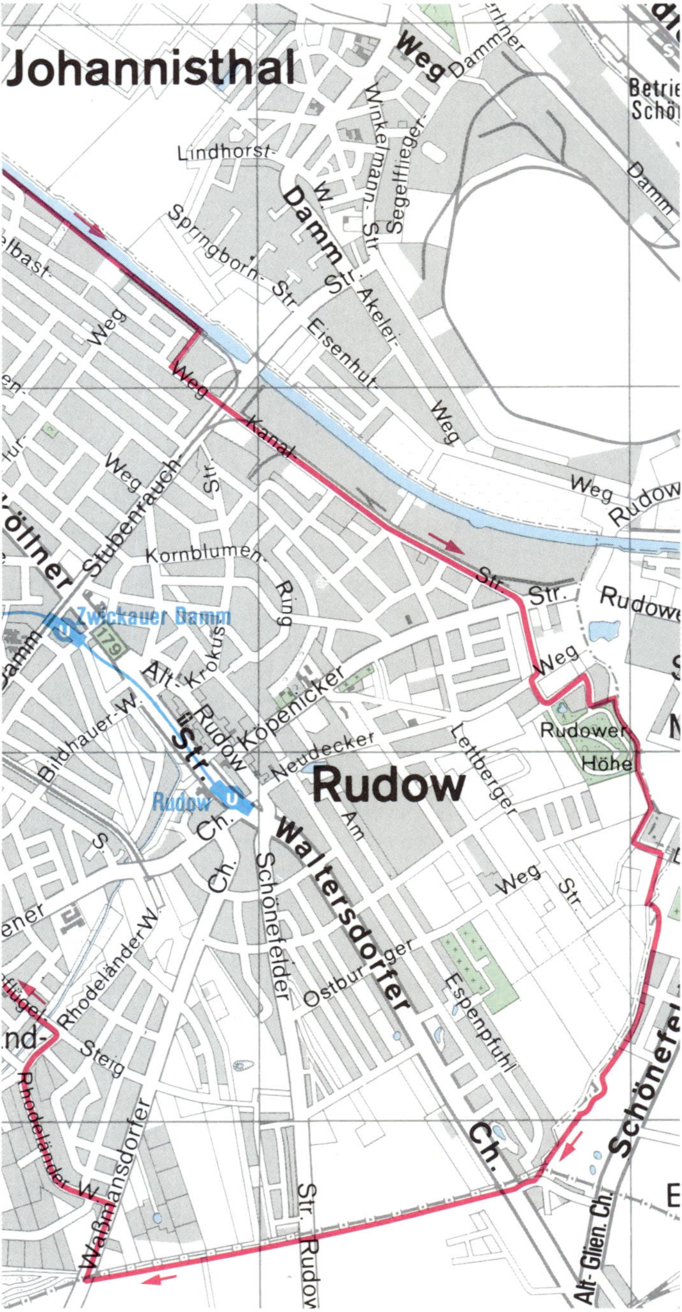
Johannisthal
Rudow
Zwickauer Damm
Rudow
Rudower Höhe
Lindhorst-
Springborn-Str.
Damm
Str.
Akelei-
Eisenhut-
Weg
Winkelmann-Str.
Segelflieger-
Kanal
Stubenrauch-
Kornblumen-
Ring
Krokus
Alt-Rudow
Köpenicker
Neudecker
Lettberger
Bildhauer-W.
Waltersdorfer
Schönefelder
Ostburger
Espenpfuhl
Rhodeländer W.
Steig
Waßmannsdorfer
Str. Rudow
Alt-Glien. Ch.
Schönefel
Rudower
Weg
179

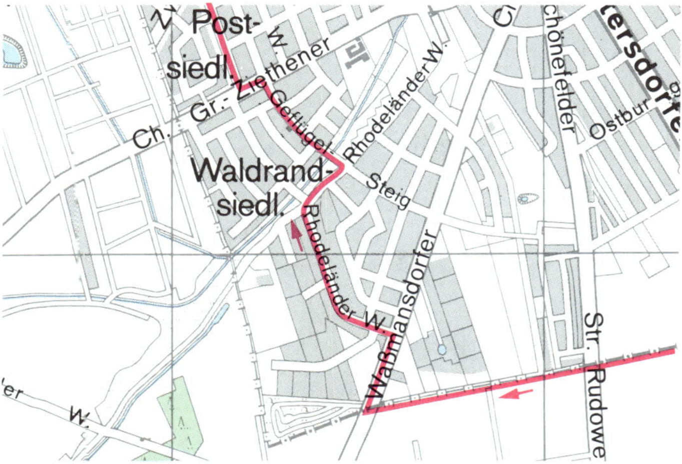

teil *Alt-Glienicke.* Unser breiter Weg aus defekten Betonplatten ist streckenweise holprig, denn er wird nicht mehr unterhalten. Auf Höhe der Hochhäuser kurz nach links, aber sogleich nach rechts auf dem *Grenzweg* weiter. Wir erreichen eine öffentliche Straße (kein Schild), auf der wir geradeaus zur nahen *Waltersdorfer Chaussee* radeln.

An der Ampelanlage überqueren wir die verkehrsreiche Ausfallstraße und setzen die Tour auf dem nun gut zu befahrenden *Grenzweg* fort. Der Weg folgt genau der Stadtgrenze von Berlin. Wo früher Minenfelder und Stacheldrahtverhaue waren, erstrecken sich heute eingezäunte Weiden für Pferde, Schafe und Ziegen. Wir befinden uns auf Brandenburger Gebiet. Links können wir die Gebäude des Flughafens Schönefeld erkennen, rechts liegt der Berliner Stadtbezirk Neukölln. Wir kreuzen die Schönefelder Straße (kein Schild) und bleiben auf dem *Grenzweg* geradeaus.

In die nächste kreuzende Straße, die *Waßmannsdorfer Chaussee* (wiederum kein Schild), lenken wir nach rechts und sind wieder in *Berlin,* im Neuköllner Ortsteil *Rudow.* Links der Straße erhebt sich der gut 85 Meter hohe künstliche Berg »Dörferblick«, der aus Bauschutt errichtet wurde. Durch die schöne baumgesäumte Allee radeln wir zur Seitenstraße *Rhodeländerweg,* in den wir links einbiegen. Wir rollen durch eine ruhige Wohnsiedlung, machen die weite Rechtskurve der Straße mit und fahren links in den *Geflügelsteig.* Wenig später überqueren wir das unscheinbare Rudower Fließ. Weiter geradeaus auf der Straße.

In die kreuzende *Groß-Ziethener Chaussee* biegen wir links ein (Radweg), um kurz darauf in den *Lößnitzer Weg* (Kopfsteinpflas-

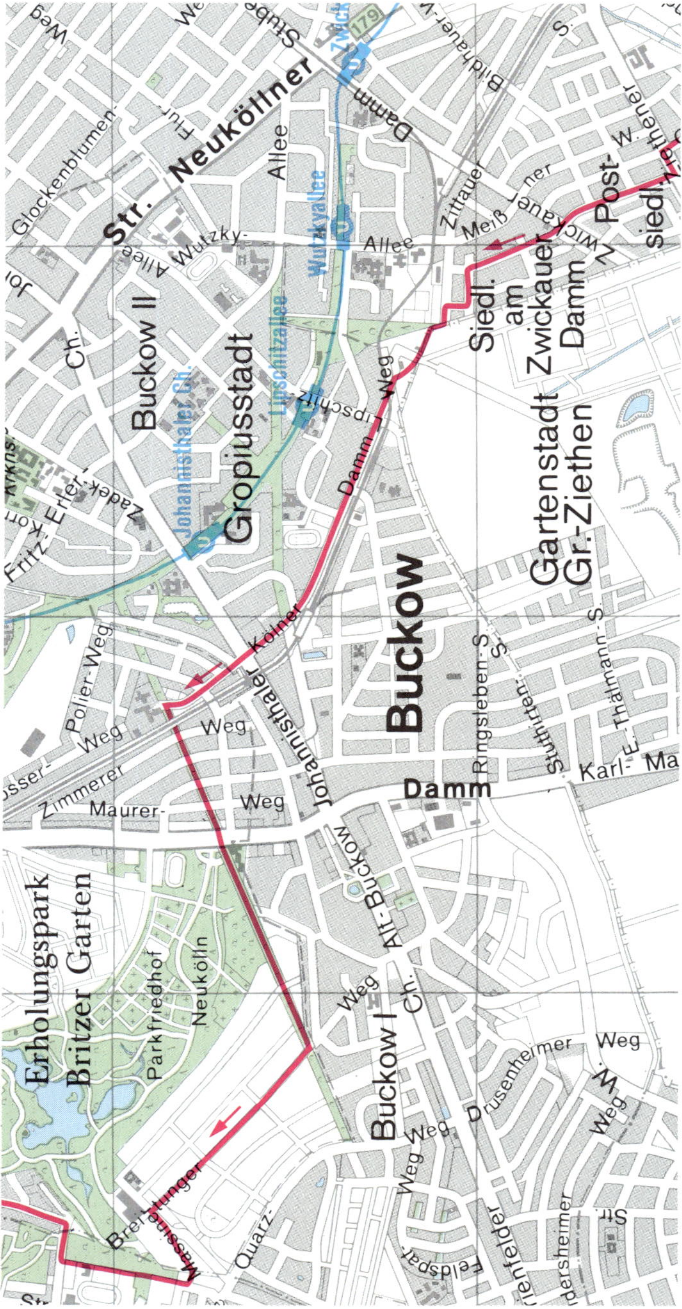

Erholungspark
Britzer Garten
Parkfriedhof
Neukölln
Buckow
Buckow I
Buckow II
Gropiusstadt
Gartenstadt
Gr.-Ziethen
Siedl.
am
Zwickauer
Damm
Johannisthaler Ch.
Lipschitzallee
Wutzkyallee
Neuköllner
Str.
Glockenblumen-
Alt-Buckow
Kölner
Damm
Johannisthaler
Ch.
Wutzky-
Allee
Zimmerer-
Weg
Maurer-
Weg
Polier-Weg
Ringsleben-S.
Karl-
Drusenheimer
Weg
Quarz-
Feldspat
Zittauer
Post-
Bildhauer-
179

ter mit Randstreifen) nach rechts zu lenken. Wir radeln durch die sogenannte *Postsiedlung.* Nach 500 Metern kreuzen wir den Zwickauer Damm und radeln auf der verkehrsarmen Anliegerstraße (= *Straße 229,* erst später Schild) geradeaus durch die nette *Siedlung am Zwickauer Damm.* In den *Söderblomweg* biegen wir links ein, um kurz darauf rechts in den *Löheweg* zu lenken. In den nahen *Matthäusweg* geht die Fahrt nach links.

Nach 50 Metern folgen wir dem nunmehr für den Motorverkehr gesperrten Weg nach rechts. Am nahen *Wäldchen* (rechts ein Sportplatz) halten wir uns leicht links und fahren auf dem schmalen Erdweg links am Waldrand entlang. Bald kreuzen wir eine Teerstraße und radeln auf dem breiten Teerweg geradeaus weiter. Kurz darauf kreuzen wir ein Bahngleis und setzen unsere Tour auf der öffentlichen Straße, dem *Kölner Damm* (vorerst kein Schild) fort (in das Zentrum der Gropiusstadt mit dem U-Bahnhof Lipschitzallee nach rechts).

Nach 1,3 Kilometern auf dem *Kölner Damm* (Radweg), der am Rand der *Gropiusstadt* entlangführt, kreuzen wir die Johannisthaler Chaussee und radeln geradeaus auf der *Tischlerzeile* weiter. Kurz vor dem Ende dieser Straße, hinter einem Parkplatz, schwenken wir nach links in einen breiten Erdweg, der eine schmale Grünanlage durchzieht. Wir überqueren bald ein Bahngleis und kreuzen mehrere Straßen (Vorsicht!). Den verkehrsreichen Buckower Damm überschreiten wir an der Ampelanlage.

Jenseits der Straße (hier befindet sich einer der Eingänge zum *Britzer Garten,* in dem die Bundesgartenschau stattfand) radeln wir geradeaus in Richtung »Kolonie Heimaterde« auf einem anfangs geteerten Weg weiter. Wir fahren durch ein ausgedehntes Kleingartengelände. Nach etwa einem Kilometer lenken wir kurz hinter einem Unterstellhäuschen rechts in ein Teersträßchen (kein Straßenschild am Abzweig – auf Karten *Breitunger Weg*). Für einen weiteren Kilometer rollen wir auf diesem verkehrsarmen Sträßchen weiter durch das Kleingartengebiet, um dann der kleinen Straße nach halblinks zu folgen.

Kurz darauf erreichen wir eine kreuzende Vorfahrtsstraße (= *Sangerhauser Weg,* kein Schild), in die wir links einbiegen. 200 Meter später lenken wir vor dem großen Parkplatz, am *Friedlands Eck,* halbrechts in den breiten, motorverkehrsfreien Asphaltweg (*Friedland-Promenade*). Vor dem Neubau folgen wir dem Weg nach rechts und erreichen rasch die *Tauernallee,* in die wir rechts (!) einbiegen. Auf dem Radweg rollen wir geradeaus durch die Grünanlage (bald rechts ein weiterer Eingang zum *Britzer Garten*). Wir bleiben auf dem schmalen Feinschotterweg geradeaus und fahren am eingezäunten *Britzer Garten* entlang.

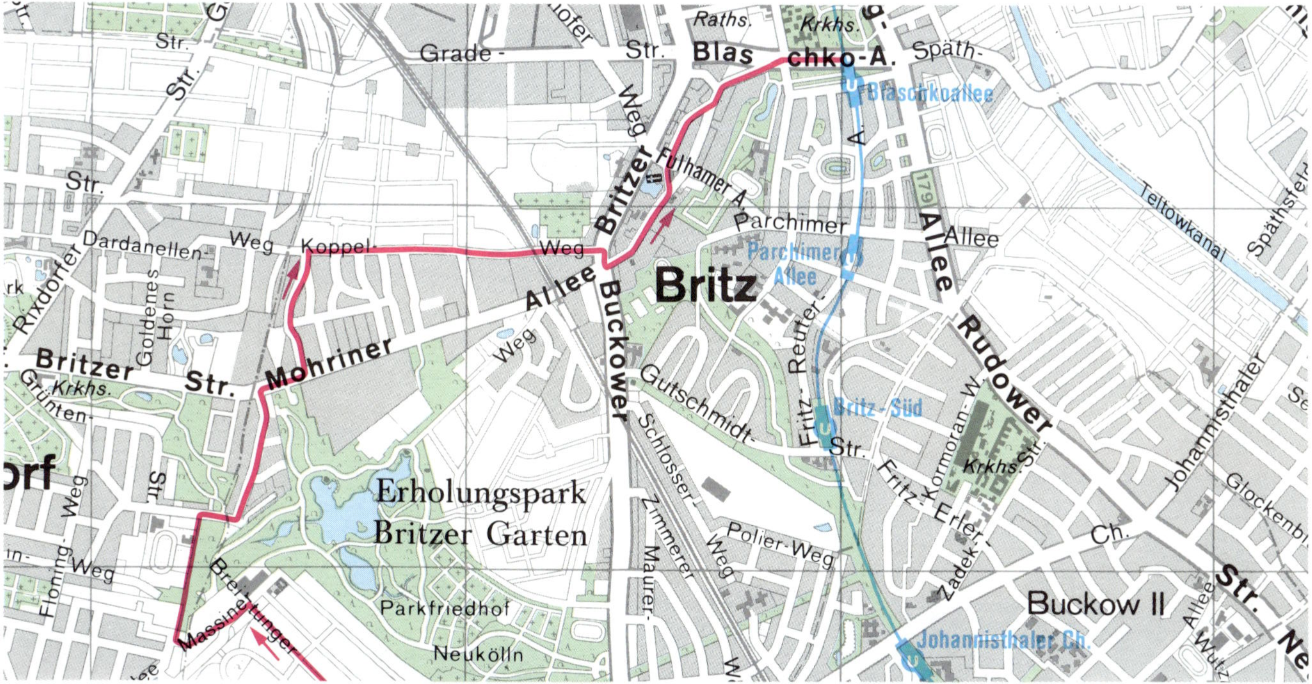

Britz
Erholungspark
Britzer Garten
Parkfriedhof
Neukölln
Buckow II
Blas chko-A.
Blaschkoallee
Parchimer Allee
Britz-Süd
Johannisthaler Ch.
Rudower Allee
179
Buckower Allee
Britzer Weg
Fulhamer A.
Koppel-Weg
Dardanellen-Weg
Mohriner Allee
Britzer Str.
Goldenes Horn
Rixdorfer Str.
Grade-Str.
Späth-
Späthsfeld
Teltowkanal
Johannisthaler Ch.
Glockenbl
Gutschmidt-Str.
Fritz-Reuter-Str.
Fritz-Erler-A.
Kormoran-W.
Zadek
Schlosser-Weg
Polier-Weg
Zimmerer-W
Maurer-
Breitunger
Massiner
Grünten-
Floning-Weg
Raths.
Krkhs.
Wutzky-Allee

In die öffentliche Straße *Wildspitzweg* (kein Schild) biegen wir nach 400 Metern rechts ein. Kurz darauf lenken wir links in den *Hochkönigweg* und radeln an Einfamilienhäusern entlang. In die *Mohriner Allee* (Radweg) fahren wir für eine kurze Strecke nach rechts. Nach 200 Metern biegen wir links in den kopfsteingepflasterten *Walnußweg* ein (Randstreifen). In den geteerten *Koppelweg* geht es nach rechts. Die im Schlussteil gepflasterte Straße endet am *Britzer Damm.*

In diese verkehrsreiche Straße (Radweg) lenken wir nach rechts, um an der nahen Ampel links in die Straße *Alt-Britz* einzubiegen (Kopfsteinpflaster). Wir kommen am Dorfteich und am *Britzer Schloss,* dem ehemaligen Gutshof vorbei. Anschließend fahren wir halblinks in die *Backbergstraße.* Kurz hinter der Dorfkirche (links der Straße) kreuzen wir die Fulhamer Allee und radeln auf der *Backbergstraße* weiter. Auf der Straße *Alt-Britz* geht es leicht links weiter. Wir folgen der Straße nach rechts und erreichen die *Blaschkoallee.* In diese verkehrsreiche Straße biegen wir rechts ein und fahren zum *U-Bahnhof Blaschkoallee.*

23 S-Bahnhof Treptower Park – Spree – Wuhlheide – S-Bahnhof Köpenick

Verkehrsmöglichkeiten S-Bahn bis Treptower Park, S-Bahn ab Köpenick; unterwegs S-Bahn Wuhlheide.
Tourenlänge 13,5 Kilometer. **Fahrzeit** 1½ Stunden.
Höhenunterschiede Unbedeutend.
Karten Falk-Stadtplan Berlin.
Anmerkung Auf Höhe der Baumschulenstraße verbindet das kleine Fährschiff, das alle 20 bzw. 30 Minuten verkehrt, die Treptower Ortsteile Baumschulenweg und Oberschöneweide.
Wissenswertes *Treptow:* Erst 1874 wurde der Amtsbezirk Treptow gegründet. Vorher war die Gegend im Waldgebiet der früheren Köllnischen Heide nahezu unbesiedelt und diente lediglich als Ausflugsziel der Berliner. Ende des vorletzten Jahrhunderts kam es zu Industrieansiedlungen mit den für Berlin typischen Mietskasernen. Ab 1910 entstanden entlang des Treptower Parks vornehme Mietshäuser für wohlhabendes Bürgertum. – *Spree:* Siehe Tour 11. – *Treptower Park:* Siehe Tour 21. – *Volkspark Wuhlheide:* Im waldähnlichen Gelände befindet sich der vormalige »Pionierpark«, in dem eine Parkeisenbahn verkehrt. Fahrzeiten: 13.20 bis 17.20 (außer freitags), an Sonn- und Feiertagen zusätzlich von 10 bis 12 Uhr.

Köpenick: Neben Berlin/Cölln und Spandau ist Köpenick die dritte mittelalterliche Stadt innerhalb der heutigen Berliner Stadtgrenze. Siedlungsursprung ist die Schlossinsel, auf dem sich ein frühgeschichtliches Dorf befand. Eine slawische Burganlage ist für das 9. Jahrhundert nachgewiesen. Als Stadt wird Köpenick erstmals 1298 erwähnt. Der heutige Berliner Stadtbezirk hat sich im Zentrum etwas von seinem kleinstädtischen Charakter bewahrt. Das Schloss Köpenick, heute in Formen des Barocks, entstand ab 1558. Das Rathaus, in Formen märkischer Backsteingotik 1901–04 erbaut, wurde durch die Posse des »Hauptmanns von Köpenick« weltbekannt.

Tourenbeschreibung Vom *S-Bahnhof Treptower Park* schieben wir die Räder zur nahen *Puschkinallee* und unterqueren im linken Fußgängertunnel die Bahnstrecke. Auf dem linksseitigen Radweg der *Puschkinallee* radeln wir dann noch gut 500 Meter geradeaus. Nach dieser Distanz halten wir uns an der Fußgängerampel links und erreichen das Ufer der *Spree.* Hier nach rechts.

Auf diesem schönen Weg rollen wir nun direkt am Ufer der *Spree* durch den *Treptower Park.* Nach 1,2 Kilometern kommen wir am traditionsreichen *Haus Zenner* (Gaststätte) vorbei und unterqueren wenig später die Abteibrücke, die zu einer Insel führt (Einkehrmöglichkeit). Wir bleiben am Spreeufer und umfahren den *Spreepark,* der sich rechts neben uns hinter dem Zaun befindet. Nach 1,5 Kilometern kommen wir am *Eierhäuschen* vorbei, einer weiteren beliebten Ausflugsgaststätte. Wir radeln weiter am Fluss entlang und erreichen nach einem Kilometer die kleine Fähre, auf der wir die *Spree* überqueren (siehe Anmerkung).

Am anderen Ufer, in *Wilhelmstrand,* bleiben wir auf dem kopfsteingepflasterten Weg geradeaus. In die *Nalepastraße* biegen wir kurz rechts ein, um gleich links auf dem kopfsteingepflasterten *Weg 7* zur kreuzenden Ausfallstraße (= Rummelsburger Landstraße) zu fahren. Äußerst vorsichtig überqueren wir diese verkehrsreiche Straße und radeln geradeaus auf der geteerten Straße *Am Walde* weiter. Wenn die Straße nach links schwenkt, fahren wir nach rechts in den breiten Waldweg.

Wir sind jetzt im innerstädtischen Waldgebiet der *Wuhlheide.* Rechts unseres Weges begleitet uns ein dickes Heizungsrohr. Nach 300 Metern folgen wir dem Rohr kurz nach links, um nach zehn Metern nach rechts zu fahren. In die breite kreuzende Straße, die *Treskowallee* biegen wir rechts ein (Radweg). An der Straßenbahnhaltestelle »Elisabeth-Hospital« wechseln wir vorsichtig auf die andere Straßenseite. Nach 50 Metern auf der linken Seite der Straße lenken wir links in den breiten Erdfahrweg, um 100 Meter

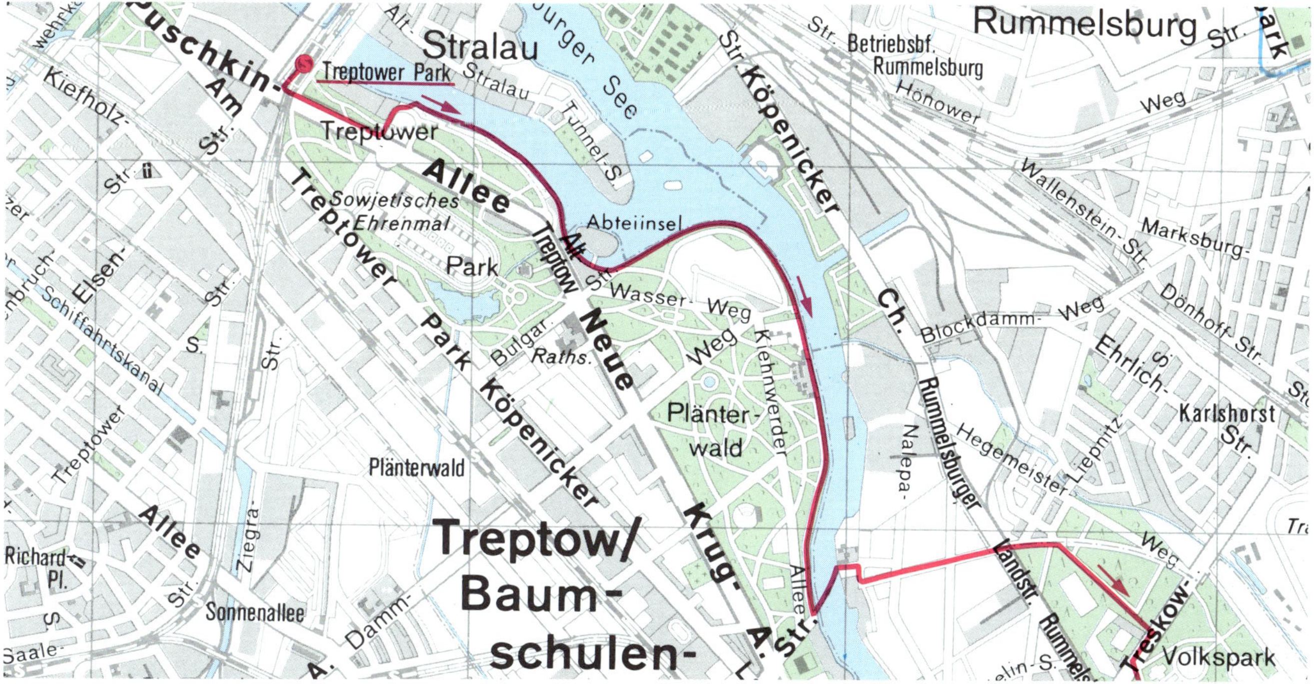
Rummelsburg
Stralau
Treptower Park
Treptower
Allee
Sowjetisches Ehrenmal
Treptower Park
Park
Alt-Treptow
Abteiinsel
Tunnel-S.
Köpenicker Str.
Köpenicker Ch.
Betriebsbf. Rummelsburg
Hönower Weg
Wallenstein-Str.
Marksburg-
Dönhoff-Str.
Ehrlich-S.
Karlshorst Str.
Blockdamm-Weg
Wasser-Weg
Neue Krug-Allee
Kiehnwerder Allee
Plänter-wald
Plänterwald
Rummelsburger Landstr.
Nalepa-
Hegemeister-
Liepnitz
Weg
Treskow-
Volkspark
Baumschulen-Str.
Treptow/
Puschkin-Allee
Am Treptower Park
Kiefholz-Str.
Elsen-Str.
Schiffahrtskanal
Treptower
Allee
Richard-Pl.
Sonnenallee
Ziegra-Str.
Damm-
Saale-
Köpenicker Landstr.
Bulgar.
Raths.

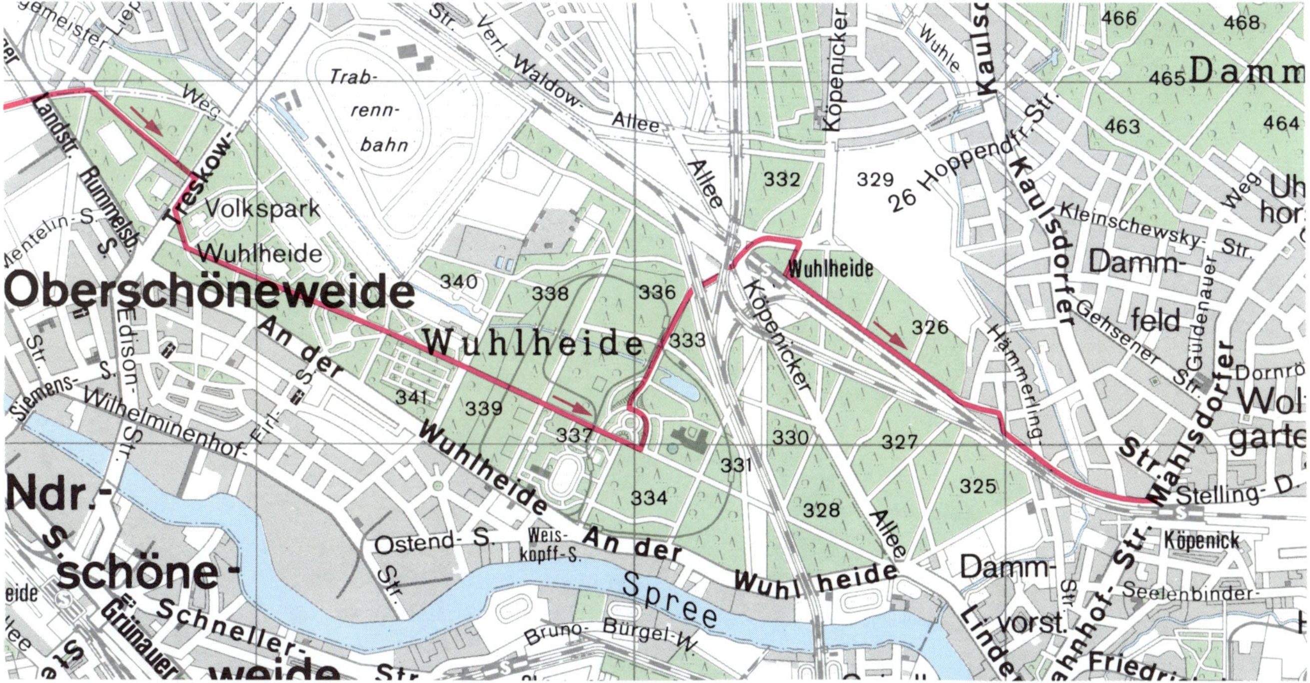
Oberschöneweide
Wuhlheide
Volkspark
Wuhlheide
Trab-
renn-
bahn
Treskow-
Landstr.
Rummelsb.
Verl. Waldow-
Allee
Köpenicker
Allee
Wuhlheide
Kaulsdorfer
Hoppendfr.-Str.
Kleinschewsky-
Str.
Damm-
feld
Gensener
Str.
Güldenauer
Hämmerling-
Mahlsdorfer
Str.
Stelling-
Köpenick
Seelenbinder-
Damm-
vorst.
Köpenicker
Allee
An der
Wuhlheide
An der
Wuhlheide
Spree
Ostend-S.
Weis-
kopff-S.
Str.
Bruno-Bürgel-W.
Wilhelminenhof-
Edison-
Str.
Schneller-
Grünauer
Ndr.-
schöne-
weide
Wuhle
Damm
Weg
332
329
326
325
327
328
330
331
333
334
336
337
338
339
340
341
463
464
465
466
468

später halblinks in den eichengesäumten breiten Weg einzubiegen. Auf diesem schönen Weg, der auf Karten als *Eichgestell* bezeichnet wird, radeln wir schnurgerade durch den *Volkspark Wuhlheide.*

Nach knapp 2,5 Kilometern Fahrt passieren wir ein Tor des eingezäunten *Freizeit- und Erholungszentrums* und überqueren sogleich das Schmalspurgleis der *Parkeisenbahn.* Wir bleiben auf dem geteerten Weg geradeaus und kommen an der *Freilichtbühne* vorbei. Anschließend biegen wir vor den Gebäuden des Freizeit- und Erholungszentrum in Richtung »Imbiss, Finnhütten« links in den geteerten Weg ein. Vor dem nahen Spielplatz folgen wir dem Weg leicht nach links und fahren unter der Holzbrücke hindurch. Am *Badesee* schwenken wir mit dem Weg leicht nach rechts. Nach weiteren 500 Metern verlassen wir den Park.

Wir fahren nach rechts unter der Bahnbrücke hindurch, folgen dem Sträßchen und unterqueren zwei weitere Brücken. Am *S-Bahnhof Wuhlheide* folgen wir der Betonplattenstraße hinauf (!) zur Brücke. In die bevorrechtigte *Köpenicker Allee* biegen wir rechts ein und überqueren die S-Bahn. Hinter der Brücke lenken wir rechts in die Vorfahrtsstraße. Wenn wenig später diese Straße nach links führt, fahren wir scharf rechts in den schmalen Waldweg. In den zweiten Querweg biegen wir links ein und radeln auf diesem angenehmen Waldweg parallel zur S-Bahn.

Nach knapp einem Kilometer erreichen wir eine öffentliche Straße, die *Birnbaumer Straße* (vorerst kein Schild), auf der wir geradeaus weiterradeln. In die *Schubertstraße* (Erdfahrstraße) lenken wir nach rechts. Diese Straße geht in die geteerte Straße *Am Bahndamm* über, auf der wir geradeaus bleiben. Wir erreichen den kreuzenden Straßenzug *Bahnhofstraße/Mahlsdorfer Straße.* Hier befindet sich der *S-Bahnhof Köpenick.*

24 S-Bahnhof Köpenick – Spree – Großer und Kleiner Müggelsee – S-Bahnhof Erkner

Verkehrsmöglichkeiten S-Bahn bis Köpenick, S-Bahn ab Erkner.
Tourenlänge 19 Kilometer.
Fahrzeit 2 Stunden.
Höhenunterschiede Gering.
Karten Falk-Stadtplan Berlin.
Wissenswertes *Köpenick:* Siehe Tour 23. – *Spree:* Siehe Tour 11. – *Müggelsee:* Der Große Müggelsee ist mit über 7 Quadratkilometern das größte Gewässer innerhalb der Berliner Stadtgrenze.

Das wichtige Wasserreservoir und beliebte Bade- und Segelrevier ist akut durch Verschmutzungen bedroht. – *Erkner:* Der 1579 erstmals erwähnte Ort entwickelte sich Mitte des 19. Jahrhunderts zu einem Industriestandort (Steinkohlenteer-Destillation, Kunststoffherstellung). 1885 bezog der spätere Nobelpreisträger Gerhart Hauptmann die Villa Lassen (heute Museum), um sich in der waldreichen Umgebung von seiner Lungenkrankheit zu erholen.

Tourenbeschreibung Wir verlassen den *S-Bahnhof Köpenick* in Richtung Elcknerplatz. Am Bahnhofsvorplatz fahren wir nach links und folgen wenig später der Vorfahrtsstraße nach rechts. In die nahe verkehrsarme *Thürnagelstraße* biegen wir links ein, um bald in die *Gelnitzstraße* nach rechts zu lenken.

In die kreuzende, verkehrsreiche *Seelenbinderstraße* biegen wir vorsichtig links ein. Wir erreichen die *Bellevuestraße,* in die wir nach rechts radeln. An der nahen Ampelanlage bleiben wir in Richtung Müggelheim geradeaus. Wir sind auf der *Salvador-Allende-Straße* (breiter Bürgersteig und Radweg), auf der wir die *Spree* überqueren. Unmittelbar hinter der Brücke tragen wir die Räder rechts die Treppe hinunter, gelangen rasch zur *Spree* und biegen in den Uferweg rechts ein.

Ohne vom Motorverkehr gestört zu werden, rollen wir auf dem schönen Weg direkt am Fluss entlang und erreichen nach 2,7 Kilometern am *Spreetunnel* (1926–27 erbaute Verbindung nach Friedrichshagen) den *Großen Müggelsee.* Wir folgen unserem Weg nach rechts und kommen an Resten einer Treppe vorbei, die einst zur Gaststätte Müggelschloss gehörte. Wir radeln am Ufer weiter. Wenig später fahren wir an der Gaststätte *Zum Skipper* vorbei und erreichen einen asphaltierten Weg, auf dem wir in schöner Fahrt am *Großen Müggelsee* entlangrollen. Wir passieren einige Badestellen, doch wird ein mögliches Badevergnügen durch die unzureichende Qualität des Seewassers arg getrübt.

Nach 2,4 Kilometern erreichen wir die Ausflugsgaststätte *Rübezahl* und radeln anschließend auf dem geteerten Weg am Ufer weiter. An schönen Wochenenden herrscht auf dem folgenden Wegabschnitt ein reger Fußgängerverkehr, sodass ein achtsames Radeln notwendig ist. Nach einem Kilometer kommen wir an der Gaststätte *Müggelseeperle* vorbei und setzen unseren Weg am Ufer fort, um nach weiteren 2,5 Kilometern zu einer öffentlichen Straße zu gelangen (kein Straßenschild).

In die Straße biegen wir rechts (!) ein. Wenig später, nach 300 Metern, lenken wir vor dem einzelnstehenden weißen Haus nach links, passieren eine Barriere und rollen dann auf dem motorverkehrsfreien Teersträßchen am Ufer des *Kleinen Müggelsees*

entlang. Nach etwa 600 Metern führt unser Sträßchen vom See fort. Wir kreuzen bald eine öffentliche Straße, radeln geradeaus auf dem festgrundigen Waldweg weiter, kreuzen eine weitere Teerstraße und bleiben auf dem Waldweg geradeaus.

In das nächste Teersträßchen biegen wir links ein und folgen nach 100 Metern dieser kleinen Straße nach rechts. Wir müssen jetzt leicht bergauffahren. Wenn nach 800 Metern links eine Teerstraße abzweigt, bleiben wir geradeaus. Wenig später rollen wir an Häusern entlang, die zur *Siedlung Schönhorst* gehören. Nach etwa 200 Metern biegen wir rechts in Richtung »Hessenwinkel 2 km« in den Erdfahrweg ein.

Wir folgen dem breiten, akzeptabel befahrbaren und mit einem gelben Querstrich markierten Weg für etwa einen Kilometer durch den Wald. Nach dieser Distanz lenken wir halblinks in den Betonplattenweg und erreichen rasch die Fußgängerbrücke, die den *Alten Spreearm* überspannt. Am anderen Ufer biegen wir links in die *Triglawstraße* ein und überqueren eine weitere Brücke. Wir sind jetzt im sogenannten *Hessenwinkel,* einem Villenvorort.

In die Straße *Im Haselwinkel* lenken wir nach rechts, um wenig später nach links auf der *Kanalstraße* weiterzufahren. Wir radeln

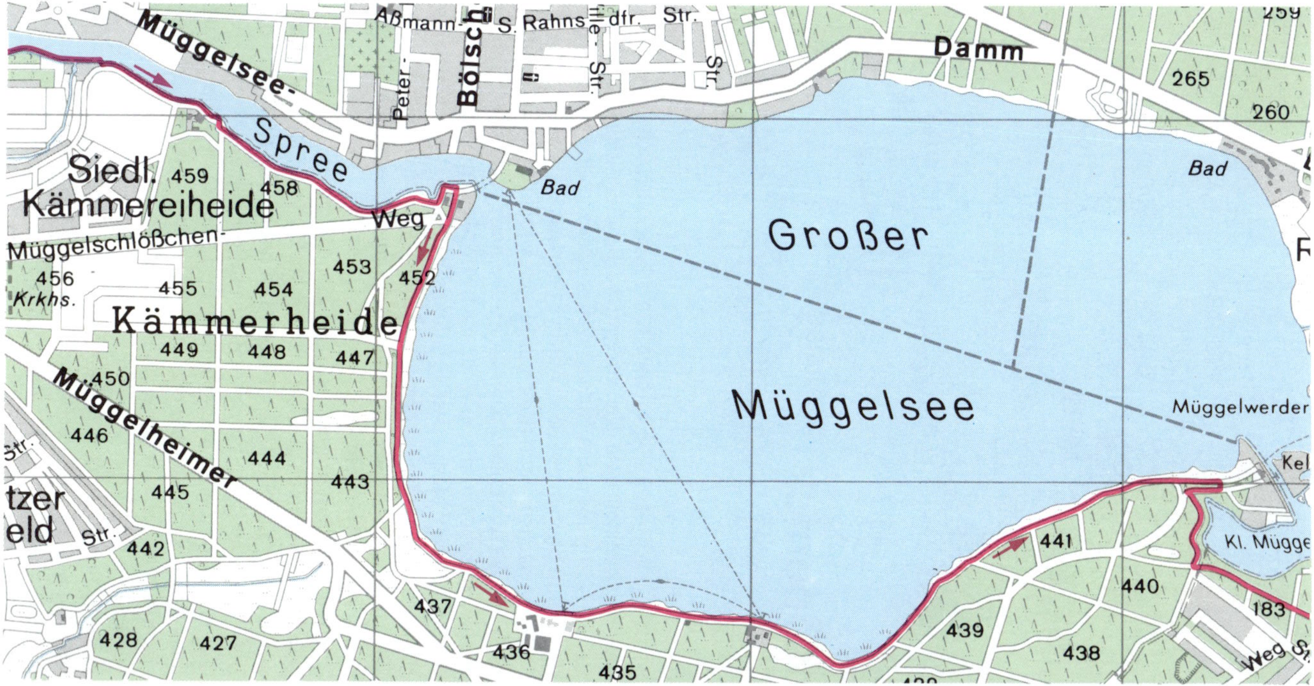
Müggelsee-
Spree
Aßmann-
S. Rahns
dfr.
Str.
Peter-
Bölsch
Str.
Damm
265
260
259
Siedl.
Kämmereiheide
459
458
Weg
Bad
Müggelschlößchen-
456
Krkhs.
455
454
453
452
Kämmerheide
449
448
447
450
Müggelheimer
446
444
443
445
Str.
442
Großer
Müggelsee
Bad
Müggelwerder
437
436
435
428
427
441
440
439
438
183
Kl. Mügge
Weg

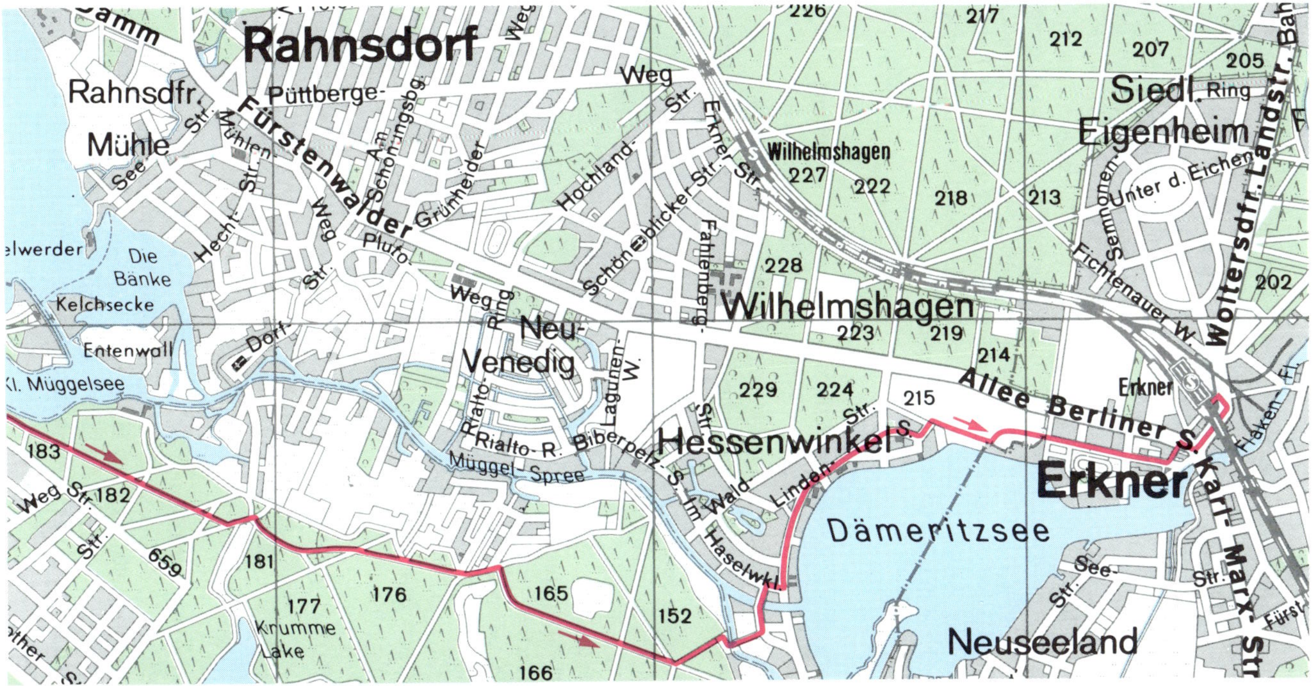
Rahnsdorf
Rahnsdfr.
Mühle
Püttberge-
Fürstenwalder
Weg
Am
Schöningsbg.
Grünheider
Pluto-
Str.
Mühlen-
Hecht-
See
Die
Bänke
Kelchsecke
Entenwall
Kl. Müggelsee
Dorf-
Hochland-
Schönblicker Str.
Erkner Str.
Fahlenberg-
Wilhelmshagen
Neu-
Venedig
Rialto-
Rialto- R.
Biberpelz- S.
Lagunen- W.
Müggel- Spree
Hessenwinkel
Im Wald-
Haselwkl.
Linden-
Dämeritzsee
Erkner
Allee
Berliner S.
Karl- Marx- Str.
See-
Neuseeland
Siedl.
Eigenheim
Ring
Semnonen-
Unter d. Eichen
Fichtenauer W.
Woltersdfr. Landstr.
Flaken-Fl.
Krumme
Lake
226
217
212
207
205
227
222
218
213
228
202
223
219
214
229
224
215
183
182
659
181
176
177
165
152
166

jetzt parallel zum *Dämeritzsee,* der sich hinter den Seegrundstücken befindet. Auf der *Lindenstraße* geht es halbrechts weiter. Am *Hotel Lindengarten/China-Restaurant* schwenken wir mit der *Lindenstraße* nach links in die Sackgasse. Nach etwa 100 Metern biegen wir rechts in den kombinierten Rad- und Fußgängerweg ein (Schild »Wanderweg nach Erkner«). Der Weg leitet uns in Nähe des Dämeritzsees (Badestellen) zur *Hessenwinkler Straße,* auf der wir geradeaus weiterradeln. Am Ende der Straße – am Wendekreis – bleiben wir auf dem Erdfahrweg noch 20 Meter geradeaus und biegen nach dem Haus mit den Arztpraxen links in den Weg ein. Am nahen Kreisverkehr überqueren wir zu Fuß die Berliner Straße, halten uns kurz rechts/links und unterqueren die Bahnbrücke. Anschließend geht es nach links über den Bahnhofsvorplatz zum nahen *S-Bahnhof Erkner.*

25 S-Bahnhof Grünau – Falkenhorst – Siedlung Waltersdorf – Eichberg – Eichwalde – Schmöckwitz – Schmöckwitzer Werder – Rauchfangswerder – Seddinsee – Schmöckwitz – S-Bahnhof Eichwalde

Verkehrsmöglichkeiten S-Bahn bis Grünau, S-Bahn ab Eichwalde; unterwegs S-Bahnhof Eichwalde.
Tourenlänge 29,5 Kilometer.
Fahrzeit 3 bis $3^{1}/_{2}$ Stunden.
Höhenunterschiede Gering.
Karten Falk-Stadtplan Berlin.
Wissenswertes *Grünau:* Der heutige Ortsteil von Köpenick war eine Kolonistengründung von 1749 unter Friedrich dem Großen. Mit dem Bau der Berlin–Görlitzer Eisenbahn wurde Grünau zu einem beliebten Ausflugsziel der Berliner. Ein Landhausviertel entstand parallel zur Dahme. 1936 wurden auf dem Fluß Wettkämpfe der Wassersportler im Rahmen der Olympischen Spiele durchgeführt. – *Schmöckwitz:* Auf dem bereits zur Steinzeit besiedelten Gebiet entstand ein slawisches Fischerdorf, das erstmalig 1375 urkundlich erwähnt wurde. Die Dorfkirche stammt aus dem 18. Jahrhundert.

Tourenbeschreibung Den *S-Bahnhof Grünau* verlassen wir in Richtung Richterstraße. Im Freien schieben wir die Räder auf der *Richterstraße* etwa 100 Meter weit entgegengesetzt zur Einbahnstraße. Anschließend fahren wir halblinks in die *Gründerstraße* und radeln durch eine Einfamilienhaussiedlung, die zum Ortsteil

Grünau
Wendenschloß
Falkenhorst
Siedl. Eichberg
Adler
Gestell
Regattastrecke
Langer
Bad
Müggelberg-A.
Wassersport-A.
Zum Langen See Str.
Trift
Sport- Str.
Krumme Lake
Alter Radelander
Schulzendorfer Str.
Richter Str.
Steig
Waltersdorfer
Parchwitzer
Weg
Karl-Liebknecht
Grünau

Bohnsdorf gehört. Am Ende der Straße rollen wir halblinks weiter (= *Grabenstraße*). An der nächsten Gabelung, 200 Meter weiter, setzen wir unsere Tour halbrechts auf dem geteerten *Kablower Weg* fort (nicht vorher in die Straße mit demselben Namen!). In die *Dahmestraße* biegen wir rechts ein.

In die *Schulzendorfer Straße* lenken wir nach links. Auf dieser mäßig stark befahrenen Straße radeln wir durch die ausgedehnte Einfamilienhaussiedlung *Falkenhorst.* Nach 1,8 Kilometern gerader Fahrt biegen wir rechts in die *Waldstraße* ein, um nach 50 Metern auf Höhe des Hauses Nr. 13c links (!) in die Betonplattenstraße (auf Karten *schwarzer Weg* – Einbahnstraße) zu lenken. Wir verlassen das Stadtgebiet von *Berlin* und überqueren das nahe Bahngleis. Anschließend halten wir uns leicht links und nehmen den kombinierten Rad- und Fußweg, der im Wald parallel zur Straße verläuft. Nach 700 Metern mündet der Radweg in die Verbundsteinstraße *Im Wiesengrund* (kein Schild), auf der wir dann geradeaus durch die *Siedlung Waltersdorf* fahren. In den *Weidenweg* biegen wir links ein und radeln auf dieser Teerstraße durch ein Waldstück.

Vor der großen Lichtung (400 m weiter) folgen wir der Straße nach rechts. Anschließend radeln wir geradeaus auf der *Karl-Lieb-*

knecht-Straße durch die *Siedlung Eichberg* (bald kombinierter Rad- und Fußweg). Nach 1,6 Kilometern gerader Strecke biegen wir links in die *Rudolf-Breitscheid-Straße* ein (bald kombinierter Rad- und Fußweg). Die Straße geht in die *Schulzendorfer Straße* über; weiter geradeaus.

Vor dem *S-Bahnhof Eichwalde* lenken wir rechts in die *Heinrich-Heine-Allee.* Auf diesem nach 100 Metern für den Motorverkehr gesperrten Erdfahrweg radeln wir an den S-Bahngleisen entlang. Nach 600 Metern ist der Kfz-Verkehr wieder zugelassen. Auf der kopfsteingepflasterten Straße (Randstreifen) fahren wir geradeaus zum nahen Bahnübergang und passieren nach links die Gleise. Auf der anderen Seite der Bahnanlagen fahren wir geradeaus auf der kopfsteingepflasterten *Friedenstraße* (zunächst Randstreifen, später gut befahrbares Kleinpflaster) weiter.

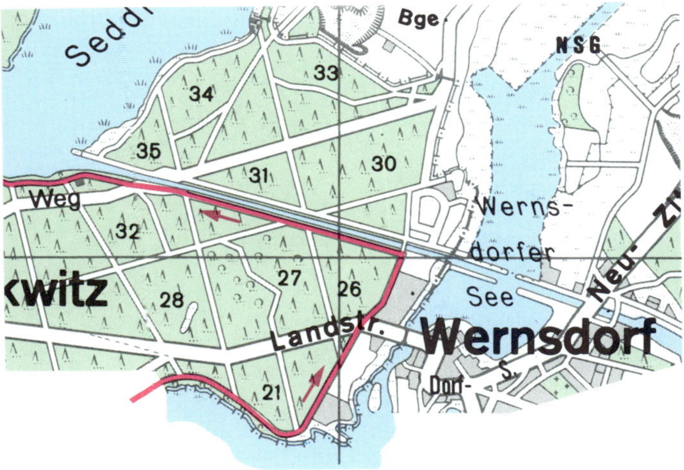

Nach 1,7 Kilometern gerader Fahrt kreuzen wir vorsichtig die stark befahrene Zeuthener Straße und bleiben auf der *Friedenstraße* (Kopfsteinpflaster) geradeaus. Kurz vor dem *Zeuthener See* links in die *Lindenstraße* (Kleinpflaster, später Kopfsteinpflasterbelag mit breitem Randstreifen). Nach einem Kilometer biegen wir in die verkehrsreiche *Zeuthener Straße* rechts ein.

Wir sind jetzt in *Schmöckwitz,* das zu *Berlin* gehört. An der nahen Einmündung halten wir uns halbrechts und lenken kurz darauf rechts in die verkehrsreiche Straße *Adlergestell* (Radweg). Am Feuerwehrgebäude im Zentrum von *Schmöckwitz* radeln wir links in die *Wernsdorfer Straße.* Wir kommen an der *Dorfkirche* vorbei und wenig später an der traditionsreichen Gaststätte

Seddin-Berg
Sedd
Kl. Krampe
Große
Langer See
Karolinenhof
Weg
Vetschauer
Lübbenauer
Schappach-
Allee
Adler-
Gestell
Wernsdfr.
Schwarzer
Weg
Schmöckwitz
Eichwalde
Chopin-
Str.
Schmöckwitzer
Grünauer
Grünauer
Weg
W.
Bahnh.
Eichwalde
Wald-
Str.
Karl-Liebknecht-
Karl-Marx-
Str.

Palme. Dann überqueren wir die *Schmöckwitzer Brücke* und biegen anschließend rechts in den Erdfahrweg ein.

Wir befinden uns nun auf dem *Schmöckwitzer Werder*, einer großen Halbinsel. Wir fahren über den nahen Parkplatz und rollen dann auf dem motorverkehrsfreien Weg in den Wald, wobei wir eine sandige Badestelle rechts liegen lassen. Rechts des Weges sehen wir einen Campingplatz. Geradeaus radeln wir am Gelände der *Teikyo Berlin University* vorbei. 50 Meter nach dem Grundstücksende biegen wir an vier Betonpfosten rechts in den schmalen Weg ein, auf dem wir rasch zum Ufer des *Zeuthener Sees* gelangen. In den Uferweg lenken wir nach links und rollen auf dem romantischen Weg unterhalb eines weiteren Campingplatzes direkt am Wasser entlang. Nach 2,3 Kilometern entfernt sich unser Weg vom See, und wir erreichen kurz darauf eine Teerstraße, den *Schmöckwitzer Damm* (kein Schild), auf dem wir geradeaus weiterfahren.

Wir sind in *Rauchfangswerder* (Einkehrmöglichkeiten). Wenn die Fährallee rechts abzweigt, bleiben wir geradeaus. 500 Meter später biegen wir in die *Böhmallee* links ein, um kurz darauf rechts in die Straße *Moßkopfring* zu lenken. Auf dieser Einbahnstraße umrunden wir die südliche Spitze der Halbinsel. Der Zugang zum südlichsten Punkt Berlins wird leider durch Privatgrundstücke versperrt. Wenn beim Haus Nr. 13 die geteerte Straße als Zeuthener Weg nach links führt, bleiben wir auf der Erdfahrstraße (weiterhin *Moßkopfring*) geradeaus.

Am nahen Waldrand biegen wir rechts in den Querweg ein, erreichen rasch das Ufer des Sees *Großer Zug* und folgen hier dem Weg nach links. In der Folgezeit radeln wir auf dem schönen, teilweise etwas holprigen Weg wieder direkt am Wasser entlang. Nach knapp zwei Kilometern kommen wir an einem Campingplatz vorbei und folgen anschließend weiter dem Uferweg. 2,5 Kilometer später passieren wir am Wasser den früheren *Inter-Campingplatz*. Wir fahren durch die Bungalowanlage hindurch und gelangen zu einer öffentlichen Straße (Erdfahrweg), auf der wir geradeaus zu einer kreuzenden Teerstraße (= *Wernsdorfer Straße*, kein Schild) radeln.

In die Landstraße biegen wir für wenige Meter rechts ein, um sogleich in Richtung Gosen links in die kopfsteingepflasterte Straße (Randstreifen) zu lenken. Nach 400 Metern fahren wir vor (!) der Brücke über den *Oder-Spree-Kanal* nach links in den breiten, gut befahrbaren Weg, der parallel zur Wasserstraße verläuft.

Nach gut einem Kilometer am Kanal kommen wir an einem Unterstellhäuschen vorbei. Kurz darauf gabelt sich der Weg. Wir bleiben auf dem schmalen Weg am Wasser geradeaus und müssen nun vorsichtig radeln (absteigen?). An der Einmündung des *Oder-*

Spree-Kanals in den *Seddinsee* wird unser Weg zu einer Erdfahrstraße. Wir kommen an ein paar Wochenendhäuschen vorbei und folgen anschließend dem guten, aussichtsreichen Weg am *Seddinsee* entlang nach *Schmöckwitz*.

Wir rollen auf dem nun geteerten Weg an den Seegrundstücken entlang. Ein paar Stufen geht es dann hinauf zur *Wernsdorfer Straße* (Radweg) in die wir rechts einbiegen und die nahe Brücke überqueren. Auf der vom Hinweg bekannten Straße radeln wir in das Zentrum von *Schmöckwitz* und biegen hinter der *Dorfkirche* rechts in die verkehrsreiche Straße *Adlergestell* ein. Nach 400 Metern lenken wir in Richtung Königs-Wusterhausen links in die *Godbersenstraße*. Kurz darauf fahren wir links in die *Lindenstraße* und anschließend auf der *Zeuthener Straße* geradeaus.

Wenig später biegen wir in die *Schmöckwitzer Straße* (Kleinpflasterbelag) rechts ein. Wir sind jetzt wieder außerhalb des Berliner Stadtgebietes. Nach 600 Metern machen wir die S-Kurve der Straße mit. Am zweiten Platz, dem *August-Bebel-Platz* (Namensänderung möglich), lenken wir zweimal rechts und erreichen rasch den *S-Bahnhof Eichwalde*.

26 S-Bahnhof Grünau – Wendenschloss – Langer See – Krampenburg – Müggelheim – Große Krampe – Seddinsee – Gosen – Oder-Spree-Kanal – Schmöckwitz – Karolinenhof – S-Bahnhof Grünau

Verkehrsmöglichkeiten S-Bahn bis/ab Grünau.
Tourenlänge 39 Kilometer.
Fahrzeit 4½ bis 5 Stunden.
Höhenunterschiede Zwei kurze Steigungen und eine langgezogene Gefällstrecke in Müggelheim, ansonsten gering.
Karten Falk-Stadtplan Berlin.
Anmerkung Die Fähre zwischen Grünau und Wendenschloss verkehrt alle 10 bzw. 30 Minuten.
Wissenswertes *Grünau und Schmöckwitz:* Siehe Tour 25. – *Wendenschloss:* Die Villenkolonie war nach dem 2. Weltkrieg bis 1950 Wohngebiet für sowjetrussische Offiziere. – *Krampenburg:* Auf der Halbinsel erinnert der Campingplatz »Kuhle Wampe« an die Arbeiter-Zeltstadt, die im gleichnamigen Film verewigt wurde. – *Müggelheim:* Der Ort wurde 1747 unter Friedrich dem Großen als Kolonie für protestantische Auswandererfamilien aus der Pfalz gegründet. Die Dorfkirche stammt aus dem frühen 19. Jahrhundert. – *Gosen:* Auch dieses Dorf ist eine friederizianische Kolo-

nistengründung aus der Mitte des 18. Jahrhunderts. Berühmt-berüchtigt wurde der Ort durch die frühere Funküberwachungszentrale der DDR-Staatssicherheit. – *Karolinenhof:* Die Villenkolonie ist eine Gründung von 1895.

Tourenbeschreibung Vom *S-Bahnhof Grünau* fahren wir geradeaus durch die *Wassersportallee* (Radweg) zum Fähranleger und setzen mit dem kleinen Boot über die *Dahme* zum Ortsteil *Wendenschloss* über (siehe Anmerkung).

Am anderen Ufer radeln wir geradeaus auf der *Müggelbergallee* zur kreuzenden *Wendenschloss-Straße,* in die wir rechts einbiegen. In das *Möllhausenufer* (Kopfsteinpflaster) lenken wir nach links. Bei der einmündenden Straße *Zum Langen See* wechseln wir nach rechts auf den Uferweg, der direkt am *Langen See* entlangführt. Wir umfahren landeinwärts das *Seebad Wendenschloss* und setzen anschließend unsere Tour auf dem schönen Uferweg fort.

Nach 600 Metern kommen wir an der früheren Gaststätte *Schmetterlingshorst* vorbei, bleiben am *Langen See* und erreichen nach einem weiteren Kilometer das derzeit zerstörte Gasthaus *Marienlust.* Wir folgen weiter dem Uferweg und gelangen nach zwei Kilometern zur kleinen Halbinsel *Hirtenwiese.* Wir haben hier für ein kurzes Stück Asphalt unter den Rädern, fahren aber schon bald am Wetterschutzpilz auf dem festgrundigen Weg am Wasser weiter.

Nach gut einem Kilometer erreichen wir den Campingplatz *Kuhle Wampe* und biegen vor der Halbinsel *Krampenburg* links in das Teersträßchen ein und radeln am Campingplatzgelände entlang. Wir fahren jetzt parallel zur *Großen Krampe,* einer seeartigen Ausbuchtung. Wenn die kleine Teerstraße nach 800 Metern an der Waldlichtung vom Ufer fortführt, wechseln wir auf den Uferweg. Wir passieren sofort eine sandige Badestelle. Anschließend ist unser Weg, der wieder direkt am Wasser verläuft, akzeptabel befahrbar. Auf Baumwurzeln wie auch auf Fußgänger achten.

Nach knapp einem Kilometer (ab Badestelle) erreichen wir die ersten Häuser von *Müggelheim.* Wir fahren eine kurze Steigung hinauf und radeln auf der Erdfahrstraße (*Hallgarter Steig,* vorerst kein Schild) geradaus weiter. Auf dem später geteerten Sträßchen (auch als Wanderweg markiert) rollen wir im Zick-Zack durch eine Siedlung, die aus Lauben und Einfamilienhäusern besteht. Nach 500 Metern wendet sich die kleine Straße endgültig nach links und wir müssen eine 200 Meter lange Steigung bewältigen. In den *Krampenburger Weg* (Kleinpflasterbelag) biegen wir rechts ein. Sanft bergabrollend erreichen wir 700 Meter später die kreuzende Straße *Gosener Damm,* in die wir nach rechts lenken (zum Ortszentrum nach links).

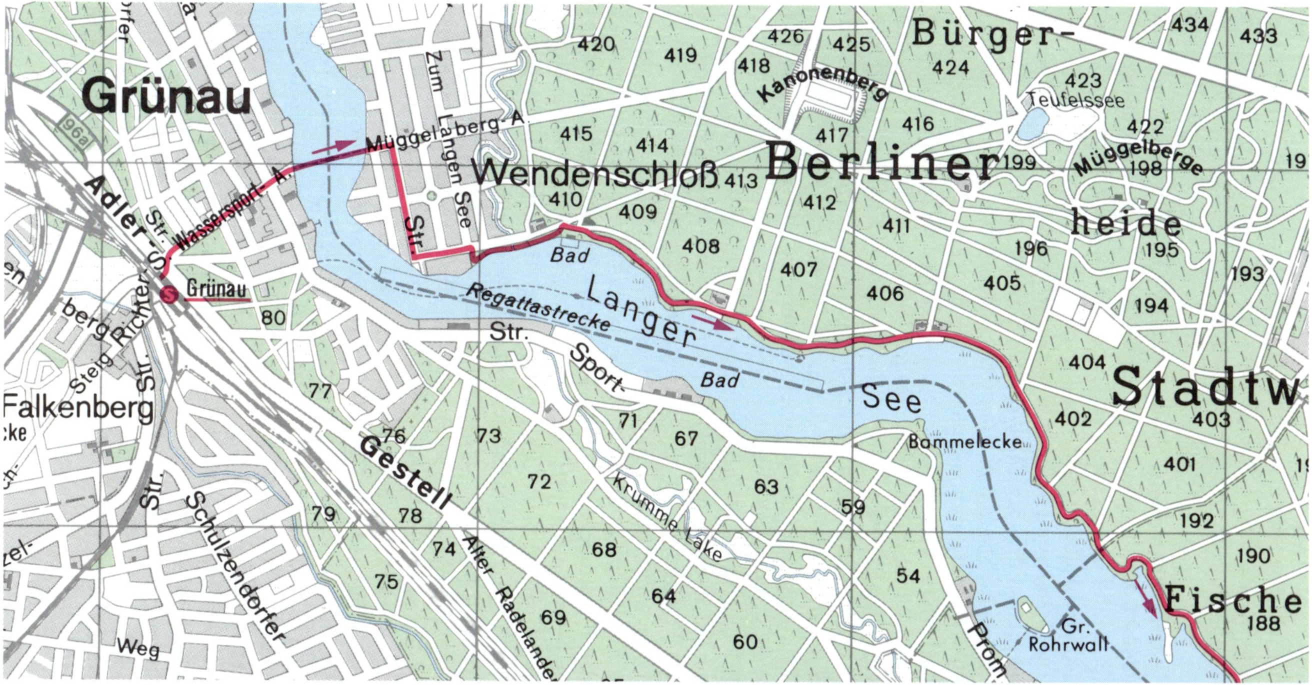
Grünau
Bürger-
Berliner
heide
Wendenschloß
Stadtw
Kanonenberg
Teufelssee
Müggelberge
Zum Langen See
Müggelberg-A.
Str.
Wassersport-A.
Adler-Str.
Grünau
Richter-Str.
Falkenberg
Steig
Langer See
Regattastrecke
Bad
Sport-Str.
Bammelecke
Krumme Lake
Gestell
Alter Radelander
Schulzendorfer Str.
Weg
Gr. Rohrwall
Prom
Fische
96a

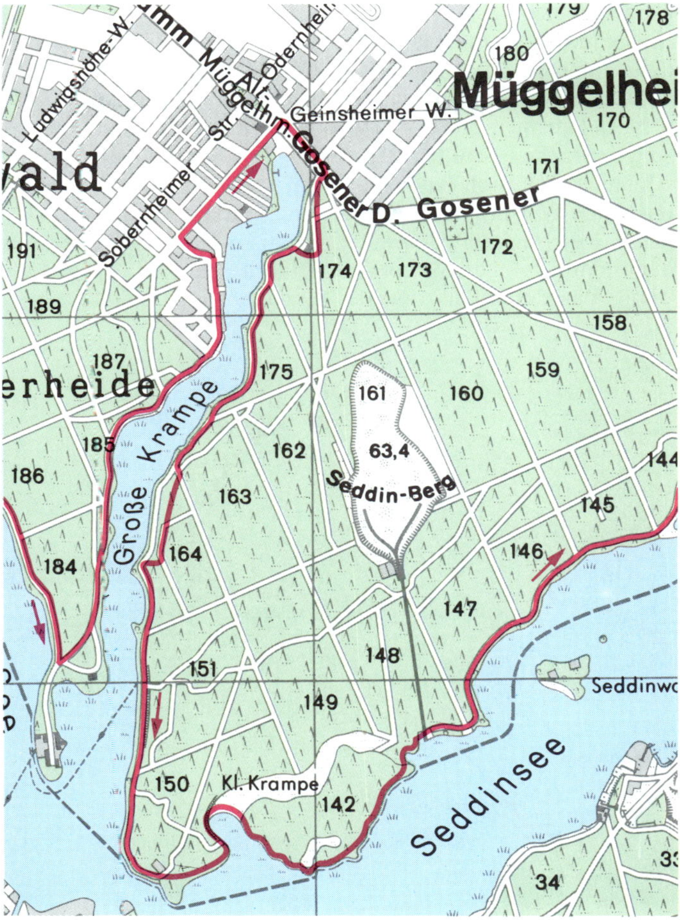

Nach 300 Metern biegen wir in den zweiten (!) Abzweig in Richtung »Revierförsterei Müggelheim« rechts in den Verbundsteinweg ein (später Betonplattenbelag). Wir fahren am Grundstück der *Revierförsterei Müggelheim* entlang und lenken anschließend nach rechts in den Waldweg (Feinschotterbelag). Rasch erreichen wir den See *Große Krampe,* auf dessen schönem Uferweg wir dann entlangrollen.

Nach 1,3 Kilometern radeln wir vor (!) dem Campingplatz links eine kurze Steigung hinauf und biegen anschließend rechts in den breiten Weg ein, der zwischen Campingplatz (rechts) und Wald (links) verläuft. Wir rollen an den »Blöcken A–F« entlang. An der

Campingplatz-Verkaufsstelle lenken wir rechts in das Teersträßchen und kehren zum Seeufer zurück. In den Uferweg biegen wir links ein, radeln vorsichtig auf holprigem Weg (Baumwurzeln) unterhalb des Zeltplatzes an der *Großen Krampe* entlang.

Nach gut einem Kilometer gelangen wir zu einer kleinen Landzunge, der sogenannten *Windecke.* Hier folgen wir unserem schmalen Weg nach links. 400 Meter später radeln wir auf dem unebenen Weg erneut nach links und umfahren eine Bucht des *Seddinsees.* Nach 300 Metern biegen wir an der Lichtung rechts in den steinigen, aber akzeptabel befahrbaren Fahrweg ein, der wenig später direkt am Ufer des *Seddinsees* entlangführt.

Langer See
Seddinsee
Seddinwall
Seddin-Berg
Große
Kl. Krampe
Karolinenhof
Schmöckwitz
Eichwalde
Adler-
Gestell
Wernsdf. Str.
Schwarzer
Weg
Landstr.
Vetschauer Str.
Schappach-
Lübbenauer Weg
Allee
Grünauer W.
Grünauer Str.
Bahnh. Str.
Schmöckwitzer
Chopin- Str.
Weg

Berliner
Stadtwald
heide
Wendenschloß
Müggelberge
Langer
See
Regattastrecke
Bad
Bad
Sport-
Str.
Wassersport-
Grünau
Bammelecke
Krumme Lake
Gestell
Alter
Radelander
Gr.
Rohrwall
Prom.
Fischerhei
Falkenhorst
Schulzendorfer
Ludwigshöhe
Weg

1,2 Kilometer später folgen wir dem Weg nach links, um 200 Meter weiter nach rechts zu lenken. Wir orientieren uns in der Folgezeit an großen Richtungspfeilen, die auf Bäumen aufgesprüht sind. Rasch erreichen wir ein kleines Hafenbecken und bleiben auf dem streckenweisen sandigen Weg in Ufernähe. Bald sind wir wieder direkt am *Seddinsee.*

Vor dem *Naturschutzgebiet* (Tafel) folgen wir dem Weg nach links (kurze Steigung). Im rechten Winkel fahren wir nun vom Ufer fort durch den Wald. An der zweiten (!) Waldwegkreuzung biegen wir rechts in den breiten Forstweg ein und rollen jetzt etwa 950 Meter geradeaus. Am Häuschen der »Berliner Wasser Betriebe« mit dem Fahrweg leicht nach links. Wir kreuzen das nahe Teersträßchen, bleiben auf dem Pfad geradeaus, biegen sogleich in die relativ stark befahrene Landstraße rechts ein.

Wir überqueren anschließend insgesamt drei Brücken, verlassen das Stadtgebiet von Berlin und sind in *Gosen.* Hinter dem Ortsschild fahren wir nach rechts (kleines Schild »Müggel-Spree-Weg«). Wir sind auf der *Köpenicker Straße* (später Straßenschild). Am Parkplatz vor der Kirche lenken wir in Richtung »Bootsverleih« rechts in die Erdfahrstraße (= *Uferweg*). In den kreuzenden *Bruchweg* nach links. Rasch erreichen wir den *Uferplatz* und biegen hier rechts in die Sackgasse ein. Nach etwa 100 Metern halblinks in den schmalen *Fischersteig.*

Dieser Weg, der sich bald verbreitert, führt durch eine »Datschen«-Siedlung parallel zum nicht sichtbaren *Seddinsee.* Am kleinen Platz (300 m später) folgen wir dem Erdfahrweg nach halbrechts. 300 Meter weiter mündet unser Weg in ein Teersträßchen (= *Eichwalder Ausbau*), auf dem wir geradeaus weiterradeln. Nach 400 Metern fahren wir an der Gabelung nach halbrechts und gelangen rasch zum Ufer. Auf der Erdfahrstraße *Zwiebusch* fahren wir dann geradeaus weiter.

Wir erreichen die Halbinsel *Zwiebusch* mit der gleichnamigen Siedlung und folgen hier dem Sträßchen erst nach links, dann nach rechts. Am Ende der Siedlung biegen wir hinter dem Parkplatz halblinks in die Betonplattenstraße ein. Nach 500 Metern ist der Betonplattenbelag zu Ende, und wir setzen unsere Fahrt geradeaus auf dem breiten Forstweg fort. Nach 300 Metern stoßen wir auf den *Oder-Spree-Kanal* und biegen in den Uferweg links ein. Nach 500 Metern überqueren wir nach rechts den Kanal auf der Fußgängerbrücke und lenken auf der anderen Kanalseite nach rechts in den breiten, gut befahrbaren Weg, der parallel zur Wasserstraße verläuft.

Nach gut einem Kilometer am Kanal kommen wir an einem Unterstellhäuschen vorbei. Kurz darauf gabelt sich der Weg. Wir bleiben auf dem schmalen Weg am Wasser geradeaus und müssen nun vorsichtig radeln (absteigen?). An der Einmündung des *Oder-Spree-Kanals* in den *Seddinsee* wird unser Weg zu einer Erdfahrstraße. Wir kommen an ein paar Wochenendhäuschen vorbei und folgen anschließend dem guten, aussichtsreichen Weg am *Seddinsee* entlang nach *Schmöckwitz*.

Wir rollen auf dem nun geteerten Weg an den Seegrundstücken entlang. Ein paar Stufen geht es dann hinauf zur *Wernsdorfer Straße* (Radweg), in die wir rechts einbiegen und die nahe Brücke überqueren. Auf der Straße radeln wir in das Zentrum von *Schmöckwitz* und biegen hinter der *Dorfkirche* rechts in die verkehrsreiche Straße *Adlergestell* ein. Nach 500 Metern verlassen wir die stark befahrene Straße und fahren rechts in die kleine Straße *Zum Seeblick*. In die nahe *Windwallstraße* biegen wir links ein. Die Straße endet als Sackgasse.

Auf dem schmalen Waldweg rollen wir geradeaus an den Rückfronten der Häuser weiter. Wir kreuzen zwei Erdfahrstraßen und bleiben jedes Mal auf dem Waldweg geradeaus. Schließlich erreichen wir wieder eine öffentliche Straße, die *Rohrwallallee* (Erdfahrstraße), in die wir rechts einbiegen. Auf der bald geteerten Straße (später Kleinpflasterbelag) radeln wir durch das Villenviertel *Karolinenhof*. In die kopfsteingepflasterte *Schappachstraße* lenken wir nach links, um kurz darauf rechts in die *Vetschauer Allee* einzubiegen.

Auf der relativ verkehrsarmen Straße rollen wir parallel zur Straßenbahnlinie durch den *Berliner Stadtforst* und sind bald nahe am *Langen See*. Nach etwa 2,5 Kilometern kommen wir am *Strandbad Grünau* vorbei. Weiter geradeaus. Auf der verkehrsreicheren *Regattastraße* geht es geradeaus weiter. Nach gut zwei Kilometern (ab Strandbad) biegen wir in die *Wassersportallee* links ein (linksseitiger Radweg), zurück zum *S-Bahnhof Grünau*.

27 S-Bahnhof Erkner – Flakensee – Woltersdorf – Berliner Stadtforst – S-Bahnhof Rahnsdorf

Verkehrsmöglichkeiten S-Bahn bis Erkner, S-Bahn ab Rahnsdorf.
Tourenlänge 10 Kilometer. **Fahrzeit** 1 bis $1^1/_2$ Stunden.
Höhenunterschiede 500 Meter Steigung in Woltersdorf, ansonsten gering.
Karten Falk-Stadtplan Berlin.
Wissenswertes *Erkner:* Siehe Tour 24. – *Woltersdorf:* In Zusammenhang mit dem Muschelkalkabbau in Rüdersdorf und

dem Transport des Gesteins auf dem Wasserweg entstand die Siedlung. Die Woltersdorfer Schleuse wird seit 1557 benutzt, die heutige Anlage stammt von 1860. – *Rahnsdorf:* Das frühere Fischerdorf wurde 1375 erstmals erwähnt. Der Ortskern konnte sein Aussehen aus dem späten 19. Jahrhundert weitgehend bewahren.

Tourenbeschreibung Wir verlassen den *S-Bahnhof Erkner,* fahren über den Bahnhofsvorplatz und biegen in die *Bahnhofstraße* rechts ein. Wir unterqueren sogleich die Bahnbrücke, lenken am nahen Kreisverkehr (= *Friedensplatz*) nach links in Richtung »Fürstenwalde« und überqueren das *Flakenfließ.* In die nächste

Schön-
blick
Bauersee
Rüdersdo
Allee
Str.
R.
Breitsch.
S.
Köpenicker Str.
Fasanen-
Eichen-
Wald-
Str.
Schleusen-
Bahnhof
S.
Flaker
see
Wolterdfr. Landstr.
Siedl. Ring
Eigenheim
Unter d. Eichen
Semnonen-
Fichtenauer W.
Erkner
Allee
Wilhelmshagen
Wilhelmshagen
Erkner Str.
Schönblicker Str.
Fahlenberg-
Hochland-
Str.
Weg
Neu-
Venedig
Weg
Ring
Rahnsdorf
Rahnsdorf
Hegemeister-W.
Freienbrinker
Saum
Weg
Püttberge-
Fürstenwalder
Am Schonungsbg.
Grünheider
Pluto-
Weg
Str.
Hecht-
Mühlen-
Str.
Mühle
See-
Die
Bänke
secke
Dorf-
Weg
253
248
254
249
255
250
245
244
243
241
240
237
238
235
234
233
231
230
226
225
224
223
222
221
220
219
218
217
216
215
214
213
212
211
207
205
204
202
227
228
229

Seitenstraße, die *Beuststraße,* fahren wir vorsichtig nach links. Nach 200 Metern biegen wir rechts in die verkehrsarme *Ernst-Thälmann-Straße* ein. 500 Meter weiter fahren wir links in die kreuzende *Fürstenwalder Straße.* Wir passieren den Bahnübergang und folgen der Vorfahrtsstraße.

Wenig später überqueren wir das Flüßchen *Löcknitz* und biegen unmittelbar hinter der Ausflugsgaststätte *Löcknitzidyll* links in die kleine Straße ein, die mit Verbundsteinen gepflastert ist (Schild »Einfahrt Restaurant«). Das Sträßchen geht bald in einen breiten Erdweg (als Wanderweg markiert) über, auf dem wir geradeaus weiterradeln. Auf dem manchmal etwas holprigen Waldweg (Baumwurzeln) rollen wir parallel zur *Löcknitz.* Nach 400 Metern halten wir uns an der Wegegabelung leicht links und folgen weiter dem gleichmäßig breiten Weg (nicht die Trampelpfade zum Fluß nehmen!).

Nach 600 Metern erreichen wir den *Flakensee,* an dessen Ostufer wir nun entlangradeln. Wenig später kommen wir an einem Campingplatz und einer sandigen Badebucht vorbei und bleiben weiterhin am Ufer. 500 Meter weiter stoßen wir auf die ersten Häuser von *Woltersdorf.* Auf der *Strandpromenade* rollen wir am *Flakensee* weiter. Wir gelangen zu einer öffentlichen Straße, auf der wir noch ein kurzes Stück geradeaus weiterfahren. An der nahen Kreuzung biegen wir links in die *Schleusenstraße* ab und passieren sogleich die *Woltersdorfer Schleuse.*

Hinter der Schleusenbrücke folgen wir dem Gleis der Straßenbahn und der anfangs kopfsteingepflasterten Vorfahrtsstraße (= *Schleusenstraße*), die für 400 Meter leicht bergaufführt. An der Kreuzung vor der Kirche bleiben wir auf der berganführenden, kopfsteingepflasterten Straße geradeaus. Hinter dem Dorfanger biegen wir halblinks in die Allee ein. Auf der kopfsteingepflasterten *Köpenicker Straße* durch eine Einfamilienhaussiedlung radeln.

Wenn die bevorrechtigte Straße nach etwa einem Kilometer als Waldstraße nach rechts führt, radeln wir auf der *Köpenicker Straße* halblinks weiter. Am nahen Waldrand bleiben wir auf dem anfangs schmalen Weg, der leicht bergabführt, geradeaus. Nach 500 Metern stoßen wir auf einen schrägverlaufenden Querweg, in den wir rechts einbiegen. Auf diesem schnurgeraden Waldweg radeln wir nun durch den *Berliner Stadtforst,* der schöne Mischwaldbestände aufweist. Nach etwa 1,5 Kilometern verläuft links neben uns die S-Bahntrasse. Weiter geradeaus. Nach einem weiteren Kilometer mündet unser Waldweg in eine öffentliche Straße, auf der wir geradeaus weiterradeln und wenig später den *S-Bahnhof Rahnsdorf* erreichen.

28 U- und S-Bahnhof Friedrichstraße – Prenzlauer Berg – Weißensee – Malchow – Blankenburg

Verkehrsmöglichkeiten S- oder U-Bahn bis Friedrichstraße, S-Bahn ab Blankenburg; unterwegs S-Bahnhöfe Hackescher Markt, Prenzlauer Allee, Greifswalder Straße, U-Bahnhöfe Weinmeisterstraße, Senefelderplatz.
Tourenlänge 20 Kilometer. **Fahrzeit** 2 bis $2^1/_2$ Stunden.
Höhenunterschiede Gering.
Karten Falk-Stadtplan Berlin.
Wissenswertes *Spree:* Siehe Tour 11. – *Bodemuseum:* Siehe Tour 19. – *Scheunenviertel:* Dieses Gebiet hinter dem »Oranienburger Tor« war bis zum Nazi-Regime das Zentrum der 160000 Berliner Juden. Die *Neue Synagoge,* Mittelpunkt des religiösen und kulturellen Lebens der jüdischen Gemeinde, wurde in der Progromnacht 1938 in Brand gesteckt und im 2. Weltkrieg stark zerstört. Seit 1985 wurden die Rekonstruktionsarbeiten des Gebäudes aufgenommen. Der *Alte Jüdische Friedhof* in der Großen Hamburger Straße wurde 1943 zusammen mit dem *Altenheim* der *Jüdischen Gemeinde* von der Gestapo zerstört. Das Altenheim war Sammelpunkt für die Transporte in die KZ's. Heute ist das ehemalige Scheunenviertel wieder ein lebendiger Kiez mit zahlreichen Kneipen und Galerien. – *Sophienkirche:* Seit 1712 ist der Bau Pfarrkirche der »Spandauer Vorstadt«. Das Innere des Gebäudes wurde 1892 neubarock umgestaltet. – *Prenzlauer Berg:* Der Bezirk besitzt wie Kreuzberg den Ruf, Zentrum der »Szene« in Berlin zu sein. Rund um den *Kollwitzplatz,* an dem die Zeichnerin und Bildhauerin wohnte, wurden nach der »Wende« zahlreiche Häuser besetzt. – *Zeiss-Großplanetarium:* Die Sternwarte liegt im *Thälmannpark,* einer großen Grünanlage mit Kulturzentrum, Spielplätzen, Schwimmbad und Wohnhochhäusern, die nach dem kommunistischen Arbeiterführer benannt wurde. – *Weißensee:* Der heutige Nordberliner Bezirk wurde als Dorf bereits 1313 erwähnt. Im späteren Mittelalter entstanden hier drei Gutshöfe. 1872 wurde als Spekulationsobjekt Neu-Weißensee erbaut, das 1905 mit dem ursprünglichen Dorf vereinigt wurde. – *Malchow:* Das frühere Angerdorf ist eine Gründung des 13. Jahrhunderts. Der heutige Weißenseer Ortsteil leidet stark unter dem Durchgangsverkehr. Erhalten blieben einige Bauernhäuser an der Dorfaue sowie das Herrenhaus des früheren Gutes. Die Dorfkirche wurde 1945 zerstört. – *Blankenburg:* Das Zentrum des alten märkischen Dorfes, das abseits der Tour liegt, hat seinen ländlichen Charakter noch weitgehend bewahrt. Die Kirche stammt aus dem 13. Jahrhundert.

Tourenbeschreibung Wir verlassen den unübersichtlichen *U- und S-Bahnhof Friedrichstraße* und radeln auf der *Friedrichstraße* (Bus- und Radspur) nach Norden. Nach 200 Metern biegen wir vor der *Spree* rechts in die Straße *Am Weidendamm* ein und fahren am Fluss entlang. Unmittelbar vor dem Kuppelbau des *Bodemuseums* lenken wir nach links und überqueren auf der *Monbijoubrücke* beide Arme der *Spree.*

Hinter den Brücken rollen wir auf der Straße (= *Monbijoustraße,* später Schild) geradeaus weiter. Wir kreuzen die Oranienburger Straße (links die *Neue Synagoge*) und radeln leicht rechts versetzt auf der *Krausnickstraße* weiter. Wir sind jetzt im *Scheunenviertel.* Vor der *Sophienkirche* biegen wir rechts in die *Große Hamburger Straße* ein. Wir kommen am *Alten Jüdischen Friedhof* und am Grundstück des früheren *Altenheim der Jüdischen Gemeinde* vorbei (links der Straße).

In die *Oranienburger Straße* biegen wir rechts ein, um am nahen, kleinen dreieckigen Platz zweimal links in die Straße *Monbijouplatz* zu lenken. Wir unterqueren sogleich auf der *Kleine Präsidentenstraße* die S-Bahn, fahren anschließend links in die Straße *Neue Promenade* und radeln nochmals unter der S-Bahn hindurch. Wir kommen am *S-Bahnhof Hackescher Markt* vorbei und bleiben geradeaus. In die nahe Straße *An der Spandauer Brücke* biegen wir vorsichtig links ein, um kurz darauf vor den *Hackeschen Höfen* rechts in die *Rosenthaler Straße* zu lenken.

Am *U-Bahnhof Weinmeisterstraße* radeln wir geradeaus auf der *Gormannstraße,* weiter, die später in die bergaufführende *Choriner Straße* übergeht. In die *Schwedter Straße* biegen wir rechts ein. Wir sind im Bezirk *Prenzlauer Berg.* Am *U-Bahnhof Senefelderplatz* kreuzen wir die Schönhauser Allee und fahren geradeaus auf der *Metzer Straße* weiter. In die *Kollwitzstraße* biegen wir links ein. Wir kommen am *Kollwitzplatz* mit seinen »Szene«-Kneipen vorbei. Weiter geradeaus.

In die verkehrsreiche *Danziger Straße* lenken wir vorsichtig nach links, um in die nächste Seitenstraße, die kopfsteingepflasterte *Dunckerstraße,* nach rechts zu fahren. In die *Ahlbecker Straße* biegen wir rechts ein. Wenig später kreuzen wir am *S-Bahnhof Prenzlauer Allee* die stark befahrene Prenzlauer Allee und radeln geradeaus auf einem mit Verbundsteinen gepflasterten Weg weiter; rechts befindet sich das *Zeiss-Großplanetarium.*

Wir fahren parallel zur S-Bahn durch eine Grünanlage und halten auf das Neubauviertel zu. Wir kommen an einer Schule vorbei. Weiter geradeaus. An der Schwimmhalle vor dem Hochhaus lenken wir links zur öffentlichen Straße und radeln auf dieser Straße (= *Lilli-Henoch-Straße*, kein Schild) weiter am Neubau-

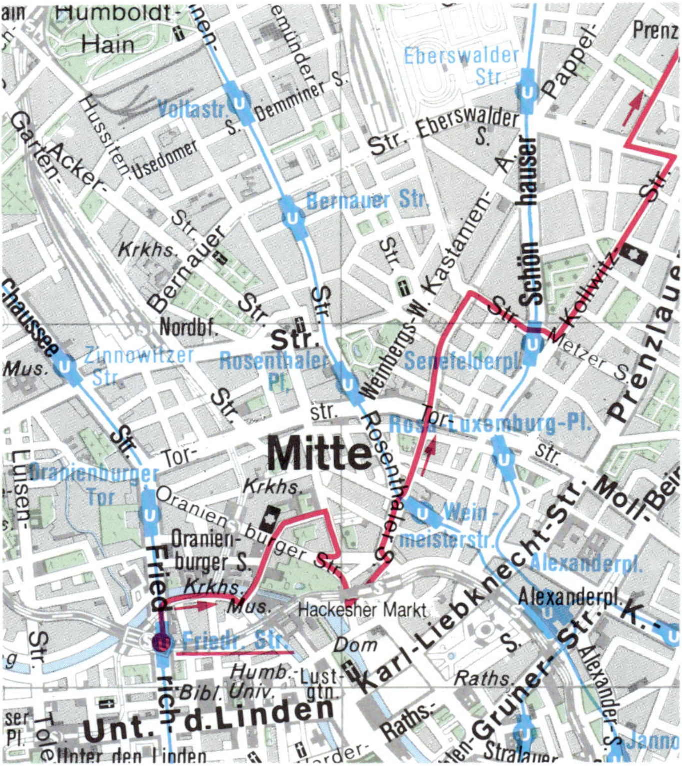

viertel entlang. In die verkehrsreiche *Greifswalder Straße* biegen wir links ein. Es lohnt nicht, sich in den Verkehr einzufädeln. Zu Fuß unterqueren wir am nahen *S-Bahnhof Greifswalder Straße* die S-Bahnbrücke, überqueren die Grellstraße und fahren dann halblinks auf der *Neugarder Straße* weiter (hier links eine von Bruno Taut entworfene Wohnanlage).

Am kleinen Platz lenken wir rechts in die *Hosemannstraße.* Wir kreuzen den *Ostseeplatz* und radeln auf der *Hodemannstraße,* die später in die *Roelckestraße* übergeht, geradeaus weiter. Wir sind jetzt im Bezirk *Weißensee.* In die *Charlottenburger Straße* biegen wir rechts ein. Nach 700 Metern geht die Fahrt links in die *Parkstraße.* Wenn links die Blechenstraße abzweigt, radeln wir nach rechts in den breiten asphaltierten Weg, der uns rasch zum *Weißen See* bringt.

Am Café lenken wir in den Uferweg nach links und umrunden den See. Wir kommen an der *Planschwiese* und an einem Wildge-

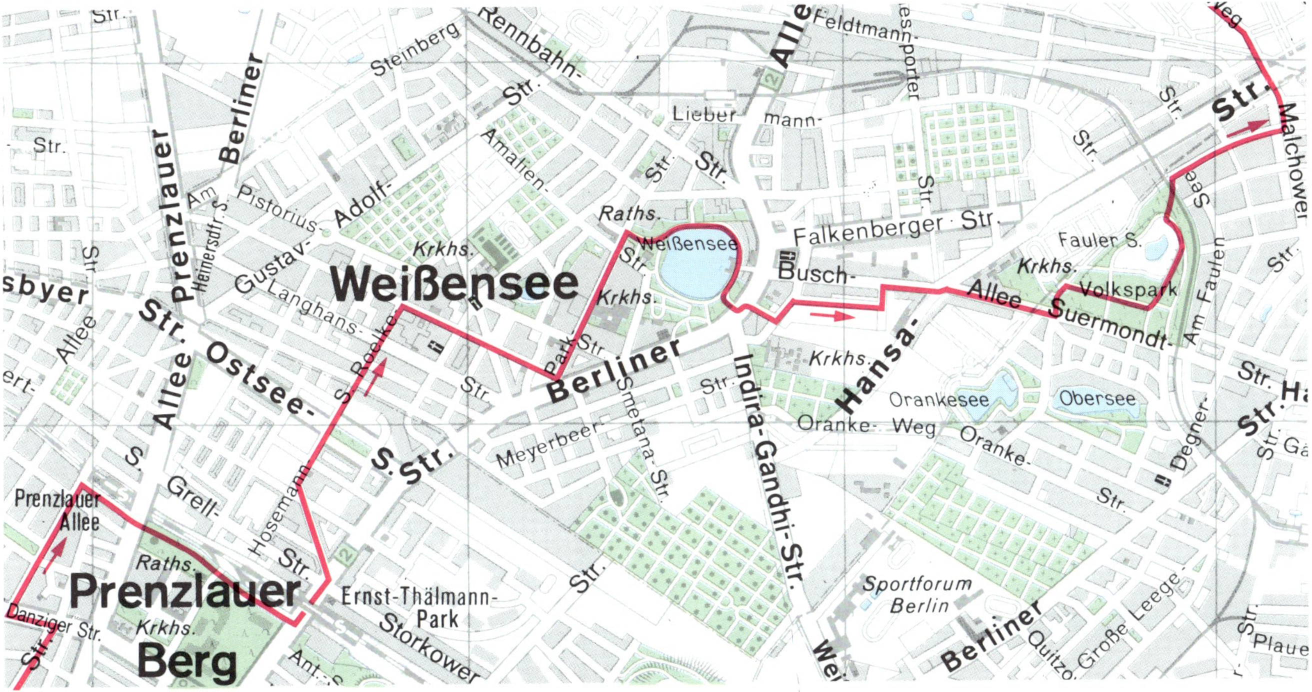
Weißensee
Prenzlauer
Berg
Berliner
Prenzlauer
Allee
Ostsee-
Str.
Rennbahn-
Steinberg
Amalien-
Str.
Lieber
mann-
Feldtmann-
Falkenberger Str.
Busch-
Allee
Weißensee
Raths.
Krkhs.
Park
Berliner
Gustav-
Adolf-
Pistorius-
Langhans-
Roelke
Hosemann-
Grell-
Ernst-Thälmann-
Park
Storkower
Danziger Str.
Prenzlauer
Allee
Meyerbeer-
Smetana-Str.
Indira-Gandhi-Str.
Hansa-
Orankesee
Obersee
Oranke-
Weg
Sportforum
Berlin
Suermondt-
Volkspark
Fauler S.
Am Faulen
See
Malchower
Degner-
Große Leege
Quitzo.
Plaue

hege vorbei. Hinter (!) dem Schwimmbad verlassen wir den See nach links und fahren leicht bergauf zur nahen Straße (*Berliner Allee*), die wir überqueren. Auf der anderen Straßenseite radeln wir nach links zur nahen *Wegenerstraße,* in die wir dann rechts einbiegen. In die *Gartenstraße* geht es nach links. In die *Else-Jahn-Straße* biegen wir rechts ein, um in die *Sulzfelder Straße* nach links zu lenken.

In die verkehrsreiche *Buschallee* fahren wir nach rechts. Hier befinden sich Wohnbauten, die von Bruno Taut entworfen wurden. Wir kreuzen die Hansastraße und radeln auf der *Buschallee* geradeaus weiter. Wenn nach 600 Metern rechts die Elsastraße abzweigt, überqueren wir vorsichtig die *Buschallee* und fahren geradeaus in das Sportplatzgelände hinein.

Wir folgen dem breiten Weg geradeaus zur nahen platzartigen Kreuzung, an der wir nach rechts in das *Naturschutzgebiet Fauler See* hineinfahren. Am Übersichtsplan bleiben wir auf dem breiteren Weg geradeaus. Nach 400 Metern biegen wir in den zweiten links abzweigenden Weg ein. Wir kommen bald an einem Aussichtsplatz vorbei, an dem wir einen Blick auf den Faulen See erhaschen können, der ansonsten im urwüchsigen Mischwald verborgen ist. Weiter geradeaus. Wir machen den weiten Linksbogen des Weges mit und lenken in den zweiten Abzweig nach rechts (direkt vor einem Graben). Auf dem welligen Weg erreichen wir die *Drossener Straße* (kein Schild), auf der wir geradeaus durch eine Einfamilienhaussiedlung radeln.

In den kreuzenden *Malchower Weg* biegen wir links ein. Rasch erreichen wir die Falkenberger Chaussee, die wir kreuzen. Wir radeln auf der *Darßer Straße* (Radweg) geradeaus am Rand eines Neubauviertels weiter. Nach 700 Metern auf dieser eintönigen Straße lenken wir rechts in die *Ribnitzer Straße* (Radweg). Wenn die Straße eine deutliche Rechtskurve beschreibt, fahren wir nach links in die Sackgasse (= *Doberaner Straße*) und verlassen bald das Neubaugebiet.

Wir radeln durch die *Nilessiedlung,* die aus Einfamilienhäusern besteht. In die Straße *Zum Hechtgraben* biegen wir links ein. Vor dem *Malchower See* folgen wir der Straße nach rechts. In den *Wartenberger Weg* lenken wir nach links. Wir gelangen zur sehr stark befahrenen *Dorfstraße,* in die wir links einbiegen (Radweg). Nach 200 Metern fahren wir rechts in den *Märchenweg.* Auf dieser schönen, verkehrsarmen Teerstraße rollen wir durch Felder, später am Rand der Kleingartenkolonie *Märchenland* entlang. Wenn der Teerbelag aufhört (nach der kurzen Steigung), fahren wir kurz nach links, um wenig später rechts in den *Rübezahlweg* (Erdfahr-

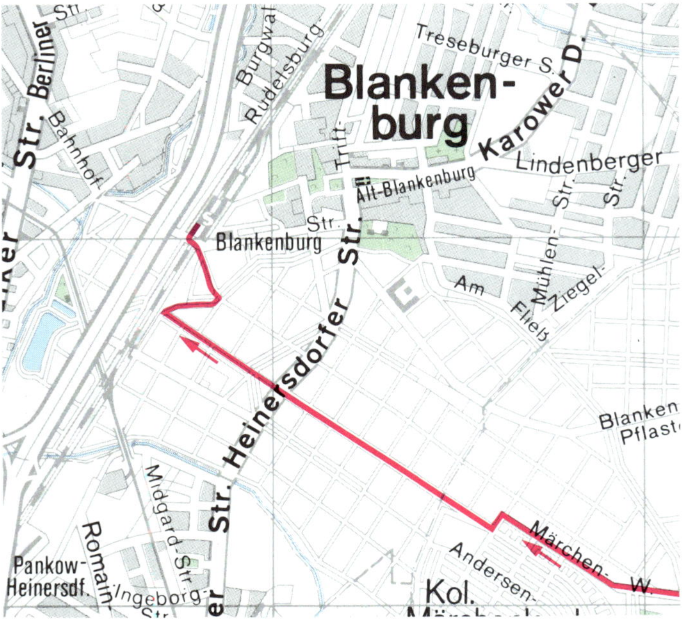

weg) einzubiegen. Am Siedlungsende bleiben wir auf dem holprig-steinigen Feldweg geradeaus.

Wir kreuzen eine Teerstraße (= Heinersdorfer Straße, kein Schild) und setzen unsere Tour geradeaus auf der Erdfahrstraße *Eulenhorst* fort, die durch eine Schrebergartenkolonie führt. Der Fahrweg geht in den *Kuckucksweg* über. Weiter geradeaus. Vor dem Bahndamm und dem Graben biegen wir rechts in den Erdfahrweg ein und radeln am Graben entlang. An der zweiten Brücke lenken wir links in die *Lindenallee* (Erdfahrstraße). Am Ende der Kleingärten fahren wir links in die *Bahnhofstraße* und erreichen rasch den *S-Bahnhof Blankenburg.*

29 S-Bahnhof Ahrensfelde – Mehrow – Altlandsberg – Buchholz – Bötzsee–Eggersdorf-Nord – S-Bahnhof Strausberg

Verkehrsmöglichkeiten S-Bahn bis Ahrensfelde, S-Bahn ab Strausberg.
Tourenlänge 27 Kilometer.
Fahrzeit $2^1/_2$ bis 3 Stunden.
Höhenunterschiede Gering.
Karten Falk-Stadtplan Berlin und 1:100000 Mair-Radwanderkarte Berlin und Umgebung.
Wissenswertes *Ahrensfelde:* Das ehemalige Dorf liegt bereits außerhalb des Berliner Stadtgebiets. Südlich des Ortes befindet sich auf Berliner Gebiet eine Hochhaussiedlung. – *Altlandsberg:* Die Kleinstadt, die noch heute von einer Feldsteinmauer aus dem 14. Jahrhundert umgeben ist und einen eigentümlichen Charme ausstrahlt, wurde um 1230 gegründet und besaß bereits vor 1257 das brandenburgische Stadtrecht. In den nachfolgenden Jahrhunderten wurde das Städtchen mehrfach zerstört, sodass die Entwicklung stagnierte. – *Strausberg:* Die Stadt, deren Zentrum wir allerdings auf der Tour nicht berühren, ist auf eine Burganlage aus dem 13. Jahrhundert zurückzuführen. Sehenswürdigkeiten sind die Marienkirche, ein frühgotischer Bau, die teilweise erhaltene Stadtmauer, das Rathaus von 1819–25 und das Invaliden- und Landarmenhaus (18. Jh.).

Tourenbeschreibung Den *S-Bahnhof Ahrensfelde* verlassen wir in Fahrtrichtung und folgen den Hinweisschildern »Ahrensfelder Chaussee«. Wir überqueren die Märkische Allee und fahren auf der *Klandorfer Straße* geradeaus in das Neubaugebiet. Nach 100 Metern, vor dem Haus Nr. 10, biegen wir links in die Anlieger-

straße ein und machen wenig später die Rechtskurve des Sträßchens mit. Am Straßenbahnwendekreis lenken wir links in die Vorfahrtsstraße (= *Schorfheidestraße*) und verlassen unmerklich das Stadtgebiet von *Berlin.* In die nahe kreuzende verkehrsreiche Vorfahrtsstraße (*Dorfstraße,* Radweg) lenken wir nach rechts und radeln durch den alten Kern von *Ahrensfelde.*

Am Ortsende biegen wir rechts in Richtung Mehrow in die ruhige Landstraße ein (auf Karten *Mehrower Straße/Chaussee*). Nach 300 Metern bleiben wir an der kreuzenden Vorfahrtsstraße in Richtung Mehrow geradeaus. Wir radeln durch Felder und Obstplantagen, kommen an einer Ansiedlung vorbei, die zum Ort Eiche gehört, und erreichen *Mehrow.*

Im schönen Dorf folgen wir der bevorrechtigten *Dorfstraße* erst nach links, dann nach rechts. Am kleinen Platz vor der *Dorfkirche* halten wir uns leicht rechts und radeln rechts am Dorfteich entlang (linksseitiger Radweg). Hinter dem kleinen See machen wir die S-Kurve der Straße mit, um am Ortsende bei der abknickenden Vorfahrtsstraße geradeaus zu bleiben. Wir sind auf dem geteerten *Altlandsberger Weg.*

Auf der verkehrsarmen Landstraße kommen wir nach 700 Metern am *Werdtsee* (reizvoller Badesee) vorbei. Weiter geradeaus.

Blumberg
Krummen-
see
Buchholz
75
E55
PAULSHOF
NEUHÖNOW
Spitzmühle
Trappenfelde
60
Ahrensfelde
ALTLANDS-
BERG
WOLFSHAGEN
Mehrow
7
eneiche
P
P
Radebrück
Eiche
10
19
SEEBERG-
-DORF
FRIEDRICHS-
LUST
Bruchmühle
Eggers-
dorf
64
Eiche-Süd
Hönow
Fredersdf.
Nord
Hönower
Siedlung
Neuen-
hagen
8
Freders-
dorf
HELLERSDORF
4
Peter

Nach 900 Metern überqueren wir die Autobahn, den *Berliner Ring* (kurzzeitig Kopfsteinpflasterbelag) und radeln weiter durch Felder. Nach einem Kilometer stößt von rechts eine Vorfahrtsstraße auf unsere Route. Weiter geradeaus. Nach 3,7 Kilometern gerader Strecke folgen wir der wenig befahrenen Landstraße nach links. 400 Meter später in die kreuzende Vorfahrtsstraße (= *Krummenseestraße*) rechts einbiegen.

Kurz darauf kommen wir an den ersten Häusern von *Altlandsberg* vorbei. Weiter geradeaus. Wenig später biegen wir in die kreuzende Vorfahrtsstraße links ein (es lohnt ein Abstecher nach rechts in das sehenswerte Zentrum der kleinen Stadt – Einkehrmöglichkeiten). Nach 400 Metern folgen wir der abknickenden Vorfahrtsstraße in Richtung Buchholz nach rechts. Wir verlassen den *Altlandsberg* und radeln auf der schönen Allee zum Weiler *Altlandsberg Vorwerk,* den wir geradeaus durchqueren.

Nach 1,7 Kilometern biegen wir rechts ab und fahren in das nahe Dorf *Buchholz.* Im Ort bleiben wir geradeaus. Am Ende des Dorfes lenken wir halblinks in die *Spitzmühler Straße.* Die kleine Betonplattenstraße geht nach den letzten Häusern in eine akzeptabel befahrbare Erdfahrstraße über. Nach etwa 1,2 Kilometern folgen wir der Fahrstraße nach rechts. Unser Weg wird jetzt immer sandiger, und etwas mühsam radeln wir durch den Jungwald. An allen Kreuzungen und Abzweigungen bleiben wir geradeaus.

Nach 1,2 Kilometern erreichen wir *Spitzmühle* und durchfahren geradeaus den kleinen Ort (Einkehrmöglichkeiten). Wenn am Ortsrand die kleine Teerstraße nach halbrechts führt, biegen wir scharf rechts in Richtung Postbruch in den Waldweg ein. Auf dem guten, nur manchmal etwas holprigen Weg rollen wir am Ufer des *Bötzsee* entlang und kommen an einigen lauschigen Badebuchten vorbei. Es versteht sich von selbst, daß wir auf Spaziergänger Rücksicht nehmen sollten. Nach einem Kilometer am See folgen wir dem breiteren Weg leicht nach links (der schmale Weg am Ufer endet als Sackgasse) und radeln nun etwas oberhalb des Sees weiter. 600 Meter später kommen wir zu einem Strommast und bleiben geradeaus. Unser Weg wird jetzt für eine kurze Strecke schmaler und entfernt sich später vom See (kurze sandige Passage).

Wir sind in der Siedlung *Postbruch* und rollen an Seegrundstücken entlang. Unser Weg wird zu einer Erdfahrstraße (*Am Walde*), auf der wir zunächst geradeaus weiterradeln. Am nahen kleinen dreieckigen Platz biegen wir rechts ab und gelangen rasch zu einer weiteren Gaststätte. Hier folgen wir dem Fahrweg nach links. In der Folgezeit bleiben wir an allen Abzweigungen geradeaus. Auf dem mit dem Zeichen »blauer Balken« markierten holprigen *Hauptweg* (später Schild) durch die Wiesen des *Postbruchs.*

Nach gut einem Kilometer kreuzen wir eine Teerstraße (= Altlandsberger Chaussee, kein Schild) und fahren halbrechts (!) in den Waldweg (= *Postbruchweg*). Nach 500 Metern gerader Fahrt auf dem gleichmäßig breiten Weg erreichen wir die ersten Häuser von *Eggersdorf-Nord.* Weiter geradeaus. Unser Fahrweg mündet in die *Grenzstraße,* in die wir nach links lenken. In die nahe kreuzende Teerstraße (= *Strausberger Straße*) biegen wir kurz rechts ein, um in die geteerte *Kiefernstraße* nach links zu fahren. An der nahen Seitenstraße folgen wir der *Kiefernstraße* leicht nach rechts (jetzt Erdfahrstraße). Wir rollen geradeaus durch die locker bebaute Siedlung. Am Waldrand bleiben wir ebenfalls geradeaus und erreichen rasch die geteerte *Landhausstraße* (kein Schild), in die wir nach links lenken (Radweg).

Kurz darauf sind wir in *Strausberg.* Weiter geradeaus. Nach 500 Metern lenken wir rechts in die *Paul-Singer-Straße.* Am Ende dieser kleinen Vorfahrtsstraße fahren wir in die kreuzende Straße nach rechts. Am Zebrastreifen vor den Bahngleisen fahren wir nach links und erreichen rasch den *S-Bahnhof Strausberg.*

Weitere Veröffentlichungen

Von der Quelle bis zur Mündung mit zahlreichen Farbbildern, Tourenskizzen und vielen Tips zur richtigen Vorbereitung. Abgeradelt und beschrieben von *Reinhard Kuntzke.*

Radtouren von Jugendherberge zu Jugendherberge 1 – West
Deutschland-Radtour von Flensburg bis Lindau, beschrieben in 35 Teilstrecken. Radtouren in verschiedenen Regionen. Beschrieben von *Reinhard Kuntzke.*

Rad-Fernwandertouren Deutschland 4
Berliner Flussfahrten an Spree und Havel, Touren an Saale und Werra. Ausgewählt, abgeradelt und beschrieben von *Reinhard Kuntzke.* und *Günter Ermlich.*

Lüneburger Heide mit Wendland
Rund- und Streckentouren rund um und quer durch diese wunderschöne Region. Von *Reinhard Kuntzke.*

Mecklenburg-Vorpommern
Touren um Schwerin, im Mecklenburgischen Hügelland, Großseenlandschaft, Neustrelitzer Kleinseenplatte, Neubrandenburg. Von *Hildegard* und *Wolfgang Frey.*

Thüringer Wald und Thüringer Schiefergebirge
Rund- und Streckentouren. Ausgewählt, abgeradelt und beschrieben von *Hildegard* und *Wolfgang Frey.*

Mark Brandenburg
Rund- und Streckentouren. Ausgewählt, abgeradelt und beschrieben von *Hildegard* und *Wolfgang Frey.*

Mit Rad und Bahn von Berlin durch Brandenburg
Rund- und Streckentouren von Bahnhöfen aus. Ausgewählt, abgeradelt und beschrieben von *Hildegard* und *Wolfgang Frey.*

Rhône
Von der Quelle bis zur Mündung. Abgeradelt und beschrieben und fotografiert von *Stefan Geyer* und *Heinz Jobke.*

Frankreich Süd
Die schönsten Streckentouren durch abwechslungsreiche Landschaft, um Land und Leute kennenzulernen. Von *Bettina Klaehne* und *Carsten Rasmus.*

Erlebnisurlaub Rügen
Rad- sowie Wandertouren. Freizeittipps, Ausflugsziele, Wissenswertes, praktische Reiseinfos, Sehenswertes. Von *Hildegard Frey.*

Deutscher Wanderverlag

Deutsche Wanderjugend DWJ

gemeinsam unterwegs

Die Deutsche Wanderjugend ist die Jugendorganisation des Verbandes Deutscher Gebirgs- und Wandervereine. Die jugendlichen Mitglieder von sechs bis 25 Jahren lernen aber nicht nur das jugendgemäße Wandern.

In der vielseitigen Gruppenarbeit werden Themen bevorzugt wie Laienspiel, Pantomime, Basteln, Werken, Diskussionen, Aktionen, Video und auch Volkstanz.

Ein wichtiger Bereich ist der Natur- und Umweltschutz. Die Gruppen betreiben aktiven Umweltschutz, messen den Säuregrad von Wasser und Boden, setzen sich tatkräftig gegen das Waldsterben ein, führen Naturschutzwanderungen durch, legen Biotope an. Wer mehr über uns, die DWJ, wissen will, schreibt an die

DWJ-Bundesgeschäftsstelle, Wilhelmshöher Allee 157–159
D-34121 Kassel